Classroom in a Book

Adobe®

Photoshop® CS4

Adobe

PEARSON

Publié par Pearson Education France
47 bis, rue des Vinaigriers
75010 Paris
Tél. : 01 72 74 90 00
www.pearson.fr

Réalisation : edito.biz
Mise en page : edito.biz

ISBN : 978-2-7440-2322-4
Copyright © 2009 Pearson Education France
Tous droits réservés

Titre original : *Adobe® Photoshop® CS4*
Classroom in a Book® for Windows® and Mac OS

Traduction : Philippe Beaudran

ISBN : 978-0-321-57379-7
Copyright © 2009 Adobe Systems Incorporated and its licensors
All rights reserved

Adobe Systems Incorporated,
345 Park Avenue, San Jose, California 95110-2704, USA

Contenu du CD-ROM

Fichiers des leçons et plus encore

Le CD-ROM *Adobe Photoshop CS4 Classroom in a Book* contient tous les fichiers nécessaires pour réaliser les cas pratiques proposés dans les leçons, ainsi que d'autres contenus qui vous permettront d'aller plus loin dans l'exploitation des possibilités d'Adobe Photoshop CS4. Pour localiser rapidement les fichiers dont vous avez besoin, reportez-vous à la présentation du contenu du CD-ROM ci-dessous.

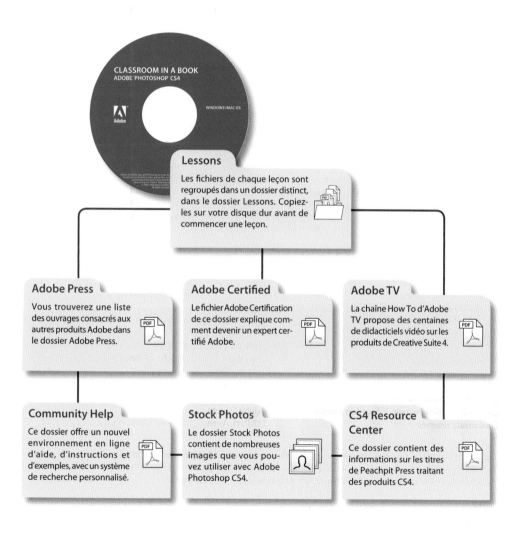

Lessons

Les fichiers de chaque leçon sont regroupés dans un dossier distinct, dans le dossier Lessons. Copiez-les sur votre disque dur avant de commencer une leçon.

Adobe Press

Vous trouverez une liste des ouvrages consacrés aux autres produits Adobe dans le dossier Adobe Press.

Adobe Certified

Le fichier Adobe Certification de ce dossier explique comment devenir un expert certifié Adobe.

Adobe TV

La chaîne How To d'Adobe TV propose des centaines de didacticiels vidéo sur les produits de Creative Suite 4.

Community Help

Ce dossier offre un nouvel environnement en ligne d'aide, d'instructions et d'exemples, avec un système de recherche personnalisé.

Stock Photos

Le dossier Stock Photos contient de nombreuses images que vous pouvez utiliser avec Adobe Photoshop CS4.

CS4 Resource Center

Ce dossier contient des informations sur les titres de Peachpit Press traitant des produits CS4.

Sommaire

3   LES SÉLECTIONS

4   LES CALQUES : TECHNIQUES ÉLÉMENTAIRES

Introduction

Adobe Photoshop CS4, le logiciel de référence pour la retouche d'images, propose aux professionnels de l'image des outils artistiques novateurs, des fonctions d'édition d'images puissantes au sein d'une interface intuitive. Adobe Camera Raw 5, inclus dans Photoshop CS4, offre une plus grande flexibilité et un meilleur contrôle sur les images au format raw. Vous pouvez maintenant également utiliser ces outils sur les images TIFF et JPEG. Photoshop CS4 repousse encore les limites de la retouche d'images numériques et vous permet de réaliser vos rêves encore plus facilement qu'avant.

À propos de ce manuel

Adobe Photoshop CS4 Classroom in a Book fait partie du programme officiel de formation à la conception graphique et aux logiciels de publication d'Adobe développé par des experts d'Adobe Systems. Les leçons proposées sont conçues pour s'adapter à votre rythme d'apprentissage. Si vous ne connaissez pas Adobe Photoshop, vous apprendrez les concepts fondamentaux nécessaires à son utilisation. Quant aux utilisateurs avertis, ce manuel leur propose nombre d'astuces et de méthodes propres à la toute dernière version de cette application et à l'adaptation d'images en vue d'une diffusion sur le Web.

Si chaque leçon vous guide pas à pas dans la création d'un projet donné, une marge d'exploration et d'essai vous est cependant laissée. Vous pouvez donc aussi bien suivre la progression du manuel que choisir de ne vous pencher que sur les leçons que vous jugerez utiles. Chaque leçon s'achève par un ensemble de questions/réponses qui permettent de réviser son contenu.

Les nouveautés de cette édition

Cette édition contient des informations sur les nouvelles fonctionnalités d'Adobe Photoshop CS4, comme le panneau Réglages, qui rend encore plus simple l'ajout de calques de réglage non destructifs, la barre d'application qui permet d'accéder rapidement aux paramètres les plus importants et le panneau Masques, qui offre un contrôle accru sur les masques et sur les couches. En outre, ces leçons présentent également les améliorations de Camera Raw, le panneau Source de duplication, le curseur Vibrance et la possibilité d'augmenter la profondeur de champ d'une image afin que le premier plan et l'arrière-plan soient tous deux nets.

Les nouvelles leçons abordent :

- l'utilisation du panneau Source de duplication et de l'option Afficher l'incrustation pour copier précisément des pixels ;

- l'édition des images raw, TIFF et JPEG dans Camera Raw ;

- la sélection, l'inversion et la manipulation des masques dans le panneau Masques ;

- la transformation d'objets 2D en objets 3D ;

- la transformation, le déplacement et la retouche des objets 3D.

Cet ouvrage contient également de nombreuses informations additionnelles sur les autres fonctionnalités de Photoshop et des conseils d'utilisation. Vous découvrirez notamment Adobe Lightroom, un ensemble d'outils destinés aux photographes professionnels pour gérer, régler et présenter de grandes quantités de photographies numériques. Vous apprendrez ainsi les meilleures méthodes d'organisation, de gestion et de présentation de vos photographies et vous verrez comment les optimiser pour le Web. De plus, des astuces et des techniques écrites par Julieanne Kost, un expert d'Adobe, émaillent les pages de ce manuel.

Photoshop Extended

Cet ouvrage présente plusieurs fonctionnalités de Photoshop CS4 Extended. Cette version inclut des fonctions supplémentaires destinées aux travaux techniques et scientifiques, à la création de certains effets vidéo ou encore aux projets d'architectes ou d'ingénieurs.

En voici quelques-unes :

- La possibilité d'importer des images en trois dimensions et des vidéos, d'éditer chaque image ou une séquence d'images et de les peindre, les retoucher, les cloner ou les transformer.

- La prise en charge des fichiers en trois dimensions (3D) aux formats U3D, 3DS, OBJ, KMZ et Collada créés par des programmes comme Adobe Acrobat 9 Pro Extended, 3D Studio Max, Alias, Maya et Google Earth. Pour en savoir plus, reportez-vous à la Leçon 12, "Les images 3D".

- Les outils Mesure et Comptage. Ils permettent de mesurer n'importe quelle surface, même de forme irrégulière, définie à l'aide de l'outil Règle ou d'un outil de sélection. Vous pouvez également calculer la hauteur, la largeur, le périmètre ou la surface d'une zone et assurer le suivi des mesures sur une ou plusieurs images. Pour en savoir plus sur ces fonctionnalités, reportez-vous à la Leçon 13, "L'imagerie technique".

- Les piles d'images, stockées en tant qu'objets dynamiques. Elles permettent de combiner un groupe d'images comprenant une image ou une référence commune, puis de traiter ces images afin de créer une vue composite (pour éliminer, par exemple, du contenu ou du bruit).

- Des fonctionnalités d'animation qui affichent la durée des images et les propriétés de l'animation pour les différents calques en mode d'animation d'images, ce qui permet de naviguer d'image en image, de les modifier et d'ajuster la durée de chaque image sur chaque calque.

- La prise en charge de certains formats spécialisés comme DICOM, le standard des images médicales, MATCAM, un langage de programmation technique et un environnement interactif pour le développement d'algorithmes, l'affichage et l'analyse des données, le calcul des chiffres. Photoshop Extended permet également d'ouvrir, de peindre et de créer des calques pour les images 32 bits en haute résolution et dispose notamment d'un sélecteur de couleurs HDR spécialisé.

Contexte d'utilisation

Avant de commencer votre apprentissage avec *Adobe Photoshop CS4 Classroom in a Book*, vous devez connaître le fonctionnement de votre ordinateur et de son système d'exploitation. Vous devez savoir vous servir d'une souris, des menus standard et des commandes, et être capable d'ouvrir, d'enregistrer ou de fermer un fichier. Reportez-vous à la documentation en ligne ou papier fournie avec votre système d'exploitation en cas de besoin.

Installation d'Adobe Photoshop

Avant tout, assurez-vous de la bonne configuration de votre système et de l'installation correcte des logiciels et matériels nécessaires. Le logiciel Adobe Photoshop CS4 est vendu séparément. Pour la configuration minimale requise et les instructions détaillées d'installation, reportez-vous au fichier *Read Me* du DVD-ROM d'Adobe Photoshop CS4 ou allez sur le Web à l'adresse suivante : **www.adobe.com/support**.

Adobe Photoshop et Bridge utilisent le même programme d'installation. Ces deux applications doivent être installées sur le disque dur de l'ordinateur pour fonctionner. Il n'est pas possible de les faire fonctionner à partir du DVD-ROM. Pour l'installation, suivez les instructions affichées à l'écran.

Assurez-vous également d'avoir à portée de main le numéro de série du logiciel avant d'installer l'application.

Démarrage d'Adobe Photoshop

Adobe Photoshop se lance comme tous les logiciels.

Sous Windows

Choisissez Démarrer > Tous les programmes > Adobe Photoshop CS4.

Sous Mac OS

Ouvrez le dossier dans lequel vous avez installé les programmes (par défaut le dossier Programmes/Applications/Adobe Photoshop CS4), puis double-cliquez sur l'icône d'Adobe Photoshop.

Copie des fichiers d'exercices de *Classroom in a Book*

Le CD-ROM *Adobe Photoshop CS4 Classroom in a Book* comprend divers dossiers contenant tous les fichiers associés aux leçons de cet ouvrage. À chaque leçon correspond un dossier. Vous devez installer ces dossiers sur votre disque dur pour pouvoir les utiliser. (Pour économiser de l'espace sur votre disque dur, vous pouvez les installer au fur et à mesure et les supprimer quand vous avez terminé une leçon.)

Pour installer les fichiers *Classroom in a Book*, procédez de la façon suivante :

1. Insérez le CD-ROM *Adobe Photoshop CS4 Classroom in a Book* dans votre lecteur de CD-ROM.

2. Créez un sous-répertoire sur votre disque dur et nommez-le **PSCS4_CIB**.

3. Réalisez l'une des opérations suivantes :

   • Pour copier les fichiers de toutes les leçons, faites glisser le dossier Lessons du CD-ROM vers le dossier PSCS4_CIB.

   • Copiez seulement le dossier de la leçon qui vous intéresse.

● **Note :** Au cours de chaque leçon, vous conserverez les fichiers de départ. Toutefois, au cas où vous les écraseriez, vous pourriez restaurer l'image originale en recopiant le dossier correspondant depuis le CD-ROM *Adobe Photoshop CS4 Classroom in a Book* sur votre disque dur.

Rétablissement des préférences par défaut

Les informations concernant la configuration de certains paramètres et des panneaux sont stockées dans les fichiers de préférences de Photoshop. Lorsque vous quittez Photoshop, ces fichiers sont automatiquement mis à jour pour refléter la position des panneaux et de certains autres paramètres. Toutes les options activées et désactivées dans la boîte de dialogue Préférences sont également sauvegardées dans ces fichiers.

Afin d'être sûr que l'affichage sur votre écran sera identique à celui des figures de cet ouvrage, vous devez restaurer la configuration par défaut de Photoshop au début de chaque leçon. Si vous préférez conserver vos préférences, les panneaux et les outils de Photoshop CS4 risquent de présenter un aspect différent de celui décrit dans ce manuel.

Si vous avez personnalisé les paramètres de calibrage de votre moniteur, enregistrez-les avant de commencer les exercices de ce livre. Pour cela, suivez la procédure simple ci-après.

Sauvegarder les paramètres colorimétriques

1. Lancez Photoshop.
2. Cliquez sur Édition > Couleurs.
3. Dans la boîte de dialogue qui s'ouvre alors, vérifiez l'option Paramètres :
    - S'il s'agit de quoi que ce soit d'autre que Personnalisés, notez le nom du fichier de paramètres et cliquez sur OK pour fermer la boîte de dialogue. Il est inutile de suivre les étapes suivantes de cette procédure.
    - Si cette option indique Personnalisés, cliquez sur le bouton Enregistrer (et non sur le bouton OK).

Le dossier Settings s'affiche alors dans la boîte de dialogue Enregistrer. Ce dossier contient différents fichiers au format .csf.

4. Donnez un nom explicite à vos paramètres colorimétriques dans le champ Nom du fichier (Windows) ou Enregistrer sous (Mac OS), puis cliquez sur Enregistrer.
5. Dans la boîte de dialogue Commentaires sur les couleurs, entrez un texte descriptif qui vous permettra d'identifier facilement vos paramètres colorimétriques par la suite. Il peut s'agir de la date, de la description de paramètres en particulier ou du nom de votre groupe de travail.
6. Cliquez sur OK pour fermer la boîte de dialogue Commentaires sur les couleurs et de nouveau sur OK pour fermer la boîte de dialogue Couleurs.

Restaurer les paramètres colorimétriques

1. Lancez Photoshop.
2. Cliquez sur Édition > Couleurs. Sélectionnez le fichier que vous avez sauvegardé à la section précédente dans le menu déroulant Paramètres de la boîte de dialogue Couleurs, puis cliquez sur OK.

Ressources complémentaires

Adobe Photoshop CS4 Classroom in a Book ne remplace pas la documentation qui accompagne le logiciel. Seules les commandes et les options utilisées dans les leçons sont expliquées dans ce livre. Pour des informations exhaustives sur les fonctions du programme, reportez-vous aux ressources suivantes :

• L'Aide à la communauté, accessible par le menu Aide > Aide de Photoshop, est un ensemble en ligne d'aide, d'instructions et de sources d'inspiration. Elle propose un système de recherche personnalisé de contenu sélectionné par des experts sur le site Adobe.com et en dehors. Elle combine les contenus de l'Aide d'Adobe, de l'atelier vidéo d'Adobe, des forums et des communautés de développeurs afin que les utilisateurs puissent trouver les ressources les plus utiles et les plus récentes. Vous pouvez ainsi accéder à des didacticiels, des ressources techniques, des vidéos, des articles, des astuces, des blogs, des exemples et bien plus encore.

• Le site Web Adobe Photoshop CS4 Product Support Center fournit des centaines de didacticiels et d'articles réalisés par des experts. Vous trouverez ces ressources à l'adresse suivante : **www.adobe.com/support/photoshop**.

• Adobe TV présente des programmes sur les produits Adobe, et notamment une chaîne destinée aux photographes professionnels, ainsi qu'une chaîne présentant des centaines de didacticiels vidéo sur Photoshop CS4 et sur les autres produits de la suite Creative Suite 4. Pour accéder à ces programmes, visitez l'adresse suivante : **http://tv.adobe.com**.

Voici également d'autres liens utiles :

• La page consacrée à Photoshop CS4 sur le site Web d'Adobe : **www.adobe.com/fr/products/photoshop/photoshop**.

• Les forums d'utilisateurs des produits Adobe : **www.adobe.com/fr/support/forums**.

• Photoshop Exchange où vous trouverez, entre autres, de nombreuses extensions, fonctions, portions de code : **www.adobe.com/cfusion/exchange**.

• Des plug-ins pour Photoshop sont aussi disponibles à l'adresse : **www.adobe.com/products/plugins/photoshop**.

Le programme de certification Adobe

Le programme de certification d'Adobe est conçu pour aider les utilisateurs et les instructeurs d'Adobe à améliorer et à promouvoir leurs compétences sur un produit. Il existe quatre programmes de certification :

- Associé certifié Adobe (*Adobe Certified Associate*, ACA) ;

- Expert certifié Adobe (*Adobe Certified Expert*, ACE) ;

- Formateur certifié Adobe (*Adobe Certified Instructor*, ACI) ;

- Centre de formation agréé Adobe (*Adobe Authorized Training Center*, AATC).

Le programme ACA est destiné à valider l'acquisition de compétences élémentaires en communication *via* les supports numériques.

Le programme Expert certifié Adobe permet aux utilisateurs chevronnés d'étoffer leurs références. Utilisez la certification Adobe pour obtenir une augmentation, trouver un emploi ou promouvoir vos connaissances.

Si vous êtes un Expert certifié Adobe, le programme ACI vous permet alors d'élargir encore vos connaissances. En tant qu'ACI, vous pouvez faire découvrir à vos élèves la pointe de la technologie Adobe.

Doté d'un nouveau statut d'agrément Adobe, votre centre de formation peut utiliser la marque Adobe pour promouvoir ses formations et attirer de nouveaux étudiants.

Pour plus de détails sur les programmes de certification Adobe, rendez-vous sur le site **www.adobe.fr/support/certification/index.html**.

Vous allez découvrir qu'il est souvent possible de réaliser
la même opération dans Photoshop de plusieurs façons.
Afin de tirer le meilleur parti de Photoshop, vous devez
d'abord vous familiariser avec son environnement de travail.

L'espace de travail de Photoshop

1

Au cours de cette leçon, vous apprendrez à :

- ouvrir les fichiers Photoshop ;

- sélectionner et employer certains des outils dans le panneau Outils ;

- définir les options de l'outil en utilisant la barre d'options ;

- appliquer différentes méthodes de zoom pour agrandir ou réduire l'image à l'écran ;

- sélectionner, disposer et utiliser les panneaux ;

- sélectionner les commandes des menus de panneaux et les menus contextuels ;

- ouvrir et utiliser un panneau ancré dans le conteneur de panneaux ;

- annuler des actions pour corriger des erreurs ou faire des choix différents ;

- personnaliser l'espace de travail ;

- parcourir l'Aide en ligne.

 Cette leçon vous prendra environ une heure et demie. Si vous ne l'avez pas déjà fait, copiez le dossier Lesson01 depuis le CD-ROM *Adobe Photoshop CS4 Classroom in a Book* sur votre disque dur. Au cours de cette leçon, vous ne modifierez pas les fichiers de départ. Si vous devez néanmoins revenir à la version d'origine du fichier, copiez-le de nouveau depuis le CD-ROM.

Lancement de Photoshop

L'interface d'Adobe Photoshop comprend des menus, des barres d'outils et des panneaux qui permettent d'accéder rapidement à différents outils et options de retouche et de manipulation des images. Les menus peuvent être enrichis de commandes et de filtres si vous installez des modules supplémentaires, ou plug-ins.

Photoshop est conçu pour fonctionner avec des images bitmap (c'est-à-dire des images en tons continus composées d'un ensemble de points appelés *pixels*). Vous pouvez également créer des dessins vectoriels (autrement dit, des formes composées de lignes qui conservent leur apparence quelle que soit leur taille). Vous pouvez soit créer une image dans Adobe Photoshop, soit importer des images depuis de nombreuses sources :

- des photographies prises avec un appareil photo numérique ;
- des CD-ROM commerciaux contenant des images ;
- des images numérisées (photographies, diapositives, transparents, dessins ou autres) ;
- des captures vidéo ;
- des illustrations créées dans un logiciel de dessin.

Lancer Photoshop et ouvrir un fichier

Pour commencer, vous devez lancer Photoshop et restaurer les préférences par défaut du logiciel.

1. Sur le Bureau, double-cliquez sur l'icône d'Adobe Photoshop pour lancer le logiciel et maintenez les touches Ctrl+Alt+Maj (Windows) ou Cmd+Option+Maj (Mac OS) enfoncées pour restaurer les préférences par défaut.

Si l'icône de Photoshop n'apparaît pas sur le Bureau, recherchez-la dans le menu Démarrer > Tous les programmes > Adobe (Windows) ou dans le dossier Applications ou dans le Dock (Mac OS).

2. Dans la boîte de message qui apparaît, cliquez sur Oui pour confirmer que vous voulez supprimer le fichier de paramètres.

● **Note :** Pour vos projets personnels, vous ne restaurerez évidemment pas les préférences par défaut à chaque lancement de Photoshop. En revanche, vous devez le faire au début de chaque nouvelle leçon de cet ouvrage afin que ses illustrations correspondent à ce qui s'affiche sur votre écran. Pour en savoir plus, reportez-vous à la section "Rétablissement des préférences par défaut" de l'Introduction.

Le plan de travail de Photoshop s'affiche.

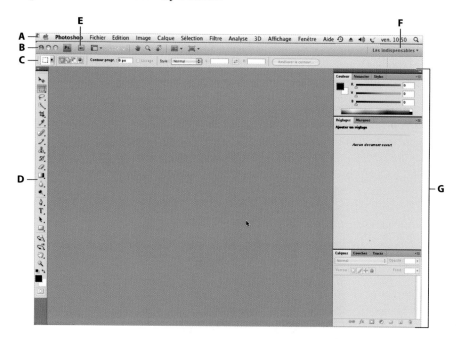

A. Barre de menus
B. Barre d'application
C. Barre d'options
D. Panneau Outils
E. Bouton Adobe Bridge
F. Menus des espaces de travail
G. Panneaux flottants

● **Note :** Cette figure représente l'interface de Photoshop sous Mac OS. Sous Windows, la barre d'application et la barre de menus sont sur la même ligne.

L'espace de travail par défaut de Photoshop se compose de la barre d'application, de la barre de menus et de la barre d'options en haut, du panneau Outils sur la gauche et de plusieurs panneaux ouverts dans le conteneur de panneaux sur la droite. Lorsque plusieurs fichiers sont ouverts, une ou plusieurs fenêtres de documents s'affichent également. Vous pouvez visualiser plusieurs images simultanément à l'aide de la nouvelle interface par onglets. L'interface d'Adobe Photoshop est très proche de celle d'Adobe Illustrator, InDesign et Flash, si bien que savoir utiliser les outils et les panneaux d'un de ces programmes vous permet de savoir les utiliser dans tous les autres.

L'interface de Photoshop présente quelques différences selon qu'on est sous Windows ou sous Mac OS :

• Sous Windows, la barre de menus est intégrée à la barre d'application si la résolution de l'écran permet de les afficher toutes deux sur la même ligne.

- Sous Mac OS, le Cadre de l'application regroupe toutes les fenêtres et tous les panneaux de Photoshop (hormis la barre de menus) dans une seule et même fenêtre uniforme, ce qui permet de manipuler toutes les applications comme s'il s'agissait d'une seule entité. Cette option est désactivée par défaut. Pour l'activer, cliquez sur Fenêtre > Cadre de l'application. Pour utiliser la nouvelle interface par onglets, le Cadre de l'application doit être activé. On peut également activer et désactiver la barre d'application. Dans cet ouvrage, nous considérons que vous utilisez la barre d'application.

Sous Mac OS, le Cadre de l'application regroupe l'image, les panneaux et la barre d'application.

3. Cliquez sur Fichier > Ouvrir et parcourez votre disque dur jusqu'au dossier Lessons/Lesson01 que vous avez copié depuis le CD-ROM *Adobe Photoshop CS4 Classroom in a Book*.

4. Sélectionnez le fichier 01A_End.psd et cliquez sur Ouvrir. Cliquez sur OK si la boîte de dialogue indiquant que les profils colorimétriques ne concordent pas apparaît.

Le fichier 01A_End.psd s'ouvre dans sa propre fenêtre, appelée la *fenêtre de document*. Les fichiers dont le nom comprend le terme *End* illustrent le but à atteindre dans chaque leçon. Dans ce fichier, la photographie d'une voiture ancienne a été améliorée sans que le phare avant soit surexposé.

5. Allez dans Fichier > Fermer ou cliquez sur le bouton de fermeture dans la barre de titre de la fenêtre de document (attention de ne pas cliquer sur le bouton de fermeture de Photoshop).

Ouvrir un fichier avec Adobe Bridge

Vous travaillerez sur plusieurs fichiers dans chaque leçon de cet ouvrage. Vous pouvez soit en créer des copies et les enregistrer sous un nom différent ou dans un autre dossier, soit les copier de nouveau depuis le CD-ROM *Adobe Photoshop CS4 Classroom in a Book* lorsque vous avez besoin de reprendre la leçon depuis le début. Pour cette leçon, vous utiliserez trois fichiers.

Dans l'exercice précédent, vous avez ouvert un fichier avec la commande Ouvrir. Vous allez maintenant voir comment vous servir de l'explorateur de fichiers Adobe Bridge pour localiser et identifier plus facilement le fichier à ouvrir.

1. Cliquez sur le bouton Lancer Bridge (![Br]) dans la barre d'application. Si vous êtes invité à activer l'extension de Photoshop dans Bridge, cliquez sur OK.

Note : Vous pouvez également ouvrir Bridge en cliquant sur Fichier > Parcourir dans Bridge.

Adobe Bridge s'ouvre alors. Il comprend tout un ensemble de menus, de boutons et de volets.

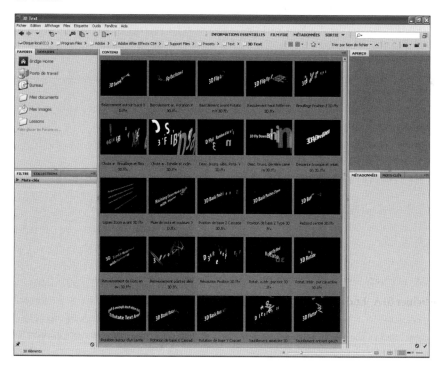

2. Dans le volet Dossiers, situé dans le coin supérieur gauche d'Adobe Bridge, parcourez votre disque dur jusqu'au dossier Lessons/Lesson01. Le dossier s'affiche alors dans le volet Contenu.

3. Sélectionnez le dossier Lessons et cliquez sur Fichier > Ajouter aux favoris. L'ajout de fichiers, de dossiers ou d'icônes de programmes, au panneau Favoris permet d'accéder ensuite plus facilement à ces éléments.

4. Dans le volet Favoris, cliquez sur le dossier Lessons pour l'ouvrir, puis double-cliquez sur le dossier Lesson01 dans le volet Contenu.

Le contenu du dossier s'affiche sous la forme de vignettes dans le volet Contenu.

5. Double-cliquez sur le fichier 01A_Start.psd dans le volet Contenu ou sélectionnez sa vignette et cliquez sur Fichier > Ouvrir dans la barre de menus de Bridge.

Le fichier 01A_Start.psd s'ouvre dans Photoshop. Laissez Bridge ouvert, car vous l'utiliserez de nouveau pour ouvrir des fichiers plus loin dans cette leçon. Comme vous le verrez au cours de la Leçon 13, Adobe Bridge est bien plus qu'un outil pratique pour ouvrir des fichiers.

Utilisation des outils

Photoshop dispose d'un ensemble complet d'outils pour créer des illustrations de qualité professionnelle, que ces images soient destinées à l'édition papier, au Web ou à d'autres supports.

Un ouvrage entier pourrait être consacré aux outils de Photoshop et aux différentes façons de les configurer. Cela constituerait sans doute un manuel fort utile, mais ce n'est pas le but de ce livre. Vous allez plutôt découvrir comment configurer et utiliser certains outils en réalisant plusieurs projets au cours de chaque leçon. Ainsi, à la fin de cet ouvrage, vous aurez une bonne expérience des divers outils de Photoshop.

Sélectionner et utiliser un outil

Le panneau Outils (le grand panneau qui occupe la gauche de l'espace de travail) comprend des outils de sélection, de dessin, d'édition et d'affichage, et il permet également de définir les couleurs de premier plan et d'arrière-plan. Le panneau Outils de Photoshop Extended contient également des outils 3D.

Pour commencer, vous étudierez l'outil Zoom, qui apparaît dans de nombreuses autres applications Adobe, comme Acrobat, Illustrator et InDesign.

● **Note :** Pour visualiser la liste complète des outils, reportez-vous à la section "Le panneau Outils", située à la fin de cette leçon.

1. Cliquez sur la double flèche située en haut du panneau Outils, pour que les outils s'affichent sur deux colonnes. Cliquez de nouveau sur cette double flèche pour revenir à une seule colonne et utiliser l'espace de travail plus efficacement.

2. La valeur en pourcentage qui s'affiche dans le coin gauche de la barre d'état indique le taux d'agrandissement, ou niveau de zoom de l'image.

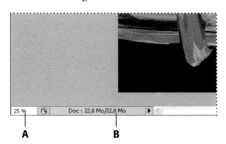

A. Niveau de zoom **B.** Barre d'état

3. Dans le panneau Outils, placez le pointeur sur le bouton qui contient une petite loupe, jusqu'à ce que s'affiche une info-bulle indiquant le nom (outil Zoom) et le raccourci clavier (Z) de l'outil.

4. Cliquez sur l'outil Zoom (🔍) ou appuyez sur la touche Z pour le sélectionner.

5. Déplacez ensuite le curseur sur l'image. Celui-ci prend l'apparence d'une loupe, avec un signe plus (+) au centre.

6. Cliquez dans l'image.

L'image s'agrandit en fonction d'un pourcentage prédéfini. Le nouveau facteur d'affichage s'affiche dans la barre d'état. L'emplacement où vous avez cliqué devient le centre de la vue agrandie. Chaque fois que vous cliquez, l'image est agrandie de nouveau, jusqu'à un maximum de 3 200 %.

7. Maintenez la touche Alt (Windows) ou Option (Mac OS) enfoncée pour qu'un signe moins (–) apparaisse au centre du curseur Zoom, puis cliquez dans l'image et relâchez la touche Alt/Option.

L'affichage de l'image se réduit en fonction d'un pourcentage prédéfini.

● **Note :** Il existe d'autres méthodes pour agrandir ou diminuer l'affichage d'une image. En effet, vous pouvez soit sélectionner les modes Zoom avant et Zoom arrière dans la barre d'options de l'outil Zoom, soit choisir Affichage > Agrandir ou Réduire, soit encore taper directement la valeur du facteur d'affichage dans la barre d'état.

8. À l'aide de l'outil Zoom, tracez un rectangle autour du phare de la voiture.

Cette partie de l'image s'agrandit alors pour occuper toute la fenêtre de document.

Vous avez découvert trois méthodes pour modifier l'affichage d'une image avec l'outil Zoom : en cliquant, en cliquant tout en maintenant une touche enfoncée, et en traçant un cadre de sélection pour zoomer sur une partie bien définie de l'image. Comme vous le verrez par la suite, la plupart des autres outils sont également accessibles par des raccourcis clavier.

Sélectionner et utiliser les outils cachés

Photoshop dispose de nombreux outils d'édition, mais vous n'en utiliserez sans doute que quelques-uns à la fois. Dans le panneau Outils, certains outils sont regroupés sous un même bouton, et un seul élément du groupe est visible, les autres étant cachés. Ces boutons d'outils comprennent un petit triangle noir dans le coin inférieur droit : ce symbole indique la présence d'outils complémentaires cachés.

1. Placez le pointeur sur le deuxième outil à partir du coin supérieur gauche du panneau Outils jusqu'à ce que l'info-bulle s'affiche et indique qu'il s'agit de l'outil Rectangle de sélection ([ ]), également accessible avec le raccourci clavier M. Cliquez sur cet outil pour le sélectionner.

2. Pour sélectionner l'outil Ellipse de sélection (○) qui est caché, procédez de l'une des manières suivantes :

    - Cliquez sur l'outil Rectangle de sélection et maintenez le bouton enfoncé pour faire apparaître les outils masqués du groupe. Faites ensuite glisser le pointeur sur l'outil Ellipse de sélection.

    - Appuyez sur la touche Alt (Windows) ou Option (Mac OS) et cliquez sur l'outil dans le panneau Outils. Chaque clic permet de sélectionner l'outil masqué suivant dans le panneau concerné.

    - Appuyez sur les touches Maj+M pour passer alternativement de l'outil Rectangle de sélection à l'outil Ellipse de sélection.

3. Déplacez ensuite le curseur de l'outil sur l'image. Il prend l'apparence d'une croix (+). Placez-le au-dessus et à gauche du phare.

4. Faites glisser le curseur vers le bas et la droite pour tracer une ellipse autour du phare, puis relâchez le bouton de la souris.

Une ligne en pointillés animée apparaît pour indiquer la zone qui est *sélectionnée*. Lorsque vous sélectionnez une partie de l'image, cet espace devient la seule zone éditable ; la zone située en dehors de la sélection est protégée.

5. Déplacez le pointeur à l'intérieur de l'ellipse. Il prend alors l'apparence d'une flèche accompagnée d'un rectangle (⮰).

6. Déplacez la sélection pour la centrer sur le phare.

Lorsque vous déplacez une sélection, seul le contour de la sélection se déplace, pas les pixels. Pour déplacer les pixels, vous devez suivre une autre méthode, que nous verrons plus tard. Pour en savoir plus sur les sélections et le déplacement de leur contenu, reportez-vous à la Leçon 3, "Les sélections".

Contraindre l'action des outils avec des combinaisons de touches

Vous pouvez contraindre l'action de la plupart des outils en maintenant enfoncées, lorsque vous les utilisez, certaines touches du clavier. Quelques outils disposent également de différents modes opératoires que vous pouvez sélectionner dans la barre d'options.

Vous allez voir à présent une autre méthode pour sélectionner le phare de la voiture. Cette fois-ci, plutôt que de tracer une ellipse, vous allez utiliser une combinaison de touches afin de tracer une sélection parfaitement circulaire depuis son centre.

1. Assurez-vous que l'outil Ellipse de sélection (◯) est sélectionné, puis désactivez la sélection en procédant d'une des façons suivantes :

- Cliquez sur une partie de l'image située en dehors de la sélection.
- Cliquez sur Sélection > Désélectionner.
- Appuyez sur les touches Ctrl+D (Windows) ou Cmd+D (Mac OS).

2. Placez ensuite le curseur de l'outil au centre du phare.

3. Maintenez les touches Alt+Maj (Windows) ou Option+Maj (Mac OS) enfoncées, puis faites glisser le curseur vers l'extérieur jusqu'à ce que le cercle encadre entièrement le phare. La touche Maj contraint la forme de la sélection et crée un cercle parfait.

4. Relâchez le bouton de la souris, puis les touches du clavier.

Si l'emplacement de la sélection ne vous convient pas, vous pouvez la déplacer. Placez le curseur de l'outil Ellipse de sélection à l'intérieur du cercle et faites-le glisser. Vous pouvez également cliquer à l'extérieur du cercle pour le désélectionner et recommencer l'opération.

5. Dans le panneau Outils, double-cliquez sur l'outil Zoom (🔍) pour afficher l'image à 100 %. Si l'image n'occupe pas toute la fenêtre, activez l'option Adapter à l'écran dans la barre d'options.

Comme vous pouvez le constater, la sélection reste active même après que vous avez utilisé l'outil Zoom.

Modifier une sélection

Généralement, on modifie la partie de l'image sélectionnée. Cependant, pour rendre le phare plus lumineux, vous allez en fait assombrir le reste de l'image et non éclaircir la zone située à l'intérieur de la sélection. Or, comme seule la zone sélectionnée peut être modifiée, vous devez d'abord inverser la sélection afin que toute l'image *sauf* le phare soit sélectionnée.

1. Cliquez sur Sélection > Intervertir.

Bien que le contour de la sélection semble ne pas avoir changé, vous pouvez remarquer qu'un contour de sélection est apparu sur les bords extérieurs de l'image. Cela signifie que toute l'image est sélectionnée à l'exception du phare.

A. Zone sélectionnée (modifiable)
B. Zone non sélectionnée (protégée)

● **Note :** Si vous relâchez la touche Alt ou Option prématurément, l'outil retrouve son comportement par défaut et vous tracez la sélection depuis l'extérieur. Cependant, si vous n'avez pas relâché le bouton de la souris, vous pouvez toujours appuyer sur les touches pour que le mode de sélection change de nouveau. Dans le cas contraire, vous devez recommencer depuis le début.

▶ **Astuce :** Le raccourci clavier de cette commande, à savoir Ctrl+I (Windows) ou Cmd+I (Mac OS), est indiqué à droite du nom de la commande dans le menu Sélection. Vous pouvez également utiliser ce raccourci clavier pour inverser une sélection.

2. Dans le panneau Réglages, cliquez sur l'icône Courbes pour ajouter un calque de réglage des courbes. Le panneau Courbes s'ouvre.

3. Déplacez vers la gauche le point de contrôle situé dans le coin supérieur droit de la courbe jusqu'à ce que le paramètre Entrée ait une valeur de 204 environ (la valeur du paramètre Sortie doit rester inchangée).

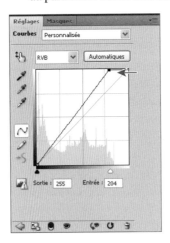 

Plus vous déplacez le point de contrôle, plus les zones lumineuses de l'image s'éclaircissent.

4. Modifiez la valeur du paramètre Entrée jusqu'à ce que le résultat observé dans la fenêtre de document vous convienne.

5. Examinez le calque de réglage Courbes 1 dans le panneau Calques (si le panneau Calques n'est pas ouvert, cliquez sur son onglet ou sur Fenêtre > Calques).

Les calques de réglage vous permettent de modifier l'image, d'ajuster la luminosité des zones claires de la voiture, sans modifier définitivement les pixels. Comme vous utilisez un calque de réglage, vous pouvez toujours revenir à l'image originale en désactivant l'affichage de ce calque ou en le supprimant. Vous pouvez également modifier ce calque de réglage à tout moment. Vous en apprendrez plus sur les calques de réglages aux Leçons 5 et 9.

6. Réalisez ensuite une des opérations suivantes :

- Pour enregistrer vos modifications, cliquez sur Fichier > Enregistrer, puis sur Fichier > Fermer.

- Pour revenir à la version originale de l'image, cliquez sur Fichier > Fermer, puis sur Non ou Ne pas enregistrer dans la boîte de message qui demande si vous souhaitez enregistrer le fichier.

- Pour enregistrer vos modifications tout en conservant une version de l'image originale, cliquez sur Fichier > Enregistrer sous, renommez le fichier ou enregistrez-le dans un dossier différent, puis cliquez sur OK, avant de le fermer (Fichier > Fermer).

Vous n'avez pas besoin de désélectionner quoi que ce soit, car la sélection est annulée à la fermeture du fichier.

Félicitations, vous venez de terminer votre premier projet dans Photoshop ! Bien que le calque de réglages Courbes soit une des méthodes les plus sophistiquées pour modifier une image, vous pouvez constater que son utilisation n'est pas si compliquée. Nous reviendrons plus en détail sur les méthodes de correction d'images tout au long de cet ouvrage. Les Leçons 2, 6 et 10, en particulier, sont consacrées à des méthodes proches de celles que vous pouvez obtenir avec une chambre noire (réglage de l'exposition, retouche et correction des couleurs).

Zoomer et naviguer dans l'image à l'aide du panneau Navigation

Le panneau Navigation de Photoshop permet également de modifier rapidement la taille d'affichage et se révèle très pratique lorsque le facteur d'affichage est peu élevé. Il permet, en outre, de se déplacer dans une image grâce à l'affichage en miniature, qui indique exactement quelle partie de l'image sera visible à l'écran. Pour ouvrir le panneau Navigation, cliquez sur Fenêtre > Navigation.

Dans le panneau Navigation, déplacez le curseur situé sous l'affichage en miniature de l'image vers la gauche ou vers la droite pour augmenter ou réduire la taille d'affichage de l'image.

Le rectangle rouge indique la partie de l'image qui est affichée à l'écran. Lorsque le facteur d'affichage de l'image est si important que seule une partie de l'image est visible à l'écran, vous pouvez faire glisser le rectangle rouge pour afficher d'autres zones de l'image. Ce repère permet également de vérifier d'un coup d'œil sur quelle partie de l'image vous travaillez.

La barre d'options et les autres panneaux

Comme vous l'avez déjà vu avec l'outil Zoom, la barre d'options permet de paramétrer le fonctionnement de l'outil sélectionné. Vous allez maintenant apprendre comment définir les propriétés des outils dans la barre d'options et à utiliser les panneaux et les menus des panneaux.

Prévisualiser et ouvrir un autre fichier

Pour ce projet, vous allez travailler sur une carte postale publicitaire. Pour commencer, vous afficherez un aperçu du fichier final, afin de visualiser le but à atteindre.

1. Cliquez sur le bouton Lancer Bridge (⬛) dans la barre d'options pour revenir à Bridge.

2. Dans le volet Contenu de Bridge, sélectionnez le dossier Lesson01 si son contenu n'est pas affiché.

3. Cliquez sur la vignette du fichier 01B_End.psd dans le volet Contenu pour qu'elle s'affiche également dans le volet Aperçu.

4. Examinez l'image et en particulier le texte situé dans sa partie inférieure.

5. Double-cliquez sur la vignette du fichier 01B_Start.psd pour ouvrir l'image dans Photoshop.

Définir les propriétés de l'outil dans la barre d'options

Lorsque le fichier 01B_Start.psd est ouvert, vous pouvez sélectionner les propriétés du texte et saisir votre message.

1. Dans le panneau Outils, cliquez sur l'outil Texte horizontal (T).

Les options de cet outil s'affichent alors dans la barre d'options.

2. Sélectionnez une police de caractères dans la première liste déroulante de la barre d'options (nous avons utilisé la police Garamond, mais vous pouvez en choisir une autre si vous le souhaitez).

3. Sélectionnez une taille de 38 pt pour la police. Pour définir cette taille, trois méthodes s'offrent à vous : choisir une valeur standard dans la liste déroulante, entrer directement cette valeur dans le champ Définir le corps de la police ou cliquer sur l'étiquette du champ et faire glisser le curseur vers la gauche ou vers la droite.

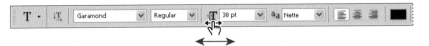

4. Cliquez ensuite sur la gauche de l'image et tapez **Monday is Beach Cleanup Day** (le lundi, la plage est nettoyée).

Le texte apparaît avec la police de caractères et la taille que vous avez sélectionnées.

5. Dans le panneau Outils, cliquez sur l'outil Déplacement (⯮⊕). Il s'agit du premier outil de ce panneau.

6. Placez le pointeur de l'outil sur le texte que vous venez de saisir et déplacez-le sur la plage au bas de l'image. Centrez le texte horizontalement au-dessus du banc.

Utiliser les panneaux et les menus de panneaux

La couleur du texte est la même que celle de premier plan sélectionnée dans le panneau Outils, c'est-à-dire le noir, par défaut. Comme vous le constatez, la couleur du texte dans le fichier 01B_End.psd s'accordait bien mieux avec l'image. Vous allez donc modifier la couleur du texte. Pour cela, procédez de la façon suivante :

1. Dans le panneau Outils, sélectionnez l'outil Texte horizontal (T).

2. Faites-le glisser du début à la fin de votre texte pour sélectionner celui-ci entièrement.

3. Dans le groupe de panneaux Couleur, cliquez sur l'onglet Nuancier pour afficher ce panneau.

4. Dans le panneau Nuancier, cliquez sur une couleur. Celle-ci apparaît alors en trois endroits : comme couleur de premier plan dans le panneau Outils, dans la barre d'options et dans le texte de la fenêtre de document (cliquez sur un autre outil dans le panneau Outils pour désélectionner le texte et visualiser sa couleur).

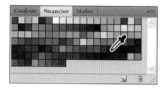

● **Note :** Lorsque vous placez le pointeur sur une couleur du panneau Nuancier, il prend l'apparence d'une pipette. Placez l'extrémité de la pipette sur la couleur que vous voulez utiliser et cliquez pour la sélectionner.

Vous le voyez, il est très simple de sélectionner une couleur, bien qu'il existe d'autres méthodes pour cela dans Photoshop. Cependant, comme vous allez employer une couleur particulière pour ce projet, vous devez changer l'affichage du panneau Nuancier.

5. Dans le panneau Outils, sélectionnez un autre outil, tel que l'outil Déplacement (▸⊕), pour désélectionner l'outil Texte horizontal. Cliquez ensuite sur la flèche (◂≣) du panneau Nuancier, puis choisissez Petite liste dans le menu du panneau.

6. Activez de nouveau l'outil Texte horizontal et sélectionnez le texte comme vous l'avez fait lors des étapes 1 et 2.

7. Dans le panneau Nuancier, faites défiler presque entièrement la liste des couleurs pour afficher la couleur Magenta violet clair, puis cliquez sur cette dernière pour la sélectionner.

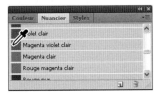

Le texte s'affiche à présent en Magenta violet clair.

8. Cliquez sur l'outil Main (✋) pour désélectionner le texte. Dans le panneau Outils, cliquez sur l'icône Couleurs de premier plan et d'arrière-plan par défaut pour que la couleur de premier plan soit le noir.

Cette opération ne modifie pas la couleur du texte puisque celui-ci n'est plus sélectionné.

9. Vous pouvez à présent fermer le fichier, car vous avez terminé cet exercice. Libre à vous d'enregistrer le fichier modifié, de le fermer sans l'enregistrer ou encore de l'enregistrer sous un autre nom ou dans un autre dossier.

Annulation d'actions dans Photoshop

Dans un monde parfait, vous ne feriez jamais d'erreurs, vous ne cliqueriez jamais sur le mauvais élément, vous anticiperiez parfaitement le résultat de vos actions et vous réaliseriez toujours exactement ce que vous avez imaginé.

Dans le monde réel, Photoshop permet d'annuler des actions et d'essayer des options différentes. Ce projet va vous permettre de faire plusieurs essais, car vous saurez que vous pouvez annuler vos actions à tout moment.

Ce projet vous initie également à l'utilisation des calques, qui constituent une des fonctionnalités les plus fondamentales et les plus puissantes de Photoshop. Il existe plusieurs types de calques. Certains sont destinés à contenir des images ou des à-plats de couleur, tandis que d'autres interagissent avec les calques situés en dessous. Le fichier de ce projet contient ces deux types de calques. Néanmoins, vous n'avez pas besoin de comprendre parfaitement leur principe pour mener ce projet à terme, aussi ne vous inquiétez pas de cet aspect pour le moment. Vous en apprendrez plus sur les calques au cours des Leçons 4 et 9.

Annuler une action simple

Même les utilisateurs les plus novices apprécient rapidement la commande Annuler dans de nombreux programmes. Comme pour tous les projets de cet ouvrage, vous allez commencer par ouvrir le fichier final.

1. Dans la barre d'options, cliquez sur le bouton Lancer Bridge ([Br]), puis sélectionnez le dossier Lessons/Lesson01.

2. Sélectionnez le fichier 01C_End.psd, appuyez sur la touche Maj et sélectionnez aussi le fichier 01C_Start.psd. Les deux images s'affichent dans le panneau Contenu. Dans le fichier Start, la cravate est unie, tandis qu'elle présente un motif dans le fichier final.

3. Double-cliquez sur la vignette du fichier 01C_Start.psd pour l'ouvrir dans Photoshop.

4. Dans le panneau Calques, sélectionnez le calque Tie Designs (motifs de la cravate).

En examinant la structure du fichier dans le panneau Calques, vous constatez que le calque Tie Designs est un masque d'écrêtage. Un masque d'écrêtage agit un peu de la même façon qu'une sélection, dans le sens où il empêche certaines parties de l'image d'être modifiées. Grâce à lui, vous pouvez peindre sur la cravate sans craindre que des coups de pinceau apparaissent sur le reste de l'image. Le calque Tie Designs est sélectionné, car il s'agit de celui que vous allez modifier dans cet exercice.

5. Dans le panneau Outils, cliquez sur l'outil Pinceau (🖌) ou appuyez sur la touche B pour le sélectionner.

6. Dans la barre d'options, cliquez sur la flèche située à droite de Formes pour ouvrir le sélecteur de formes prédéfinies. Faites défiler la liste des formes prédéfinies et sélectionnez la forme Arrondi flou 65 pixels (laissez le pointeur quelques secondes sur une forme pour que le nom de celle-ci s'affiche dans une info-bulle).

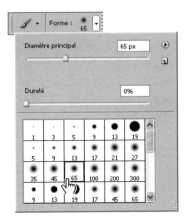

Si vous voulez essayer une autre forme de pinceau, vous le pouvez bien sûr. Néanmoins, pour réaliser correctement cet exercice, sélectionnez un pinceau dont la taille soit comprise entre 45 et 75 pixels.

7. Déplacez le curseur sur l'image. Il apparaît sous la forme d'un cercle du même diamètre que le pinceau que vous avez sélectionné. Tracez ensuite un trait où vous le voulez sur la cravate orange. Le trait ne peut pas déborder de la forme, car le masque d'écrêtage empêche le pinceau de peindre sur toute la zone qui se trouve en dehors de la cravate.

Illustration : Pamela Hobbs

Aussi parfaite que soit cette rayure, elle ne convient pas ici, puisque nous voulons que la cravate soit à pois.

● **Note :** Nous reviendrons plus en détail sur les masques d'écrêtage au cours des Leçons 5, 7 et 9.

8. Cliquez sur Édition > Annuler Pinceau ou appuyez sur les touches Ctrl+Z (Windows) ou Cmd+Z (Mac OS) pour supprimer le trait.

La cravate est de nouveau d'une couleur orange uni.

Annuler plusieurs actions

La commande Annuler ne permet d'annuler que la dernière action. En effet, les fichiers dans Photoshop peuvent être de très grande taille, si bien que mémoriser toutes les opérations effectuées exigerait énormément de mémoire au détriment des performances.

Néanmoins, vous pouvez tout de même annuler plusieurs actions grâce au panneau Historique.

1. Toujours avec les mêmes paramètres pour l'outil Pinceau, cliquez sur la cravate pour créer un point aux contours adoucis.

2. Cliquez ensuite à différents endroits pour créer un motif et obtenir une cravate à pois.

3. Ouvrez le panneau Historique (Fenêtre > Historique). Tout en maintenant le bouton de la souris enfoncé, faites glisser un coin inférieur du panneau pour le redimensionner et voir ainsi un plus grand nombre d'étapes.

Le panneau Historique enregistre toutes les actions que vous avez effectuées auparavant dans l'image. La dernière est sélectionnée au bas de la liste.

4. Cliquez sur une des actions antérieures et notez les changements que cela occasionne dans l'image. Plusieurs des actions précédentes sont annulées.

5. Dans l'image, peignez un nouveau point sur la cravate à l'aide de l'outil Pinceau.

Comme vous le constatez, les actions situées au-dessous de l'action sélectionnée et qui étaient en grisé ont disparu, tandis qu'une nouvelle action les a remplacées.

6. Cliquez sur Édition > Annuler Pinceau ou appuyez sur les touches Ctrl+Z (Windows) ou Cmd+Z (Mac OS) pour supprimer le point que vous avez dessiné à l'étape précédente.

Toutes les actions qui avaient disparu apparaissent de nouveau en grisé dans le panneau Historique.

7. Sélectionnez la dernière action de la liste.

L'image est à présent identique à celle dont vous disposiez à l'étape 2 de cet exercice.

Par défaut, le panneau Historique de Photoshop ne conserve en mémoire que les 20 dernières actions. Il s'agit là encore d'un compromis entre flexibilité et performance, mais vous pouvez changer le nombre d'actions conservées en mémoire. Pour cela, allez dans Édition > Préférences > Performance (Windows) ou Photoshop > Préférences > Performance (Mac OS) et entrez une nouvelle valeur dans le champ États d'historique.

Utiliser les menus contextuels

Les *menus contextuels*, qui s'ouvrent en cliquant du bouton droit (Windows) ou par Ctrl+clic (Mac OS) dans la zone de travail, contiennent des commandes et des options appropriées pour l'élément sélectionné. Généralement, ces commandes se trouvent également à d'autres emplacements de l'interface, mais ces menus permettent de gagner en rapidité.

1. Sélectionnez l'outil Pinceau (✐) si ce n'est pas déjà fait.

2. Dans la fenêtre de document, ouvrez le menu contextuel de l'outil Pinceau (clic droit sur l'image [Windows] ou Ctrl+clic [Mac OS]).

Comme leur nom l'indique, le contenu et l'apparence des menus contextuels varient selon l'outil ou l'élément sélectionné. Il peut s'agir d'un menu ou d'un panneau d'options, comme c'est le cas ici.

3. Sélectionnez une forme de pinceau plus fin, comme Rond net 9 pixels. Vous devrez peut-être faire défiler la liste vers le haut ou vers le bas pour trouver la bonne forme de pinceau.

4. Servez-vous de cette nouvelle forme de pinceau pour ajouter des pois sur la cravate.

5. Utilisez ensuite la commande Annuler et le panneau Historique pour annuler certaines de vos actions et corriger les erreurs que vous avez faites.

Note : Cliquez en dehors du menu contextuel pour le fermer. Si la cravate est cachée par le menu contextuel du Pinceau, cliquez sur une autre zone de l'espace de travail ou double-cliquez sur la forme du pinceau sélectionnée pour fermer le menu contextuel.

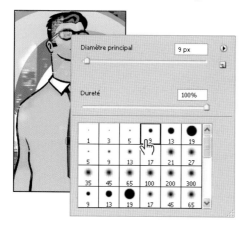 

Lorsque vous avez fini de modifier l'apparence de la cravate, vous pouvez enregistrer le fichier si vous le souhaitez.

Les panneaux et leur disposition

Les panneaux de Photoshop sont nombreux et très variés. Cependant, vous n'aurez que très rarement besoin de tous les afficher simultanément. C'est pourquoi ils sont rassemblés en groupes et ne sont pas tous affichés par défaut.

La liste complète des panneaux se trouve dans le menu Fenêtre. Une coche en face du nom du panneau indique que celui-ci est visible en première position de son groupe. Vous pouvez ouvrir ou fermer un panneau en cochant son nom dans le menu Fenêtre.

Pour masquer ou afficher tous les panneaux ouverts, ainsi que la barre d'options et le panneau Outils, appuyez sur la touche Tab. Appuyez de nouveau sur cette touche pour rouvrir l'ensemble de ces éléments.

Vous avez déjà utilisé le conteneur de panneaux lorsque vous avez ouvert le panneau Nuancier. Vous pouvez ajouter un panneau au conteneur de panneaux ou au contraire le séparer, ce qui vous permet de réorganiser les panneaux en fonction de vos besoins.

Voici une liste des autres actions que vous pouvez réaliser :

- Pour déplacer un groupe de panneaux, faites glisser sa barre de titre vers un autre emplacement de la zone de travail.

- Pour déplacer un panneau vers un autre groupe, faites glisser son onglet vers ce groupe jusqu'à ce que le contour apparaisse en surbrillance, puis relâchez la souris.

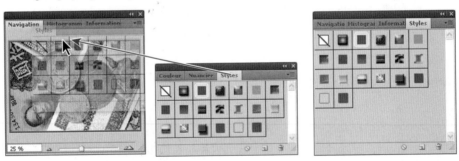

- Pour placer un panneau dans le conteneur de panneaux, faites glisser son onglet sur le conteneur de panneaux jusqu'à ce que le contour de ce dernier apparaisse en surbrillance, puis relâchez la souris.

● **Note :** Lorsque les panneaux sont masqués, placez le pointeur sur le bord gauche ou droit de l'écran pour afficher une bordure grise. Laissez le pointeur sur l'une ou l'autre de ces bordures pour afficher le panneau Outils à gauche ou le conteneur de panneaux à droite.

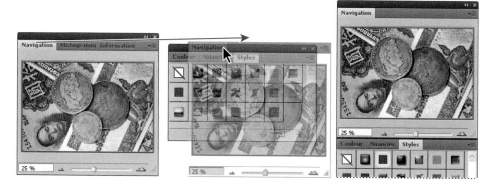

- Pour séparer un panneau ou un groupe de panneaux du conteneur de panneaux, faites glisser son onglet en dehors du conteneur de panneaux.

Modifier les dimensions des panneaux

Vous pouvez également redimensionner les panneaux pour utiliser l'espace disponible plus efficacement et afficher un nombre plus ou moins grand d'options. Pour cela, vous pouvez soit faire glisser la bordure du panneau, soit choisir différentes tailles prédéfinies.

- Pour réduire les panneaux à la taille d'une icône, cliquez sur la double flèche située dans la barre de titre du conteneur ou du groupe de panneaux. Pour afficher le contenu du panneau, cliquez sur son icône ou de nouveau sur cette double flèche.

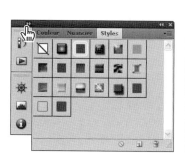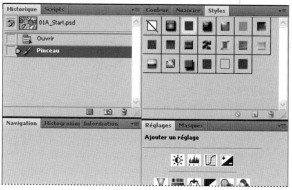

- Pour modifier la hauteur d'un panneau, faites glisser son coin inférieur droit.

- Pour modifier la largeur du conteneur de panneaux, placez le pointeur sur son bord gauche ; lorsque le pointeur prend l'apparence d'une double flèche, faites-le glisser vers la gauche ou vers la droite.

- Pour redimensionner un panneau placé en dehors du conteneur de panneaux, placez le pointeur sur le bord gauche, droit ou bas du panneau. Lorsque le pointeur prend l'apparence d'une double flèche, faites-le glisser vers l'intérieur ou l'extérieur du panneau.

Note : Il est possible de réduire à leurs barres de titre les panneaux Couleur, Caractère et Paragraphe, mais vous ne pouvez pas les redimensionner.

• Pour que seuls la barre de titre et les onglets d'un groupe de panneaux soient visibles, double-cliquez sur la barre de titre ou sur l'onglet d'un panneau. Double-cliquez de nouveau pour afficher le groupe de panneaux en entier. Vous pouvez ouvrir le menu d'un panneau même si seule sa barre de titre est visible.

Notez que les onglets des panneaux ainsi que les menus des panneaux restent visibles.

Le panneau Outils et la barre d'options

Le panneau Outils et la barre d'options partagent certaines caractéristiques avec les autres panneaux. Vous pouvez en effet réaliser les opérations suivantes :

• déplacer le panneau Outils en faisant glisser sa barre de titre et la barre d'options à l'aide de la barre de manipulation située à son extrémité gauche ;

• afficher et masquer le panneau Outils et la barre d'options.

En revanche, certaines fonctionnalités ne sont pas disponibles pour le panneau Outils et la barre d'options. Vous ne pourrez donc pas :

• Grouper le panneau Outils ou la barre d'options avec d'autres panneaux.

• Redimensionner le panneau Outils ou la barre d'options.

• Ancrer le panneau Outils dans le conteneur de panneaux.

• Par ailleurs, le panneau Outils et la barre d'options ne disposent pas de menus de panneaux.

Personnalisation de l'espace de travail

Note : Si vous avez fermé le fichier 01C_Start.psd à la fin de l'exercice précédent, rouvrez-le pour réaliser l'exercice suivant. Vous pouvez également ouvrir une image de votre choix.

Photoshop permet de contrôler l'affichage et la position de la barre d'options et des nombreux panneaux. Cependant, si vous devez afficher certains panneaux lorsque vous travaillez sur certains projets et d'autres panneaux pour d'autres projets, les déplacer manuellement chaque fois peut être assez pénible. C'est pourquoi Photoshop permet de personnaliser l'espace de travail et de contrôler quels panneaux, quels outils et quels menus doivent être disponibles à tout moment. Comme vous allez le voir, Photoshop dispose de certains réglages prédéfinis adaptés à différentes tâches – la correction des couleurs et des tons d'une image ou le dessin et la retouche, par exemple.

1. Choisissez Fenêtre > Espace de travail > Couleur et Ton. Si une boîte de message s'affiche, cliquez sur Oui pour charger l'espace de travail. Si vous avez essayé d'ouvrir, de fermer et de déplacer des panneaux, vous avez remarqué que Photoshop ouvre alors certains panneaux, en ferme d'autres et les regroupe sur le côté droit de l'espace de travail.

2. Choisissez Fenêtre > Espace de travail > Typographie. Si une boîte de message s'affiche, cliquez sur Oui pour charger l'espace de travail. Le conteneur de panneaux contient alors des panneaux différents.

3. Dans la barre d'application, cliquez sur le sélecteur d'espace de travail et sélectionnez Les indispensables. Photoshop ouvre alors de nouveau l'espace de travail par défaut.

Vous pouvez choisir un espace de travail dans le menu Fenêtre ou dans le menu contextuel de la barre d'application.

Si les réglages prédéfinis ne correspondent pas à vos besoins, libre à vous de personnaliser cet espace de travail. Admettons, par exemple, que vous travailliez beaucoup pour le Web mais que vous ne retouchiez jamais d'images vidéo. Vous pouvez alors choisir les éléments qui sont affichés dans les menus de l'espace de travail.

4. Cliquez sur le menu Affichage et choisissez le sous-menu Format des pixels pour afficher les commandes de cet ensemble.

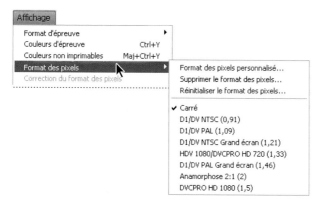

La plupart des concepteurs de sites Web ainsi que les personnes qui travaillent principalement pour une édition papier n'ont pas besoin des nombreuses options de formats DV disponibles.

5. Choisissez Fenêtre > Espace de travail > Raccourcis clavier et menus.

La boîte de dialogue Raccourcis clavier et menus permet de contrôler les commandes disponibles dans chaque espace de travail et de créer des raccourcis personnalisés pour les menus, les panneaux et les outils. Vous pouvez ainsi ne plus afficher les commandes que vous n'utilisez presque jamais ou au contraire mettre en surbrillance celles qui vous servent le plus souvent.

6. Cliquez sur l'onglet Menus de la boîte de dialogue Raccourcis clavier et menus, puis choisissez Menus de l'application dans le champ Menu pour.

7. Dans la liste Menu de commande de l'application, cliquez sur le triangle pointant vers la droite du menu Affichage pour afficher les commandes disponibles.

Toutes les commandes et sous-commandes du menu Affichage apparaissent à l'écran.

8. Faites défiler la liste jusqu'au sous-menu Format des pixels et cliquez sur l'icône en forme d'œil pour rendre invisibles toutes les commandes concernant les sept formats DV et vidéo – de D1/DV NTSC (0,91) jusqu'à DVCPRO HD 1080 (1,5) si vous disposez de Photoshop Extended. Photoshop supprime alors ces éléments des menus dans cet espace de travail.

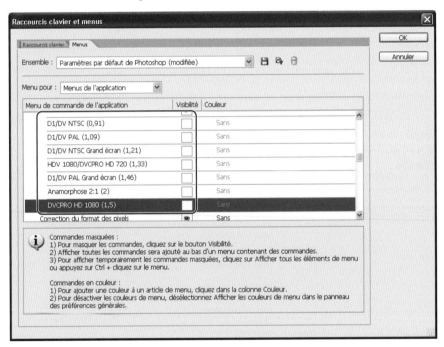

9. Affichez ensuite les commandes du menu Image.

10. Faites défiler la liste des commandes vers le bas et sélectionnez Image > Mode >
Couleurs RVB. Cliquez sur Sans dans la colonne Couleur et choisissez Rouge dans
le menu déroulant. La commande s'affichera en rouge dans le menu.

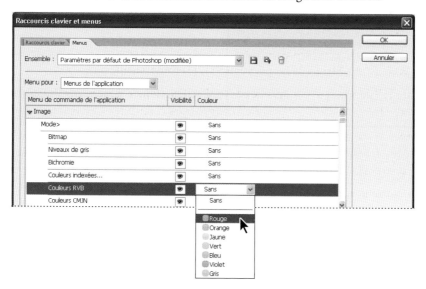

11. Cliquez sur OK pour fermer la boîte de dialogue Raccourcis clavier et menus.

12. Cliquez sur Image > Mode. La commande Couleurs RVB s'affiche à présent en
surbrillance rouge.

13. Cliquez sur Affichage > Format des pixels. Les options de formats DV n'apparaissent
plus dans ce sous-menu.

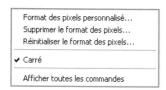

14. Pour enregistrer cet espace de travail, choisissez Fenêtre > Espace de travail > Enregistrer l'espace de travail. Dans la boîte de dialogue qui apparaît, sélectionnez les options Position des panneaux, Raccourcis clavier et Menus, puis donnez un nom à l'espace de travail. Cliquez sur le bouton Enregistrer.

Le nom de votre espace de travail personnalisé apparaît alors dans le sous-menu Fenêtre > Espace de travail et dans le sélecteur d'espace de travail de la barre Application.

Pour le moment, vous allez revenir à l'espace de travail par défaut.

15. Dans le menu contextuel du sélecteur d'espace de travail de la barre d'application, sélectionnez Les indispensables. N'enregistrez pas les modifications apportées à l'espace de travail.

16. Sélectionnez Aide > Mises à jour. Cliquez sur le bouton Préférences dans la boîte de dialogue Adobe Updater qui s'affiche.

17. Dans la boîte de dialogue Adobe Updater, activez l'option Rechercher automatiquement des mises à jour. Choisissez ensuite que les mises à jour soient téléchargées automatiquement ou d'être averti avant qu'elles ne le soient.

Si vous choisissez de ne pas rechercher automatiquement les mises à jour tous les mois, vous pouvez toujours vous rendre sur le site d'Adobe et chercher les mises à jour disponibles par vous-même.

18. Cliquez sur OK pour valider vos choix.

La Leçon 1 est à présent terminée. Maintenant que vous connaissez mieux l'interface de Photoshop, vous pouvez étudier les différentes fonctionnalités d'Adobe Bridge ou passer à la leçon suivante et apprendre comment créer et retoucher des images. Vous êtes libre d'aborder les leçons suivantes selon l'enchaînement proposé ou de les choisir selon le sujet qui vous intéresse.

En savoir plus sur l'utilisation de Photoshop

Pour obtenir des informations complètes et mises à jour sur les panneaux, les outils et les autres fonctionnalités de Photoshop, visitez le site Web d'Adobe. Pour cela, cliquez sur Aide > Aide de Photoshop. Vous êtes alors connecté au site Web Aide à la communauté Adobe (sur lequel vous pouvez chercher des rubriques d'aide et des documents de référence), ainsi qu'à d'autres sites Web intéressants pour les utilisateurs de Photoshop. Réduisez le nombre de résultats de vos recherches si vous souhaitez n'afficher que les documents d'aide de Photoshop.

Si vous prévoyez de travailler dans Photoshop sans être connecté à Internet, téléchargez la version la plus récente du fichier d'aide de Photoshop (au format PDF) à l'adresse suivante : **www.adobe.com/go/documentation**.

Pour obtenir d'autres informations, comme la liste des raccourcis clavier, des astuces et les dernières informations sur le produit, visitez l'adresse suivante : **community. adobe.com/help/main**.

Mises à jour

Adobe fournit régulièrement des mises à jour du logiciel. Vous pouvez facilement obtenir ces mises à jour grâce à Adobe Updater, tant que vous disposez d'une connexion Internet.

1. Dans Photoshop, cliquez sur Aide > Mises à jour. Adobe Updater vérifie alors automatiquement si des mises à jour sont disponibles pour vos logiciels Adobe.

2. Dans la boîte de dialogue Adobe Updater, sélectionnez les mises à jour à installer, puis cliquez sur Télécharger et installer les mises à jour.

Note : Si Photoshop détecte que vous n'êtes pas connecté à Internet lors de son lancement, la commande Aide > Aide de Photoshop ouvre les pages HTML installées sur votre disque dur. Pour des informations plus récentes, reportez-vous aux fichiers d'aide en ligne ou téléchargez le fichier PDF de référence le plus récent.

Note : Pour définir vos préférences de mises à jour, cliquez sur Préférences. Sélectionnez la fréquence à laquelle vous souhaitez qu'Adobe Updater vérifie l'existence de mises à jour, choisissez les programmes concernés et si ces mises à jour doivent être téléchargées automatiquement ou non. Cliquez sur OK pour valider vos choix.

Le panneau Outils

Panneau Outils

- Déplacement (V)
- Rectangle de sélection (M)
- Lasso (L)
- Sélection rapide (W)
- Recadrage (C)
- Pipette (I)
- Correcteur de tons directs (J)
- Pinceau (B)
- Tampon de duplication (S)
- Forme d'historique (Y)
- Gomme (E)
- Dégradé (G)
- Goutte d'eau (R)
- Densité+ (O)
- Plume (P)
- Texte horizontal (T)
- Sélection de tracé (A)
- Rectangle (U)
- Rotation 3D (K)
- Orbite 3D (N)
- Main (H)
- Zoom (Z)

L'outil Déplacement permet de déplacer les sélections, les calques et les guides.

L'outil Sélection crée des sélections de forme rectangulaire, ovale, ou sélectionne une colonne ou une ligne.

L'outil Lasso trace des sélections à main levée, polygonales ou magnétiques.

L'outil Sélection rapide permet de "peindre" rapidement une sélection.

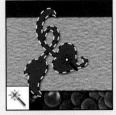

L'outil Baguette magique sélectionne les zones par similitude de couleur.

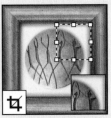

L'outil Recadrage permet de recadrer les images.

L'outil Pipette échantillonne les couleurs d'une image.

L'outil Échantillonnage de couleur peut échantillonner jusqu'à quatre zones différentes dans une image.

L'outil Règle indique la distance et l'angle qui séparent deux points dans une image.

L'outil Annotations permet d'attacher des notes audio ou textuelles à une image.

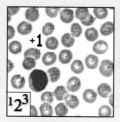

L'outil Comptage permet de compter le nombre d'objets dans une image.

L'outil Tranche crée les tranches.

L'outil Sélection de tranches sélectionne les tranches.

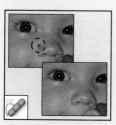

L'outil Correcteur de tons directs permet de supprimer rapidement les défauts et les imperfections dans les zones de couleur uniformes d'une image.

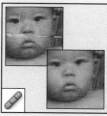

L'outil Correcteur utilise un échantillon ou un motif pour supprimer les imperfections d'une image.

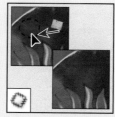

L'outil Pièce répare les imperfections d'une zone sélectionnée de l'image en utilisant un échantillon ou un motif.

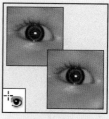

L'outil Œil rouge supprime d'un seul clic le reflet rouge dans les photos prises avec un flash.

L'outil Pinceau peint des traits de couleur.

L'outil Crayon peint des lignes aux contours nets.

L'outil Remplacement de couleur substitue une couleur à une autre.

L'outil Tampon de duplication clone une partie de l'image.

Le panneau Outils (suite)

L'outil Tampon de motif utilise une partie comme motif.

L'outil Forme d'historique utilise une copie de l'état ou de l'instantané sélectionné dans le panneau Historique.

L'outil Forme d'historique artistique reproduit des traits stylisés en utilisant l'état ou l'instantané sélectionné dans le panneau Historique.

L'outil Gomme supprime les pixels et restaure les parties d'une image dans leur état précédent.

L'outil Gomme d'arrière-plan remplace les zones de couleur unies par des pixels transparents.

L'outil Gomme magique remplace les zones de couleur unies par des pixels transparents d'un simple clic.

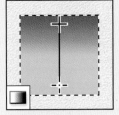

L'outil Dégradé crée des transitions dégradées de couleurs linéaires, radiales, inclinées, réfléchies et en losange.

L'outil Pot de peinture emplit les zones de couleurs identiques avec la couleur de premier plan.

L'outil Goutte d'eau adoucit les contours d'une image.

L'outil Netteté renforce les contours d'une image.

L'outil Doigt étale les données dans l'image.

L'outil Densité+ éclaire les zones de l'image.

L'outil Densité– assombrit les zones de l'image.

L'outil Éponge modifie la saturation d'une partie de l'image.

L'outil Plume crée des tracés aux contours adoucis.

L'outil Texte permet d'ajouter du texte dans une image.

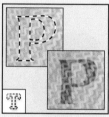

L'outil Masque de texte permet de créer une sélection de la forme d'une lettre.

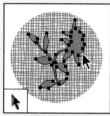

L'outil Sélection de tracé sélectionne les formes et tracés vectoriels et affiche leurs points d'ancrage, lignes directrices et points directeurs.

Les outils Rectangle arrondi, Ellipse, Polygone et Trait tracent des formes et des lignes dans un calque normal ou un calque de forme.

L'outil Forme personnalisée crée des formes à partir d'une liste de formes personnalisées.

L'outil Main déplace l'image dans sa fenêtre.

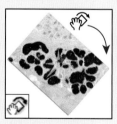

L'outil Rotation de l'affichage permet de faire pivoter de façon non destructrice l'espace de travail.

L'outil Zoom permet d'agrandir ou de réduire la taille d'affichage de l'image.

Les outils 3D (Photoshop Extended)

L'outil Rotation 3D permet de faire tourner un modèle 3D sur l'axe x ou sur l'axe y.

L'outil Enroulement 3D permet de faire tourner un modèle 3D sur l'axe z.

L'outil Panoramique 3D déplace le modèle sur l'axe x ou sur l'axe y.

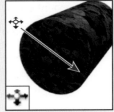

L'outil Coulissement 3D déplace le modèle sur l'axe z, si bien qu'il semble être plus proche ou plus éloigné.

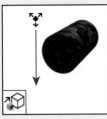

L'outil Mise à l'échelle 3D redimensionne le modèle 3D.

L'outil Orbite 3D fait pivoter la caméra sur l'axe x ou sur l'axe y.

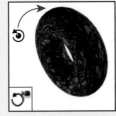

L'outil Vue d'enroulement 3D fait pivoter la caméra sur l'axe z.

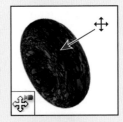

L'outil Vue panoramique 3D déplace la caméra sur l'axe x ou sur l'axe y.

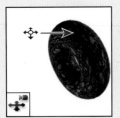

L'outil Vue de déplacement 3D avance avec la caméra.

L'outil Zoom 3D rapproche ou éloigne le champ de vision.

Questions

1. Citez deux types d'images que vous pouvez ouvrir dans Photoshop.

2. Comment ouvrir une image à l'aide d'Adobe Bridge ?

3. Comment sélectionner un outil dans Photoshop ?

4. Décrivez deux méthodes pour modifier l'affichage d'une image.

5. Quelles sont les deux façons d'obtenir des informations sur Photoshop ?

Réponses

1. Il est possible de scanner une photographie, un transparent, un négatif ou une illustration dans le programme, de capturer une image depuis un périphérique vidéo numérique ou d'importer une illustration créée dans un programme de dessin vectoriel. On peut également importer des photos numériques.

2. Il suffit de cliquer sur le bouton Lancer Bridge dans la barre d'application de Photoshop pour ouvrir ou afficher Adobe Bridge. On localise ensuite le fichier à ouvrir, puis on double-clique sur la vignette de l'image pour l'ouvrir dans Photoshop.

3. Pour sélectionner un outil, on peut soit cliquer dessus dans le panneau Outils, soit taper le raccourci clavier correspondant. L'outil sélectionné reste actif jusqu'à la sélection d'un autre outil. Pour sélectionner un outil masqué, il suffit de taper le raccourci clavier correspondant ou de maintenir le bouton de la souris enfoncé au-dessus de l'outil du même groupe dans le panneau Outils, jusqu'à ce que le menu des outils masqués apparaisse.

4. On peut choisir une commande du menu Affichage pour agrandir ou réduire la vue de l'image ou encore pour l'ajuster par rapport à la taille de l'écran. Avec l'outil Zoom du panneau Outils, il suffit de cliquer ou de tracer un cadre dans l'image pour agrandir ou réduire son affichage. Les raccourcis clavier et le panneau Navigation permettent aussi de contrôler le facteur d'agrandissement de l'image.

5. L'Aide de Photoshop contient de nombreuses informations sur les fonctionnalités de Photoshop, ainsi que la liste des raccourcis clavier, des informations complémentaires et des illustrations en couleurs. Photoshop est aussi doté d'un lien hypertexte vers la page d'accueil du site d'Adobe Systems, sur lequel on peut trouver des informations concernant les services et les produits Adobe, ainsi que des conseils d'utilisation de Photoshop.

This year's review of city parks by Jeff Brown

Once a Playground Movement grew, there was no stopping it. It began out of general concern in the 1920s about the wholesome use of leisure time. Led by the Playground and Recreation Association of America, the movement advocated community centers and recreational activities organized by labor unions and supported recreational programs in sports and the arts. The Laura Spelman Rockefeller Memorial Foundation helped fund the movement's efforts to organize community recreation; professionalize recreational work; and conduct surveys of parks, playgrounds, and recreational programs. City and state parks, small neighborhood greens, treeless school lots where youngsters could play ball, and community recreation centers were all viewed as appropriate spaces for leisure activity. The Playground and Recreation Association of America published Playground Magazine. The PAA, which became the National Recreation Association in 1930, lobbied for municipal funding of supervised public playgrounds, developed training programs for "play leaders," provided professional consultation and coordination services to fledgling local recreation departments, and facilitated community surveys and playground campaigns. It also offered lectures and a publication service. The association's journal, Playground, was a source of practical advice, programming ideas, and playground theory. During the PAA's early years, funding from the Russell Sage Foundation helped the organization

URBAN PLAYGROUND

There's lots to do in the city with your kids!

Photoshop met à votre disposition une série d'outils et de commandes pour améliorer la qualité d'une photographie. Cette leçon explique les techniques élémentaires de correction d'images en décrivant les différentes étapes de recadrage et de retouche d'une photographie destinée à être mise en page pour une impression papier. La même procédure s'applique aux images que vous voulez publier sur le Web.

Les bases de la retouche photographique

2

Au cours de cette leçon, vous apprendrez à :

- comprendre la taille et la résolution d'une image ;

- redresser et recadrer une image ;

- régler la plage de tonalités d'une image ;

- supprimer une dominante colorée à l'aide de la commande Couleur automatique ;

- régler la saturation et la luminosité avec les outils Éponge et Doigt ;

- éliminer des zones d'une image avec l'outil Tampon de duplication ;

- réparer des zones d'une image avec l'outil Correcteur de tons directs ;

- adoucir des corrections avec les outils Correcteur et Pièce ;

- appliquer le filtre Accentuation pour finaliser la procédure de retouche ;

- enregistrer un fichier Photoshop dans un format exploitable par un logiciel de PAO.

 Cette leçon durera entre quarante-cinq minutes et une heure. Copiez le dossier Lesson02 sur votre disque dur si ce n'est pas déjà fait. Au cours de cette leçon, vous conserverez les fichiers de départ. Si vous voulez les restaurer, copiez-les de nouveau depuis le CD-ROM *Adobe Photoshop CS4 Classroom in a Book*.

Stratégie de retouche

Adobe Photoshop propose un ensemble complet d'outils de correction des couleurs et des tons d'une image donnée. Vous pouvez corriger d'éventuels problèmes dans la qualité et la plage des couleurs, générés lors de la prise de la photographie ou pendant sa numérisation, mais aussi corriger la composition de l'image et en améliorer la netteté.

Procédures élémentaires

En général, la retouche d'une image se déroule selon les huit étapes suivantes :

1. Duplication de l'image originale ou numérisée (travaillez toujours sur une copie de l'image de façon à pouvoir revenir au fichier original si nécessaire).

2. Vérification de la qualité de la numérisation et choix de la résolution en fonction de l'usage prévu pour l'image.

3. Recadrage de l'image dans ses dimensions et orientation finales.

4. Suppression des imperfections sur l'image numérisée (poussières, taches, rayures).

5. Réglage du contraste et de la plage des couleurs de l'image.

6. Suppression d'une dominante colorée indésirable.

7. Réglage de la couleur et des nuances dans certaines parties de l'image pour faire ressortir les tons clairs, moyens et foncés, ainsi que les couleurs ternes.

8. Renforcement de la netteté sur l'ensemble de l'image.

En règle générale, vous devez suivre ces étapes dans l'ordre. Sinon, ces opérations pourraient entraîner des modifications inattendues sur l'image, ce qui vous obligerait à tout recommencer.

● **Note :** Au cours de la Leçon 1, vous avez utilisé un calque de réglage. Cette méthode offre une grande flexibilité puisque les corrections que vous effectuez ne sont alors pas appliquées directement à l'image.

Destination de l'image

Les techniques de retouche sur une image dépendent en partie de l'usage que vous comptez faire de celle-ci. En effet, la résolution de la numérisation et le type de corrections tonales ne seront pas du tout les mêmes pour une image destinée à une impression en noir et blanc ou pour une image destinée à une publication en couleurs sur le Web. Photoshop prend en charge le mode de couleurs CMJN pour la préparation d'images à imprimer avec des couleurs de traitement, ainsi que les modes RVB et d'autres modes de couleurs.

Afin d'illustrer la manière d'appliquer les techniques de retouche, cette leçon vous guide dans la procédure de correction d'une photographie destinée à être imprimée en quadrichromie.

Pour plus de détails sur les modes CMJN et RVB, reportez-vous à la Leçon 14, "L'impression couleur".

Résolution et dimensions de l'image

La première étape dans la retouche d'une image consiste à s'assurer que sa résolution est appropriée à son usage final. Le terme *résolution* fait référence au nombre de petits carrés, appelés *pixels*, qui composent l'image et forment les détails. La résolution s'exprime en nombre de pixels en largeur et en hauteur.

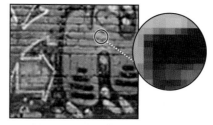

Détail des pixels d'une photographie

En infographie, on distingue plusieurs types de résolutions. Le nombre de pixels par unité de longueur dans une image correspond à la *résolution d'image*. Elle est généralement mesurée en pixels par pouce (ppp) ou en pixels par centimètre. Une image haute résolution possède plus de pixels qu'une image de même dimension, mais de résolution plus basse ; le poids du fichier est donc plus important. La résolution des images dans Photoshop peut varier de 300 ppp ou plus (résolution haute) à 72 ou 96 ppp (résolution faible).

Le nombre de pixels par unité de longueur sur l'écran correspond à la *résolution d'écran*, généralement mesurée en pixels par pouce. Les pixels des images sont directement convertis en pixels d'écran. Ainsi, dans Photoshop, si la résolution de l'image est supérieure à celle de l'écran, l'image apparaît plus grande à l'écran que ses dimensions spécifiées pour l'impression. À titre d'exemple, lorsque vous affichez une image dont la dimension est d'un pouce carré avec une résolution de 144 ppp sur un écran d'une résolution de 72 ppp, l'image s'étale sur une surface de quatre pouces carrés (2 × 2) à l'écran.

Image de 10,16 × 15,24 cm, résolution : 72 ppp ; taille du fichier : 364,5 Ko

Affichage avec un facteur de 100 %

Image de 10,16 × 15,24 cm, résolution : 200 ppp ; taille du fichier : 2,75 Mo

Affichage avec un facteur de 100 %

● **Note :** Le terme d'affichage avec un "facteur de 100 %" mérite d'être précisé. Il signifie qu'un pixel de l'image est équivalent à un pixel de l'écran. Les dimensions de l'image à l'écran risquent donc fort d'être différentes de celles de l'image imprimée, sauf si la résolution de l'image est exactement identique à celle de l'écran.

Le nombre de points encrés par pouce produit par une photocomposeuse ou par une imprimante laser correspond à la *résolution d'impression* ou *résolution de sortie*. La meilleure qualité s'obtient avec une imprimante et une image de très hautes résolutions.

La résolution adéquate pour une image à imprimer est déterminée à la fois par celle de l'imprimante et par la linéature, soit le nombre de lignes par pouce (lpp) des trames de demi-teintes utilisées pour reproduire l'image.

Gardez toujours en mémoire que la taille du fichier et la durée de son téléchargement sur le Web sont proportionnelles à la résolution de l'image.

Pour plus de détails sur la résolution et les dimensions d'une image, reportez-vous à l'Aide en ligne de Photoshop.

● **Note :** Pour déterminer la résolution d'image de la photographie avec laquelle nous illustrons cette leçon, nous avons appliqué une règle simple qui consiste à numériser avec une résolution 1,5 à 2 fois supérieure à la linéature de l'imprimante. Puisque le magazine dans lequel l'image sera imprimée utilise une linéature de 133 lpp, l'image a été numérisée avec une résolution de 200 ppp (133 × 1,5).

Préparatifs

L'image sur laquelle vous allez travailler est une photographie numérisée que vous insérerez dans une maquette réalisée avec Adobe InDesign pour un magazine. La taille finale de l'image doit être de 3,5 × 2,5 pouces.

Pour commencer cette leçon, ouvrez l'image finale pour la comparer avec l'image scannée.

1. Lancez Adobe Photoshop et appuyez aussitôt sur les touches Ctrl+Alt+Maj (Windows) ou Cmd+Option+Maj (Mac OS) pour restaurer les préférences par défaut du logiciel (pour en savoir plus, reportez-vous à la section "Rétablissement des préférences par défaut" de l'Introduction).

2. Dans la boîte de message, cliquez sur Oui pour confirmer que vous voulez supprimer le fichier de paramètres.

3. Dans la barre d'options, cliquez sur le bouton Lancer Bridge (Br).

4. Dans le volet Favoris d'Adobe Bridge, cliquez sur le dossier Lessons, puis double-cliquez sur le dossier Lesson02 dans le volet Contenu pour afficher les images qu'il contient.

5. Comparez les fichiers 02Start.psd et 02End.psd. Pour agrandir les vignettes dans le volet Contenu, faites glisser vers la droite le curseur situé au bas de la fenêtre de Bridge.

Comme vous le constatez, l'image du fichier 02Start.psd est inclinée, ses couleurs sont relativement ternes. De plus, elle présente une dominante rouge et ses dimensions sont supérieures à celles requises pour le magazine. Vous allez corriger tous ces défauts au cours de cette leçon, en commençant par redresser et recadrer l'image.

6. Double-cliquez sur la vignette du fichier 02Start.psd pour ouvrir l'image dans Photoshop. Si nécessaire, cliquez sur OK pour fermer la boîte de message vous avertissant d'une incompatibilité de profil des couleurs.

7. Dans Photoshop, cliquez sur Fichier > Enregistrer sous et sauvegardez une copie du fichier dans le dossier Lesson02 sous le nom de **02Retouche.psd**, par exemple.

8. Si la boîte de dialogue Options de format Photoshop s'ouvre, désactivez l'option Maximiser la compatibilité et cliquez sur OK.

Nous vous conseillons de toujours travailler sur une copie du fichier plutôt que sur l'original. Ainsi, au cas où les modifications donnent de mauvais résultats, il est toujours possible de recommencer depuis le début.

Julieanne Kost est une porte-parole officielle d'Adobe Photoshop.

Les astuces d'une porte-parole de Photoshop

L'outil Recadrage

Voici deux méthodes d'utilisation de l'outil Recadrage (C) assez peu connues mais très utiles :

- Créer un cadre autour d'une image avec l'outil Recadrage. Ouvrez une image dans Photoshop, puis agrandissez la taille de la fenêtre de document afin que celle-ci s'affiche entourée d'un espace gris vide. Tracez un cadre de sélection à l'aide de l'outil Recadrage. Déplacez ensuite les poignées d'angle du cadre de sélection hors des limites de l'image pour que la zone située en dehors de l'image soit sélectionnée. Lorsque vous appuyez sur la touche Entrée ou Retour, la zone vierge sélectionnée est ajoutée à l'image.

- Reprendre les dimensions d'une image pour en recadrer une autre. Ouvrez deux images dans Photoshop, puis sélectionnez celle dont les dimensions vous intéressent. Activez l'outil Recadrage et cliquez sur le bouton Image 1er plan dans la barre d'options. Les dimensions et la résolution de l'image sélectionnée s'affichent alors dans les champs correspondants de la barre d'options. Sélectionnez maintenant l'image que vous voulez recadrer et tracez un cadre avec l'outil Recadrage. Les dimensions du cadre respectent les valeurs définies dans la barre d'options. Lorsque vous appliquez le recadrage, l'image est redimensionnée selon les dimensions et la résolution de la première image.

Redressement et recadrage

Le premier exercice consistera à employer l'outil de recadrage pour réduire les dimensions de l'image en fonction de l'espace qui lui sera alloué dans la maquette du magazine. Pour recadrer l'image, vous pouvez vous servir soit de l'outil Recadrage, soit de la commande Recadrer. Vous supprimez alors définitivement tous les pixels situés en dehors du cadre de sélection.

1. Activez l'outil Recadrage (⊟). Dans la barre d'options, entrez les dimensions en pouces, à savoir **3,5 po** (Largeur) et **2,5 po** (Hauteur).

2. Faites glisser l'outil Recadrage pour tracer un cadre autour de l'image. Ce rectangle n'a pas besoin d'être précis, car il pourra être ajusté par la suite.

Notez que le cadre respecte les proportions définies dans la barre d'options.

Quand vous relâchez le bouton de la souris, tout ce qui se trouve en dehors de la zone sélectionnée est grisé et la barre d'options affiche les paramètres de la zone recadrée (3,5 × 2,5).

3. Dans la barre d'options, assurez-vous que l'option Perspective est inactive.

4. Placez le pointeur à l'extérieur du cadre. Le pointeur se transforme en double flèche incurvée (↰). Faites-le glisser dans le sens des aiguilles d'une montre jusqu'à ce que le cadre soit parallèle aux bords de l'image.

5. Placez le pointeur à l'intérieur du cadre et faites-le glisser de manière qu'il contienne toutes les parties de l'image que vous voulez conserver. Si nécessaire, ajustez la taille du cadre en faisant glisser une poignée d'angle. Vous pouvez également utiliser les touches directionnelles du clavier pour ajuster la taille du cadre d'un pixel à la fois.

6. Appuyez sur la touche Entrée (Windows) ou Retour (Mac OS). L'image est maintenant recadrée, redressée, correctement redimensionnée et elle occupe la totalité de la fenêtre.

▶ **Astuce :** Utilisez la commande Image > Rogner pour retirer une zone en bordure d'image selon la couleur des pixels au bord de l'image ou selon les pixels transparents.

7. Choisissez Fichier > Enregistrer pour sauvegarder votre travail.

Réglages automatiques

Photoshop dispose de nombreuses fonctionnalités d'automatisation qui permettent d'améliorer une image très facilement. Celles-ci peuvent être suffisantes dans certains cas, mais si vous souhaitez contrôler vos réglages avec plus de précision, vous devez utiliser des fonctions plus complexes du logiciel.

1. Pour commencer, vous allez essayer les réglages automatiques de Photoshop. Enregistrez votre fichier maintenant si vous ne l'avez pas fait après avoir redimensionné l'image.

2. Cliquez sur Fichier > Enregistrer sous, nommez le fichier **02Auto.psd**, par exemple, puis cliquez sur Enregistrer.

Si la boîte de dialogue Options de format Photoshop s'ouvre, désactivez l'option Maximiser la compatibilité et cliquez sur OK.

3. Cliquez sur Image > Couleur automatique. La dominante rouge disparaît.

Original

Résultat

La commande Couleur automatique et les options de correction colorimétrique automatique

La commande Couleur automatique règle le contraste et la couleur d'une image en recherchant l'image réelle plutôt que les histogrammes des couches pour les tons foncés, moyens et clairs. Elle neutralise les tons moyens et écrête les pixels blancs et noirs en fonction des valeurs définies dans la boîte de dialogue Options de correction colorimétrique automatique.

La boîte de dialogue Options de correction colorimétrique automatique permet de régler automatiquement la gamme des tons d'ensemble d'une image, de définir des pourcentages d'écrêtage et d'attribuer des valeurs chromatiques aux tons foncés, moyens et clairs. Vous pouvez appliquer tous les paramètres en même temps en utilisant la boîte de dialogue Niveaux ou Courbes ou enregistrer les paramètres pour une utilisation ultérieure avec les commandes Niveaux, Niveaux automatiques, Contraste automatique, Couleur automatique et Courbes.

Pour ouvrir la boîte de dialogue Options de correction colorimétrique automatique, cliquez sur le bouton Options dans la boîte de dialogue Niveaux ou dans la boîte de dialogue Courbes ou sélectionnez Options automatiques dans les menus des panneaux Niveaux ou Courbes.

4. Cliquez sur Image > Réglages > Tons foncés/Tons clairs.

5. Dans la boîte de dialogue Tons foncés/Tons clairs qui s'ouvre, déplacez les curseurs Tons foncés et Tons clairs pour améliorer l'aspect de l'image. Assurez-vous que l'option Aperçu est activée de façon à visualiser sur l'image les transformations que vous effectuez.

6. Cliquez sur OK pour fermer la boîte de dialogue, puis sur Fichier > Enregistrer.

La commande Contraste automatique

Vous pouvez également ajuster le contraste (les tons clairs et les tons foncés) ainsi que la répartition des couleurs d'une image automatiquement, à l'aide de la commande Image > Contraste automatique. Celle-ci convertit les pixels les plus sombres de l'image en pixels noirs et les pixels les plus clairs en blanc. Ainsi, les tons clairs deviennent plus clairs et les tons foncés, plus foncés, ce qui permet d'améliorer l'aspect de nombreuses photographies ou d'images en tons continus (en revanche, cette commande ne peut pas améliorer les images à couleurs unies).

La commande Contraste automatique écrête les pixels blancs et noirs de 0,5 % – en d'autres termes, les premiers 0,5 % des extrêmes sont ignorés lors de l'identification des pixels les plus clairs et les plus foncés. Cet écrêtement des couleurs assure que les valeurs de noir et de blanc sont représentatives du contenu de l'image plutôt que des valeurs extrêmes.

Bien que vous n'utilisiez pas la commande Contraste automatique dans cette leçon, il est important que vous la connaissiez pour pouvoir l'employer ensuite dans vos propres projets.

7. Fermez le fichier 02Auto.psd, puis cliquez sur Fichier > Ouvrir les fichiers récents et sélectionnez le fichier 02Retouche.psd dans le sous-menu. Cliquez sur OK si le message d'incompatibilité des profils colorimétriques s'affiche.

Suppression d'une dominante colorée

● **Note :** Vous ne pourrez détecter les dominantes de couleurs que sur des écrans 24 bits, c'est-à-dire capables d'afficher plusieurs millions de couleurs. Sur un écran 8 bits à 256 couleurs, une dominante est quasiment impossible à détecter.

Certaines images sont dénaturées par une dominante colorée (une couleur trop présente), créée lors de la numérisation ou qui existait déjà dans la photographie originale. Cette photographie, par exemple, présente une dominante rouge. Vous allez utiliser un calque de réglage Balance des couleurs pour corriger ce défaut.

1. Dans le panneau Réglages, cliquez sur le bouton Balance des couleurs.

2. Dans le panneau Balance des couleurs, sélectionnez Tons moyens pour l'option Ton et activez l'option Conserver la luminosité.

3. Faites glisser les curseurs pour corriger les couleurs de l'image. Dans notre exemple, nous avons choisi les valeurs suivantes : **−90**, **+18** et **+6**.

 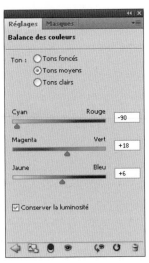

Notez la disparition de la dominante rouge.

4. Dans le panneau Réglages, cliquez sur le bouton Revenir à la liste de réglages (◀).

5. Cliquez sur Fichier > Enregistrer. Si la boîte de dialogue Options de format Photoshop s'ouvre, désactivez l'option Maximiser la compatibilité et cliquez sur OK.

Réglage manuel de la plage tonale

La plage de tonalités d'une image représente le *contraste* ou la quantité de détails dans l'image. Elle est déterminée par la répartition des pixels, des plus foncés (noirs) aux plus clairs (blancs). Vous allez corriger le contraste de l'image à l'aide d'un calque de réglage Niveaux.

Le graphique du panneau Niveaux présente l'ensemble des valeurs (noires et blanches) de l'image. Il permet également de contrôler les tons sombres, les tons moyens (ou *gamma*) et les tons clairs, tandis que le panneau Histogramme sert de référence. À moins que vous ne cherchiez à obtenir un effet particulier, la courbe du graphique doit occuper toute la largeur de l'histogramme. En outre, pour obtenir une répartition régulière des tons moyens de l'image, la partie centrale de la courbe ne doit pas présenter de crêtes abruptes, mais au contraire avoir une forme douce.

1. Affichez le panneau Histogramme (Fenêtre > Histogramme). Cliquez sur la flèche située dans son coin supérieur droit pour afficher son menu et sélectionnez Affichage agrandi.

2. Dans le menu Couches du panneau Histogramme, sélectionnez RVB.

3. Déplacez ensuite le panneau Histogramme de sorte que l'image et le panneau Réglages soient également visibles.

4. Dans le panneau Réglages, cliquez sur le bouton Niveaux pour ouvrir le panneau du même nom. Photoshop ajoute un calque de réglage Niveaux dans le panneau Calques.

Dans le panneau Niveaux, le curseur triangulaire de gauche (noir), situé sous l'histogramme, représente les tons foncés, le curseur triangulaire du milieu (gris) représente les tons moyens ou *gamma* et le curseur triangulaire de droite (blanc) représente les tons clairs. Si l'image était dotée de couleurs réparties sur toute la gamme de luminosité, le graphique s'étendrait sur toute la largeur de l'histogramme, du triangle noir au triangle blanc. Comme vous le voyez, les graphiques des panneaux Niveaux et Histogramme sont pour l'instant identiques.

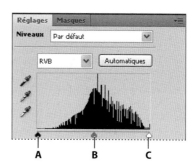

A. Tons foncés
B. Tons moyens ou gamma
C. Tons clairs

5. Dans le panneau Niveaux, faites glisser le curseur triangulaire de gauche vers le centre, à hauteur de la représentation des tons les plus foncés.

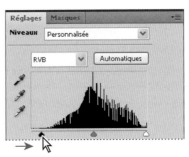

Au fur et à mesure que vous déplacez le triangle, la valeur du premier niveau d'entrée (sous l'histogramme du panneau Niveaux) change, ainsi que l'apparence de l'image. Dans le panneau Histogramme, la partie gauche du graphique s'étend à présent jusqu'au bord gauche de l'histogramme, ce qui indique que les valeurs les plus sombres de l'image sont devenues plus proches du noir.

6. Faites glisser le curseur triangulaire de droite vers le centre, à hauteur de la représentation des tons les plus clairs. Notez une fois encore les changements de la troisième valeur des niveaux d'entrée, ainsi que les modifications dans l'image et dans le panneau Histogramme.

7. Faites glisser le triangle du milieu légèrement vers la droite pour assombrir les tons moyens.

Examinez le résultat sur l'image et dans le panneau Histogramme pour déterminer la meilleure position du curseur.

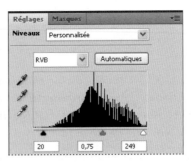

8. Lorsque le résultat vous satisfait (dans cet exemple, nous avons choisi les niveaux d'entrée **20**, **0,75** et **249**), cliquez sur le bouton Revenir à la liste de réglages au bas du panneau Niveaux pour valider les nouveaux paramètres.

9. Fermez le panneau Histogramme.

10. Cliquez sur Fichier > Enregistrer.

Remplacement de la couleur dans une image

La commande Remplacement de couleur permet de créer un *masque* provisoire, découpé autour de certaines couleurs spécifiques, avec lequel vous pouvez ensuite remplacer ces couleurs (les masques servent à isoler certaines parties d'une image pour limiter les modifications aux zones sélectionnées et protéger ainsi le reste de l'image). Les options de la boîte de dialogue Remplacement de couleur permettent de régler les teintes, la saturation et la luminosité de la zone sélectionnée. Les *teintes* correspondent à la couleur, la *saturation* désigne la pureté d'une couleur, la *luminosité*, la quantité de noir et de blanc dans une image.

Vous allez recourir à cette commande pour changer la couleur de la casquette dans cette image.

1. Zoomez dans l'image pour agrandir la casquette.

2. Dans le panneau Calques, sélectionnez le calque Arrière-plan. La casquette se trouve en effet sur ce calque.

3. Sélectionnez l'outil Rectangle de sélection (⬚) et tracez un rectangle autour de la casquette, sans vous inquiéter de la précision de la sélection, mais de façon qu'elle inclue l'intégralité de la casquette et que la bouche de la fillette ne soit pas sélectionnée.

 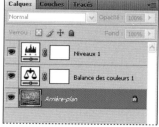

4. Cliquez sur Image > Réglages > Remplacement de couleur.

La boîte de dialogue Remplacement de couleur s'affiche. Par défaut, la zone d'aperçu de la boîte de dialogue affiche un rectangle noir de la sélection courante.

Trois outils Pipette sont disponibles dans cette boîte de dialogue. Le premier permet de sélectionner une seule couleur, le deuxième, d'ajouter une couleur à l'échantillon et le troisième, de supprimer une couleur de l'échantillon sélectionné.

A. Outil Pipette
B. Ajouter une couleur à la sélection
C. Retirer une couleur de la sélection

5. Activez l'option Clusters de couleurs localisés. Sélectionnez la première pipette (🖊) de la boîte de dialogue, puis cliquez sur la casquette dans l'image pour en sélectionner la couleur.

 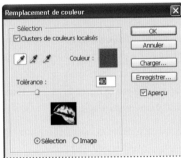

6. Activez ensuite l'outil Ajouter une couleur à la sélection (🖊) et faites-le glisser sur la casquette pour qu'elle soit entièrement sélectionnée et s'affiche en blanc dans la zone d'aperçu de la boîte de dialogue Remplacement de couleur.

7. Faites glisser le curseur Tolérance vers la gauche pour lui donner une valeur de **35** et diminuer légèrement le niveau de tolérance.

Le paramètre Tolérance détermine le degré de similitude des teintes à inclure dans le masque.

8. Si des parties situées hors de la casquette s'affichent en blanc dans la zone d'aperçu, sélectionnez l'outil Retirer une couleur de la sélection (🖊) et cliquez sur ces zones dans l'image ou sur l'aperçu de la boîte de dialogue Remplacement de couleur pour supprimer ces pixels de la sélection (ne vous inquiétez pas si quelques pixels restent sélectionnés).

9. Dans la partie Remplacement de la boîte de dialogue, faites glisser le curseur Teinte jusqu'à la valeur **+129**, le curseur Saturation à **−76** et laissez le curseur Luminosité à **+10**.

À mesure que vous modifiez ces valeurs, la couleur échantillonnée est remplacée par une autre couleur définie avec les nouveaux paramètres de teinte, de saturation et de luminosité, et la casquette devient verte.

10. Cliquez sur OK pour appliquer ces modifications.

11. Cliquez sur Sélection > Désélectionner, puis sur Fichier > Enregistrer.

Réglage de la luminosité avec l'outil Densité−

L'outil Densité− va servir à souligner les tons foncés et à réduire la brillance de la structure sur laquelle se trouve la fillette. Cet outil imite une méthode classique en photographie qui consiste à allonger le temps d'exposition pour éclaircir une zone de l'image.

1. Zoomez en arrière ou faites défiler l'image vers le bas afin d'afficher la structure sur laquelle se tient la fillette.

2. Sélectionnez l'outil Densité− (🔍), puis cliquez sur le bouton Couleurs de premier plan et d'arrière-plan par défaut, afin que la couleur de premier plan soit le noir et la couleur d'arrière-plan le blanc.

3. Choisissez ensuite les valeurs suivantes dans la barre d'options :

- Dans le sélecteur de forme prédéfinie, choisissez une forme avec une dureté de **0 %**, comme Arrondi flou **21 pixels**, par exemple, puis faites glisser le curseur Diamètre principal à **30 px**. Cliquez ensuite en dehors du sélecteur de forme prédéfinie pour le fermer.

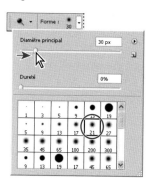

- Sélectionnez l'option Tons foncés du menu déroulant Gamme.
- Faites glisser le curseur du champ Exposition jusqu'à la valeur **100 %**.

4. Faites glisser l'outil en va-et-vient horizontaux sur la structure pour en retirer l'effet de brillance afin qu'elle s'accorde mieux au reste de l'image.

Original   Résultat

Dans ce cas particulier, vous obtiendrez de meilleurs résultats en faisant glisser l'outil Densité– horizontalement. Si le résultat ne vous satisfait pas, cliquez sur Édition > Annuler Densité– et recommencez.

5. Cliquez sur Fichier > Enregistrer.

Réglage de la saturation avec l'outil Éponge

Lorsqu'on modifie la saturation d'une couleur, on en règle l'intensité ou la pureté. L'outil Éponge est utile pour effectuer de faibles modifications de la saturation sur certaines zones de l'image. Vous allez maintenant saturer la couleur du graffiti.

1. Si nécessaire, zoomez en arrière pour afficher le graffiti.

2. Activez l'outil Éponge (●), caché sous l'outil Densité– (●).

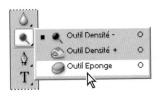

3. Dans la barre d'options :

- Sélectionnez de nouveau une forme douce d'un diamètre assez large, comme Arrondi flou 100 pixels, par exemple, et modifiez son diamètre principal à **150 px**.

- Sélectionnez Saturation dans le menu Mode.

- Entrez **40 %** dans le champ Flux (qui définit l'intensité de l'effet de saturation).

4. Faites glisser l'outil Éponge en va-et-vient sur le graffiti pour intensifier sa saturation. Plus vous passez l'éponge, plus les couleurs sont saturées. Attention à ne pas être excessif !

5. Sélectionnez l'outil Déplacement afin de ne pas saturer d'autres zones de l'image.

6. Enregistrez votre travail.

Réglages automatiques et réglages manuels

Au cours de cette leçon, vous avez utilisé les réglages de couleurs automatiques, puis les réglages manuels de Photoshop. Il est à présent temps de comparer les deux.

1. Cliquez sur Fichier > Ouvrir les fichiers récents et sélectionnez le fichier 02Auto.psd dans le sous-menu. Si nécessaire, cliquez sur OK pour fermer la boîte de message concernant le profil des couleurs.

2. Cliquez sur le bouton Réorganiser les documents (■) dans la barre d'application pour afficher les options de visualisation de plusieurs fichiers.

3. Sélectionnez la deuxième disposition 2 vignettes afin que les deux images s'affichent l'une au-dessus de l'autre.

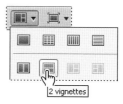

4. Si nécessaire, réduisez le facteur de zoom des deux images à 75 % ou moins, afin de les voir toutes deux en entier.

5. Comparez visuellement les deux résultats.

02Retouche.psd

02Auto.psd

6. Fermez le fichier 02Auto.psd.

Si vous utilisez Windows ou si vous avez activé le Cadre de l'application sous Mac OS, l'espace de travail du fichier 02Retouche.psd s'étend à toute la fenêtre de document. Si vous n'utilisez pas le Cadre de l'application sous Mac OS, cliquez sur le bouton Réorganiser les documents dans la barre d'application et sélectionnez l'option Tout regrouper afin de voir correctement votre image.

Pour certaines personnes, le réglage automatique peut être suffisant. D'autres, plus sensibles aux réglages subtils, préféreront les réglages manuels. Pour chaque projet, libre à vous de choisir entre la rapidité qu'offrent les commandes automatiques et la précision du réglage manuel.

Réparation d'un document avec le Tampon de duplication

L'outil Tampon de duplication permet de remplacer les pixels d'une zone de l'image par des pixels "prélevés" dans une autre partie de l'image. On peut s'en servir pour faire disparaître des éléments ou remplir les parties manquantes d'une image endommagée.

Vous allez commencer par remplacer une zone claire du mur en clonant des briques d'une autre partie de ce mur.

1. Dans le panneau Calques, assurez-vous que le calque Arrière-plan est sélectionné, puisque les briques à cloner s'y trouvent.

2. Dans le panneau Outils, sélectionnez l'outil Tampon de duplication (⏚).

3. Dans la barre d'options, ouvrez le sélecteur de forme prédéfinie de l'outil et sélectionnez une forme de grande taille, comme Arrondi flou 21. Assurez-vous ensuite que l'option Aligné est activée.

4. Cliquez sur Fenêtre > Source de duplication. Le panneau Source de duplication s'ouvre alors. Il vous sera utile pour mieux contrôler la zone de l'image que vous échantillonnez (les briques, ici).

5. Activez les options Afficher l'incrustation et Écrêtage. Assurez-vous que l'Opacité est à 100 %. (L'option Afficher l'incrustation permet de visualiser ce que vous clonez.)

6. Placez le pointeur de l'outil sur les briques sombres à droite de la zone à corriger (zoomez sur l'image au besoin pour mieux voir la zone concernée).

7. Cliquez en maintenant la touche Alt (Windows) ou Option (Mac OS) enfoncée pour échantillonner cette zone de l'image (lorsque vous maintenez la touche Alt ou Option enfoncée, le pointeur prend l'apparence d'une cible).

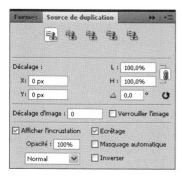

8. En partant de la zone située juste à droite de la casquette de la fillette, faites glisser le pointeur vers la droite sur la zone de briques claires. L'option Afficher l'incrustation permet de visualiser le résultat, ce qui est particulièrement utile pour effectuer une correction rectiligne.

9. Relâchez le bouton de la souris, placez le pointeur un peu plus bas dans cette même zone et faites-le glisser de nouveau.

Chaque fois que vous cliquez dans l'image avec l'outil Tampon de duplication, la source échantillonnée est différente. Autrement dit, la position relative de la cible par rapport au pointeur reste toujours la même car vous avez activé l'option Aligné.

● Note : Si l'option Aligné n'est pas activée, le point d'échantillonnage initial reste le même si bien que les pixels clonés le sont toujours à partir de la même zone à chaque nouveau coup de tampon.

10. Appliquez l'outil Tampon de duplication jusqu'à ce que toute la zone de briques claires disparaisse.

Pour faire en sorte que les briques ainsi recomposées se fondent parfaitement dans l'image, vous pouvez sélectionner un nouveau point d'échantillonnage (en répétant l'étape 7). Vous pouvez également essayer d'utiliser l'outil Tampon de duplication sans activer l'option Aligné.

11. Lorsque l'apparence des briques vous satisfait, fermez le panneau Source de duplication, puis cliquez sur Fichier > Enregistrer.

L'outil Correcteur de tons directs

Vous devez maintenant supprimer certaines taches noires sur le mur. Vous pourriez vous servir de nouveau de l'outil Tampon de duplication, mais vous allez voir comment masquer ces éléments à l'aide de l'outil Correcteur de tons directs.

Peindre avec l'outil Correcteur de tons directs

L'outil Correcteur de tons directs permet de supprimer rapidement les imperfections sur les images. Il fonctionne de la même façon que l'outil Correcteur (que vous utiliserez plus loin dans cette leçon), c'est-à-dire qu'il reproduit des pixels échantillonnés depuis une image ou un motif et fait correspondre leur texture, leur transparence et leur luminosité à celle des pixels qu'il retouche. Contrairement à l'outil Correcteur, il ne nécessite pas que vous définissiez une zone d'échantillon. En effet, il sélectionne automatiquement les pixels avoisinant la zone que vous retouchez.

Cet outil est particulièrement efficace pour retoucher les imperfections sur les portraits, mais il est également très bien adapté pour les parties sombres du mur, car ce dernier a un aspect uniforme à droite de ces taches.

1. Zoomez dans l'image pour visualiser au mieux les taches noires situées dans le coin supérieur gauche de l'image.

2. Sélectionnez l'outil Correcteur de tons directs (✐) dans le panneau Outils.

3. Dans la barre d'options, cliquez sur le menu déroulant Formes et sélectionnez une forme de **40 px** de diamètre environ avec une dureté de **100 %**.

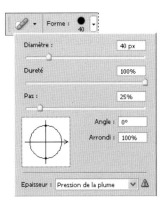

4. Faites glisser l'outil Correcteur de tons directs de la gauche vers la droite sur les taches noires du mur. Vous pouvez le faire en autant d'étapes que vous le souhaitez, jusqu'à ce que le résultat vous convienne. Lorsque vous peignez, le trait s'affiche en gris foncé mais, lorsque vous relâchez le bouton de la souris, la correction est parfaite.

 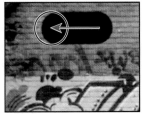 

5. Cliquez sur Fichier > Enregistrer.

Les outils Correcteur et Pièce

Les outils Correcteur et Pièce vont au-delà des possibilités offertes par les outils Tampon de duplication et Correcteur de tons directs. En effet, ils permettent de prélever et d'appliquer des pixels d'une image en tenant compte de la texture, de la luminosité et de l'ombrage de la zone corrigée : les pixels prélevés se fondent ainsi parfaitement dans leur nouveau contexte.

Dans cet exercice, vous supprimerez la fissure et le graffiti noir situés au-dessus du graffiti en couleurs. Étant donné les variations de couleur, de texture et de luminosité sur le mur, il serait très difficile de réaliser cela avec l'outil Tampon de duplication : pour ce type de retouche, l'emploi des outils Correcteur et Pièce s'impose.

Supprimer les défauts avec l'outil Correcteur

Pour commencer, supprimez la fissure sur le mur de briques.

1. Zoomez sur cette partie de l'image afin de mieux la voir. Un facteur d'agrandissement de 200 % devrait convenir.

2. Sélectionnez l'outil Correcteur ( ) situé sous l'outil Correcteur de tons directs ( ).

3. Dans la barre d'options, ouvrez le sélecteur de forme prédéfinie et donnez à la forme un diamètre de **25 px**. Cliquez en dehors du sélecteur de forme prédéfinie pour le fermer et vérifiez que les autres paramètres de la barre d'options sont les paramètres par défaut (Mode : Normal, Source : Échantillon, option Aligné désactivée).

4. Maintenez la touche Alt (Windows) ou Option (Mac OS) enfoncée et cliquez à gauche de la fissure. Relâchez ensuite la touche Alt/Option.

5. Cliquez directement sur la fissure et peignez une petite zone.

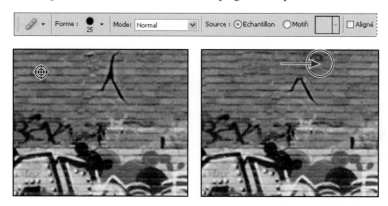

Les touches appliquées se fondent parfaitement dans l'image sous-jacente uniquement quand on relâche le bouton de la souris, après un court instant : pendant leur application, les pixels "collés" ne sont pas encore modifiés.

6. Continuez d'appliquer des touches horizontales sur la fissure, depuis le haut vers le bas, jusqu'à ce qu'elle disparaisse entièrement.

7. Réduisez l'affichage à 150 % et cliquez sur Fichier > Enregistrer.

Retoucher avec l'outil Pièce

L'outil Pièce combine le comportement de sélection du Lasso (pour la sélection) et de fusion des corrections de l'outil Correcteur. Avec lui, on commence par sélectionner une zone à retoucher (option Destination) ou une zone qui doit servir de source à la retouche (option Source), puis on fait glisser le cadre de sélection sur une autre partie de l'image : la correction est automatiquement réalisée. Le cadre de sélection reste actif sur la zone retouchée – on peut donc le faire glisser de nouveau, soit sur une partie de l'image qui doit servir de source (option Source), soit sur une autre zone à retoucher (option Destination).

Vous allez vous servir de l'outil Pièce pour effacer le graffiti noir et blanc situé au-dessus du graffiti coloré principal.

1. Sélectionnez l'outil Pièce (🔘), caché sous l'outil Correcteur (✏️).

2. Assurez-vous que l'option Source est activée dans la barre d'options.

3. Faites glisser l'outil Pièce autour d'une partie du graffiti noir, puis relâchez le bouton de la souris.

4. Choisissez Sélection > Améliorer le contour. Dans la boîte de dialogue Améliorer le contour, entrez les valeurs suivantes :

   • Rayon : **1,0** ;

   • Contraste : **0** ;

   • Lisser : **70** ;

   • Contour progressif : **1,5** ;

   • Contracter/Dilater : **6**.

5. Cliquez sur OK.

Dans la boîte de dialogue Améliorer le contour, vous pouvez modifier la sélection avec plus de précision. Dans le cas présent, cela permet de créer une transition douce entre les briques non recouvertes de peinture.

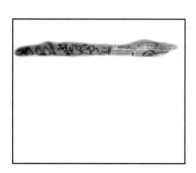

6. Faites glisser la sélection sur une partie propre du mur.

Au cours du déplacement, la zone sélectionnée originale affiche les mêmes pixels que ceux de la sélection que vous déplacez. Lorsque vous relâchez le bouton de la souris, la sélection revient automatiquement à sa position d'origine ; le contenu de cette zone est remplacé par les pixels prélevés sur la zone intacte, avec fusion des teintes et de la texture. Ici, la correction contient un peu de la couleur du graffiti situé au-dessous.

7. Tracez un cadre de sélection autour du reste du graffiti et faites de nouveau glisser cette sélection sur une zone propre du mur. Les paramètres de la boîte de dialogue Améliorer le contour restent les mêmes pour toutes les corrections. Effacez de cette manière tout le graffiti noir. Vous pouvez ensuite appliquer la même méthode pour les trous dans les briques à gauche de la tête de la fillette.

8. Cliquez sur Sélection > Désélectionner.

9. Choisissez Fichier > Enregistrer.

Application du filtre Accentuation

Pour finir, vous allez appliquer le filtre Accentuation, qui permet de régler le contraste des détails aux contours des éléments de l'image. L'accentuation du contour crée l'illusion d'une image plus nette.

1. Cliquez sur Filtre > Renforcement > Accentuation.

2. Assurez-vous que l'option Aperçu est cochée dans la boîte de dialogue Accentuation, afin de pouvoir vérifier l'effet du filtre dans la fenêtre d'aperçu ou dans la fenêtre de document avant de l'appliquer.

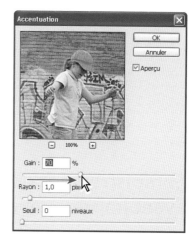

Pour visualiser différentes parties de l'image, cliquez sur le curseur et faites-le glisser dans la zone d'aperçu de la boîte de dialogue. Vous pouvez aussi modifier le facteur d'agrandissement avec les boutons Plus (⊞) et Moins (⊟), situés sous la zone d'aperçu.

3. Faites glisser le curseur Gain jusqu'à **70 %** environ pour augmenter la netteté de l'image.

4. Faites glisser le curseur Rayon pour fixer le rayon d'action (en nombre de pixels) de l'accentuation. Plus la résolution de l'image est élevée, plus le rayon d'action doit l'être. Dans notre exemple, nous avons conservé la valeur par défaut de **1,0 pixel**.

5. Vous pouvez éventuellement modifier le Seuil pour déterminer à partir de quelle différence de luminosité un pixel est considéré comme différent des pixels adjacents et si l'effet doit lui être appliqué. La valeur de seuil par défaut fixée à 0 accentue tous les pixels de l'image. Essayez une valeur de 2 ou 3 pour visualiser l'action du paramètre Seuil.

6. Lorsque le résultat vous satisfait, cliquez sur OK pour appliquer le filtre Accentuation.

7. Enregistrez votre travail.

▶ **Astuce :** Si vous testez différentes valeurs, activez et désactivez alternativement l'option Aperçu pour observer comment le filtre agit sur l'image originale. Si vous cliquez et maintenez le bouton de la souris enfoncé sur la zone d'aperçu de la boîte de dialogue, l'action du filtre est alors désactivée temporairement sur l'aperçu. Si les dimensions de l'image sont importantes, il est plus efficace de travailler dans la boîte de dialogue puisque seule une partie de l'image est alors redessinée.

Le filtre Accentuation

Le filtre Accentuation, ou *USM*, est une technique fréquemment employée pour renforcer la netteté des contours d'une image. Ce filtre corrige l'effet de flou produit après photographie, numérisation, rééchantillonnage ou impression. Il se révèle utile pour les images destinées à la fois à l'impression et à l'affichage en ligne.

Ce filtre permet de repérer les pixels qui diffèrent des pixels avoisinants en fonction du seuil que vous définissez, et il augmente le contraste des pixels selon le degré que vous indiquez. En outre, vous pouvez ajuster le rayon de la région avec laquelle chaque pixel est comparé.

Les effets du filtre Accentuation sont nettement plus prononcés à l'écran que sur une sortie imprimée à haute résolution. Si l'image est destinée à l'impression, faites des tests pour déterminer les meilleurs paramètres.

Enregistrement de l'image avant impression en quadrichromie

Avant d'enregistrer une image destinée à une impression en quadrichromie, vous devez la convertir en mode CMJN. Le mode de couleurs d'une image peut être modifié avec la commande Mode.

? Pour en savoir plus sur les conversions d'un mode colorimétrique à un autre, consultez l'Aide de Photoshop.

1. Cliquez sur Fichier > Enregistrer sous et enregistrez le fichier sous un nouveau nom, comme **02_CMJN.psd**. Il est toujours conseillé d'enregistrer une copie de l'image originale avant de changer de mode colorimétrique, afin de pouvoir apporter des modifications à l'original par la suite.

2. Cliquez sur Calque > Fusionner les calques visibles.

En fusionnant les calques de réglage avec le calque de fond, vous êtes ainsi sûr que toutes les modifications que vous avez apportées seront comprises dans l'image CMJN. Si vous changez de mode colorimétrique sans fusionner les calques, vous perdez le calque de réglages Niveaux.

3. Allez dans Image > Mode > Couleurs CMJN. Cliquez sur OK dans la boîte de message concernant les profils colorimétriques.

Si vous prépariez cette image en vue d'une publication réelle, vous devriez vérifier que vous utilisez le profil CMJN approprié. Pour en savoir plus sur la gestion des couleurs, reportez-vous à la Leçon 14, "L'impression couleur".

4. Si vous utilisez Adobe InDesign pour vos publications, choisissez simplement Fichier > Enregistrer. En effet, InDesign est capable d'importer des photographies au format natif de Photoshop (PSD), il n'est donc pas nécessaire de convertir l'image au format TIFF.

Si vous utilisez un autre logiciel de PAO, cliquez sur Fichier > Enregistrer sous, puis passez à l'étape 5 pour enregistrer la photographie au format TIFF.

5. Dans la boîte de dialogue Enregistrer sous, sélectionnez TIFF dans la liste déroulante Format.

6. Cliquez sur Enregistrer.

7. Dans la boîte de dialogue Options TIFF, sélectionnez le format correspondant à votre système d'exploitation et cliquez sur OK.

L'image est désormais entièrement retouchée, enregistrée et prête à être insérée dans une maquette de logiciel PAO.

Pour en savoir plus sur les différents types de formats, reportez-vous à l'Aide en ligne de Photoshop.

Vous pouvez combiner les images Photoshop avec d'autres éléments dans un programme de mise en page comme Adobe InDesign.

Questions

1. Que signifie le terme *résolution* ?
2. À quoi sert l'outil Recadrage pour la retouche d'images ?
3. Comment régler la plage des tons d'une image ?
4. Quels outils employer pour supprimer les défauts d'une image ?
5. Quel est le rôle du filtre Accentuation ?

Réponses

1. Le terme *résolution* fait référence au nombre de pixels composant une image pour en former les détails. On distingue trois types de résolutions : la *résolution d'image*, la *résolution d'écran* – les deux sont mesurées en points par pouce (ppp) – et la *résolution d'impression* ou *de sortie*, mesurée en points d'encre par pouce ou en lignes par pouce (lpp).

2. L'outil Recadrage permet de rogner une image, de la redimensionner et de la redresser.

3. En utilisant un calque de réglage Niveaux. Avec les trois curseurs triangulaires situés sous l'histogramme de la boîte de dialogue Niveaux, on peut élargir la plage de tons d'une image en choisissant la proportion de points les plus clairs et les plus foncés.

4. Les outils Correcteur, Correcteur de tons directs, Pièce et Tampon de duplication permettent de remplacer des zones qu'on ne souhaite pas conserver par d'autres parties de l'image. L'outil Tampon de duplication copie exactement la zone sélectionnée, les outils Correcteur et Pièce fusionnent la zone corrigée avec les pixels qui l'entourent. L'outil Correcteur de tons directs ne nécessite pas d'échantillonner une zone source, il "répare" une zone afin qu'elle se fonde avec les pixels qui l'entourent.

5. Le filtre Accentuation masque les zones floues en augmentant le contraste des contours et en créant ainsi l'illusion d'une image plus nette.

Savoir créer des sélections, simples ou multiples, est absolument indispensable. Il faut d'abord sélectionner la totalité ou une partie de l'image pour pouvoir y apporter des modifications. Seule cette zone sélectionnée peut alors être modifiée.

Les sélections

3

Au cours de cette leçon, vous apprendrez à :

- activer certaines parties de l'image, à l'aide des outils de sélection ;

- ajuster le contour d'une sélection ;

- déplacer et copier le contenu d'une sélection ;

- utiliser les raccourcis clavier pour gagner du temps ;

- désactiver une sélection ;

- contraindre le mouvement d'une sélection ;

- ajuster la position d'une sélection avec les touches de direction ;

- ajouter ou soustraire des pixels à une sélection ;

- faire pivoter une sélection ;

- combiner plusieurs outils de sélection pour réaliser une sélection complexe ;

- effacer des pixels d'une sélection.

 Cette leçon vous prendra environ une heure. Copiez le dossier Lesson03 sur votre disque dur si vous ne l'avez pas encore fait. Au cours de cette leçon, vous conserverez les fichiers de départ. Si vous devez néanmoins les restaurer, copiez-les de nouveau depuis le CD-ROM *Adobe Photoshop CS4 Classroom in a Book*.

La sélection et les outils de sélection

● **Note :** Vous apprendrez à sélectionner des tracés vectoriels à l'aide de l'outil Plume à la Leçon 8, "Les techniques de tracés vectoriels".

La modification d'une partie de l'image dans Photoshop s'effectue en deux étapes. Vous commencez par sélectionner la partie de l'image concernée à l'aide d'un des outils de sélection. Ensuite, vous faites appel à un autre outil, filtre ou fonctionnalité, pour réaliser des modifications, qu'il s'agisse de déplacer les pixels sélectionnés ou d'appliquer un filtre. Vous pouvez effectuer des sélections en fonction de la taille, de la forme ou de la couleur. Seuls les pixels sélectionnés peuvent être modifiés. Les autres parties de l'image sont protégées.

L'outil de sélection le mieux adapté dépend de la forme et de la couleur de la zone à sélectionner. Il existe quatre catégories de sélections :

Les sélections géométriques.
L'outil Rectangle de sélection (▢) permet de sélectionner dans l'image une zone de forme rectangulaire. L'outil Ellipse de sélection (◯) sert à sélectionner une zone de forme ronde ou ovale. Les outils Rectangle

de sélection 1 rangée (⊷) et Rectangle de sélection 1 colonne (⫴) permettent de sélectionner une rangée de 1 pixel de hauteur ou une colonne de 1 pixel de largeur.

Les sélections à main levée. L'outil Lasso (⬭) sert à délimiter une sélection de forme libre autour d'une zone de l'image. Avec l'outil Lasso polygonal (⬠), vous cliquez pour placer des points entre des segments rectilignes. L'outil Lasso magnétique (⬡) est une combinaison des deux outils précédents. Il fonctionne mieux lorsque le contraste est élevé entre la zone à sélectionner et le reste de l'image.

Les sélections fondées sur le contour. L'outil Sélection rapide (⬧) "peint" rapidement une sélection en trouvant automatiquement les contours définis d'une image.

Les sélections fondées sur la couleur. L'outil Baguette magique (⚒) permet de sélectionner des parties de l'image dont la couleur des pixels est identique. Cet outil est particulièrement

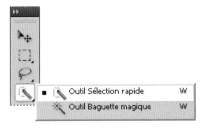

utile pour sélectionner une zone de couleur de forme irrégulière.

Préparatifs

Pour commencer, vous allez ouvrir les images finales et visualiser le résultat à atteindre dans cette leçon.

1. Lancez Adobe Photoshop et appuyez aussitôt sur les touches Ctrl+Alt+Maj (Windows) ou Cmd+Option+Maj (Mac OS) pour restaurer les préférences par défaut du logiciel (pour en savoir plus, reportez-vous à la section "Rétablissement des préférences par défaut" de l'Introduction).

2. Dans la boîte de message qui apparaît, cliquez sur Oui pour confirmer que vous voulez supprimer le fichier de paramètres.

3. Dans la barre d'application, cliquez sur le bouton Lancer Bridge (📷) pour ouvrir Adobe Bridge.

4. Dans le volet Favoris, cliquez sur l'onglet Dossiers, puis double-cliquez sur le dossier Lesson03 dans le volet Contenu pour afficher son contenu.

5. Étudiez le fichier 03End.psd. Faites glisser le curseur sur la droite si vous souhaitez regarder la vignette plus en détail.

L'image est constituée de plusieurs objets symboliques comprenant une tête de laitue, une tomate, une carotte, un poivron, des olives et des étiquettes portant le mot "Salads". L'objectif de ce projet est de créer une image composite à partir de ces éléments scannés. Comme la composition "idéale" dépend des goûts et du sens artistique de chacun, nous ne donnerons pas de position exacte pour les objets.

6. Double-cliquez sur la vignette du fichier 03Start.psd pour l'ouvrir dans Photoshop.

7. Cliquez sur Fichier > Enregistrer sous, et sauvegardez le fichier sous le nom **03Retouche.psd**. Ainsi, vous ne risquez plus de modifier le fichier original.

L'outil Sélection rapide

L'outil Sélection rapide est sans doute le moyen le plus simple pour sélectionner une partie d'image. Peindre une zone de l'image lui suffit pour trouver automatiquement les contours de la forme. Vous pouvez ensuite ajouter ou supprimer des zones de la sélection jusqu'à obtenir précisément le résultat souhaité.

La tomate dans le fichier 03Retouche.psd a des contours clairement définis, ce qui la rend parfaite pour être sélectionnée avec l'outil Sélection rapide. Vous allez la sélectionner mais sans l'ombre qu'elle projette ni l'arrière-plan.

1. Avec l'outil Zoom, agrandissez la partie de l'image où se trouve la tomate.

2. Activez l'outil Sélection rapide (✎).

3. Cliquez sur une partie rouge de la tomate. L'outil Sélection rapide trouve automatiquement les contours de la forme si bien que la totalité de la tomate est alors sélectionnée.

Laissez la sélection active pour l'étape suivante de cet exercice.

Déplacement d'une sélection

Après une sélection, toutes les modifications que vous apportez sont appliquées uniquement aux pixels situés à l'intérieur de celle-ci. Le reste de l'image n'est pas affecté.

Pour déplacer la zone sélectionnée, vous devez utiliser l'outil Déplacement. Comme cette image ne compte qu'un seul calque, les pixels que vous déplacez remplacent les pixels situés au-dessous. Le changement n'est pas définitif tant que vous ne désélectionnez pas les pixels que vous déplacez, ce qui signifie que vous pouvez essayer de les positionner à différents endroits avant de faire votre choix.

1. Si la tomate n'est plus sélectionnée, répétez la procédure précédente pour la sélectionner de nouveau.

2. Zoomez en arrière afin que la tomate et la planche à découper verte soient visibles.

3. Sélectionnez l'outil Déplacement (▸⊕). Comme vous le voyez, la tomate reste sélectionnée.

4. Déplacez-la dans le coin inférieur gauche, pour qu'elle chevauche le bord inférieur gauche de la planche à découper.

5. Cliquez sur Sélection > Désélectionner, puis sur Fichier > Enregistrer.

Il n'est pas facile dans Photoshop de désélectionner par erreur. En effet, à moins qu'un outil de sélection ne soit actif, vous pouvez cliquer dans l'image sans que la sélection disparaisse. Pour désélectionner intentionnellement une partie de l'image, choisissez Sélection > Désélectionner, appuyez sur les touches Ctrl+D (Windows) ou Cmd+D (Mac OS) ou cliquez en dehors de la sélection avec un outil de sélection pour créer une nouvelle sélection.

Julieanne Kost est une porte-parole officielle d'Adobe Photoshop.

Les astuces d'une porte-parole de Photoshop

L'outil Déplacement

Si vous déplacez des objets dans une image composée de plusieurs calques à l'aide de l'outil Déplacement (V) et que vous deviez sélectionner un des calques, essayez ceci : placez le curseur de l'outil Déplacement sur l'image, puis ouvrez le menu contextuel (clic droit [Windows] ou Ctrl+clic [Mac OS]) : le nom des calques situés sous le curseur s'affiche alors. Cliquez sur celui de votre choix pour l'activer.

Manipulation de sélections

Vous pouvez repositionner des sélections lorsque vous les créez, les déplacez et même lorsque vous les dupliquez. À cette section, vous allez voir plusieurs méthodes de manipulation des sélections. La plupart fonctionnent avec toutes les sélections, mais vous les utiliserez avec l'outil Ellipse, qui permet de créer des sélections ovales et circulaires.

Vous découvrirez également certains raccourcis clavier qui vous permettront de gagner du temps.

Repositionner un cadre de sélection lors de sa création

L'outil Ellipse de sélection n'est pas toujours simple d'emploi. En effet, il est parfois difficile de définir avec précision où commencer la sélection, si bien que le cadre de sélection n'est pas centré ou que sa largeur ou sa hauteur ne convient pas. Vous allez apprendre comment résoudre ce problème en utilisant deux raccourcis clavier de Photoshop.

Au cours de cet exercice, assurez-vous de bien suivre les indications concernant le bouton de la souris ou les touches clavier. Si vous relâchez le bouton de la souris au mauvais moment, vous devrez en effet recommencer toute la procédure depuis le début.

1. Sélectionnez l'outil Zoom (🔍) et cliquez sur le bol d'olives situé dans le coin inférieur droit de l'image pour l'agrandir à 100 % (zoomez à 200 % si la résolution de votre écran permet d'afficher tout le bol d'olives avec ce rapport d'agrandissement).

2. Activez l'outil Ellipse de sélection (◯), caché sous l'outil Rectangle de sélection.

3. Placez le pointeur sur le bol ovale et faites-le glisser en diagonale pour sélectionner l'objet dans une ellipse, mais sans relâcher le bouton de la souris. Ne cherchez pas à faire correspondre exactement le cadre de sélection, vous l'ajusterez par la suite.

Si vous avez relâché le bouton de la souris, tracez un nouveau cadre de sélection. Dans la majorité des cas, la nouvelle sélection remplace la précédente.

4. Tout en gardant enfoncé le bouton de la souris, appuyez sur la barre d'espacement et faites glisser le cadre de sélection. Le cadre suit le mouvement de la souris.

5. Relâchez la barre d'espacement (mais pas le bouton de la souris) et faites glisser la sélection pour suivre exactement les contours de l'ovale. Si nécessaire, appuyez de nouveau pour repositionner la sélection.

Note : Vous n'avez pas besoin de sélectionner la totalité du bol d'olives, mais assurez-vous que la forme de votre sélection a les mêmes proportions que le bol et que les olives se trouvent bien dans le cadre de sélection.

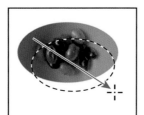  

Commencez à tracer une sélection.

Appuyez sur la barre d'espacement pour la repositionner.

Complétez la sélection.

6. Relâchez le bouton de la souris lorsque les dimensions et la position du cadre de sélection sont correctes.

7. Cliquez sur Affichage > Zoom arrière ou utilisez le curseur du panneau Navigation pour réduire la taille d'affichage et visualiser la totalité de l'image.

Laissez actifs la sélection et l'outil Ellipse de sélection pour l'exercice suivant.

Déplacer les pixels sélectionnés avec un raccourci clavier

Vous allez à présent déplacer les pixels sélectionnés sur la planche à découper à l'aide d'un raccourci clavier. Ce dernier permet d'accéder provisoirement à l'outil Déplacement sans avoir à l'activer dans le panneau Outils.

1. Si le bol d'olives n'est pas sélectionné, répétez la procédure décrite à la section précédente.

2. L'outil Ellipse de sélection (◯) étant activé dans le panneau Outils, appuyez sur la touche Ctrl (Windows) ou Cmd (Mac OS) et placez le pointeur à l'intérieur de la sélection. Une paire de ciseaux (✂) apparaît sur le pointeur pour indiquer que la sélection sera coupée de son emplacement actuel.

3. Faites glisser le bol d'olives sur la planche à découper et placez-le de façon qu'il dépasse du bord inférieur droit de la planche (vous allez bientôt étudier une technique pour positionner le bol plus précisément).

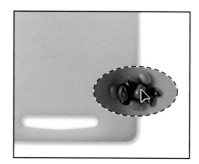

● **Note :** Vous pouvez relâcher la touche Ctrl (Windows) ou Cmd (Mac OS) après avoir commencé à déplacer la sélection. Pour revenir à l'outil de sélection, vous devez cliquer en dehors de la sélection ou choisir la commande Désélectionner.

4. Relâchez le bouton de la souris mais conservez la sélection.

Déplacer une sélection avec les touches de direction

Il est possible de déplacer avec précision une sélection à l'aide des touches de direction ; cette méthode permet de décaler la sélection de 1 pixel ou de 10 pixels à la fois.

Si un outil de sélection est activé dans le panneau Outils, les touches de direction agissent sur le cadre de la sélection, et non sur son contenu. Pour ajuster la position d'une sélection avec cette méthode, il faut que l'outil de déplacement soit activé.

Avant de commencer, assurez-vous que le bol d'olives est sélectionné dans l'image.

1. Appuyez plusieurs fois sur la touche directionnelle Haut (⬆) pour déplacer le bol d'olives vers le haut.

À chaque appui sur la touche directionnelle Haut, le bol se déplace de 1 pixel. Essayez les autres touches de direction.

2. Continuez en appuyant sur une touche directionnelle tout en maintenant la touche Maj enfoncée.

La sélection se déplace alors sur une distance de 10 pixels à chaque fois.

Le contour d'une sélection est parfois gênant pour réaliser un travail de précision. Masquez-le provisoirement si nécessaire, sans annuler la sélection, puis affichez-le de nouveau.

3. Cliquez sur Affichage > Afficher > Contour de la sélection ou Affichage > Extras pour désactiver cette option d'affichage.

Le cadre de sélection autour de l'ovale disparaît.

4. Utilisez les touches de direction pour ajuster la position du bol, puis allez dans Affichage > Afficher > Contour de la sélection ou Affichage > Extras pour afficher de nouveau le contour de la sélection.

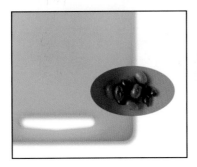

5. Cliquez sur Sélection > Désélectionner ou appuyez sur les touches Ctrl+D (Windows) ou Cmd+D (Mac OS).

6. Sauvegardez votre travail (Fichier > Enregistrer).

Réaliser une sélection à partir d'un point central

Il est parfois plus facile de réaliser une sélection de forme ovale ou rectangulaire en traçant le cadre vers l'extérieur, à partir du centre de l'objet. Vous allez procéder de cette façon pour sélectionner l'étiquette "Salads" située dans la partie inférieure de l'image :

1. Avec l'outil Zoom (🔍), cliquez sur l'étiquette "Salads" pour l'agrandir à 300 % environ. L'illustration doit apparaître en totalité dans la fenêtre de document.

2. Activez l'outil Ellipse de sélection (◯).

3. Placez le curseur approximativement au centre de l'étiquette.

4. Cliquez et commencez à faire glisser le curseur. Puis, sans relâcher, appuyez sur la touche Alt (Windows) ou Option (Mac OS) et continuez à faire glisser le contour vers le pourtour de l'étiquette.

Le cadre de sélection est centré par rapport à son point d'origine.

5. Une fois l'étiquette entièrement encadrée, relâchez d'abord le bouton de la souris, puis la touche Alt/Option (et la touche Maj si vous l'aviez utilisée). Conservez la sélection pour la suite des exercices.

▶ **Astuce :** En maintenant la touche Maj enfoncée lors du tracé de la sélection, vous obtenez un cercle parfait avec l'outil Ellipse de sélection et un carré avec l'outil Rectangle de sélection.

6. Ajustez si nécessaire le contour de la sélection en suivant les différentes techniques que vous avez apprises jusque-là. Si vous relâchez par erreur la touche Alt/Option avant le bouton de la souris, essayez de sélectionner l'illustration de nouveau.

Déplacer et changer les pixels d'une sélection

Vous allez maintenant déplacer l'étiquette dans le coin supérieur droit de la planche à découper. Vous modifierez ensuite ses couleurs pour obtenir un meilleur résultat.

Assurez-vous que l'illustration est toujours sélectionnée. Si le cadre de sélection n'existe plus, créez-le de nouveau en suivant la procédure de la section précédente.

1. Cliquez sur Affichage > Taille écran pour que l'ensemble de l'image s'affiche dans la fenêtre de document.

2. Sélectionnez l'outil Déplacement (➤₊).

3. Placez le pointeur à l'intérieur de la sélection. Il prend la forme d'une flèche avec une paire de ciseaux (➤✂) pour signaler que le déplacement va couper les pixels de leur emplacement actuel et les déplacer vers le nouvel emplacement.

4. Faites glisser l'étiquette au-dessus du bord supérieur de la planche à découper. Si vous voulez ajuster la position après le premier déplacement, il suffit de recommencer l'opération. L'illustration reste sélectionnée pendant toute la durée du processus.

5. Choisissez Image > Réglages > Négatif.

Les couleurs de l'étiquette sont inversées afin d'obtenir un négatif couleur de l'image originale.

6. Sans annuler la sélection de l'étiquette, cliquez sur Fichier > Enregistrer.

Déplacer et copier simultanément une sélection

À présent, poursuivez en effectuant simultanément un déplacement et une copie de la sélection. Si nécessaire, sélectionnez l'étiquette "Salads".

1. Activez l'outil de déplacement (➤✥) et appuyez sur la touche Alt (Windows) ou Option (Mac OS), puis placez le pointeur à l'intérieur de la sélection. Il prend la forme d'une double flèche, ce qui indique qu'une copie de la sélection sera réalisée pendant le déplacement.

2. Maintenez toujours la touche Alt/Option enfoncée et faites glisser la copie de l'illustration vers le coin supérieur droit de la planche à découper. Placez-la de façon qu'elle recouvre partiellement l'original. Relâchez le bouton de la souris et la touche Alt/Option, mais ne désélectionnez pas la copie de l'étiquette.

3. Cliquez sur Édition > Transformation > Homothétie pour afficher un cadre de transformation autour de l'étiquette.

4. En maintenant la touche Maj enfoncée, faites glisser une des poignées d'angle pour agrandir la taille de l'étiquette de 50 % environ. Appuyez ensuite sur la touche Entrée (Windows) ou Retour (Mac OS) pour appliquer le changement d'échelle et masquer le cadre de transformation.

Le premier cadre de sélection a aussi été redimensionné et la copie de l'illustration est restée sélectionnée. La touche Maj a contraint la sélection à conserver ses proportions lors du redimensionnement.

5. Maintenez les touches Maj+Alt (Windows) ou Maj+Option (Mac OS) enfoncées et faites glisser la copie de la deuxième étiquette en diagonale vers la droite.

Lorsque vous déplacez une sélection en maintenant la touche Maj enfoncée, ce déplacement est alors parfaitement horizontal, vertical ou en diagonale de 45°.

6. Répétez les étapes 3 et 4 pour la troisième étiquette de sorte qu'elle soit environ deux fois plus grande que la première.

7. Quand les dimensions et la position de la troisième illustration vous conviennent, cliquez sur Sélection > Désélectionner, puis sur Fichier > Enregistrer.

▶ **Astuce :** Raccourci : cliquez deux fois sur Édition > Transformation > Répéter pour créer une copie du logo d'une taille deux fois supérieure à celle de la précédente version.

? Pour plus de détails sur le rôle du point central dans une transformation, reportez-vous à la rubrique "Transformation d'objets" de l'Aide en ligne de Photoshop.

Copier des sélections ou des calques

Vous pouvez vous servir de l'outil de déplacement pour copier les sélections que vous faites glisser dans ou entre des images Photoshop. Vous pouvez aussi copier et déplacer des sélections à l'aide des commandes Copier, Copier avec fusion, Couper et Coller. L'emploi de l'outil de déplacement exige moins de mémoire, car le Presse-papiers n'est pas autant sollicité qu'avec ces commandes.

Photoshop offre plusieurs commandes pour copier et coller :

- **Copier.** Copie la zone sélectionnée sur le calque actif.
- **Copier avec fusion.** Crée une copie fusionnée de tous les calques visibles dans la zone sélectionnée.
- **Coller.** Colle une sélection coupée ou copiée dans une autre partie de l'image ou dans une autre image sous forme de nouveau calque.
- **Coller dedans.** Colle une sélection coupée ou copiée dans une autre sélection de la même image ou d'une image différente. La sélection source est collée dans un nouveau calque, et la frange de la sélection cible est convertie en masque de fusion.

Lors du collage d'une sélection ou d'un calque entre deux images de résolution différente, les données collées conservent leurs dimensions en pixels. La zone collée peut de ce fait sembler disproportionnée dans la nouvelle image. À l'aide de la commande Taille de l'image, définissez une résolution identique pour les images source et cible avant l'opération de copier-coller.

L'outil Baguette magique

L'outil Baguette magique sélectionne tous les pixels d'une couleur ou d'une gamme de couleur. Cette méthode est particulièrement efficace pour sélectionner des zones de même couleur, entourées de zones de différentes couleurs. Comme pour beaucoup des outils de sélection, vous pouvez ensuite ajouter ou supprimer des zones de la sélection.

Le paramètre Tolérance détermine la sensibilité de la Baguette magique en limitant ou en étendant le nombre de pixels considérés comme similaires. Ainsi, avec la valeur par défaut (32) de ce paramètre, 32 tons plus clairs et 32 tons plus foncés seront sélectionnés en même temps que la couleur sur laquelle vous avez cliqué. Vous devez donc choisir la valeur du paramètre Tolérance en fonction du nombre de variations de couleur que vous voulez sélectionner.

Pour sélectionner une zone multicolore qui se trouve sur un fond uni, il est plus simple de sélectionner l'arrière-plan que la zone multicolore elle-même. Dans cet exercice, vous utiliserez l'outil Rectangle de sélection pour créer une première sélection, puis l'outil Baguette magique pour retirer l'arrière-plan de cette sélection.

1. Sélectionnez l'outil Rectangle de sélection (□), caché derrière l'outil Ellipse de sélection dans le panneau Outils.

2. Tracez un cadre de sélection autour de la laitue en vous assurant de sélectionner également une partie de l'arrière-plan blanc autour des feuilles.

À présent, la laitue et une partie du fond blanc sont sélectionnées. Vous allez soustraire la zone blanche de la sélection afin que seule la laitue reste sélectionnée.

3. Activez l'outil Baguette magique (✷) caché derrière l'outil Sélection rapide (✏).

4. Dans la barre d'options, vérifiez que le paramètre Tolérance a une valeur de **32**. Cette valeur détermine le nombre de couleurs qui seront sélectionnées.

5. Cliquez sur le bouton Soustraire de la sélection (□) dans la barre d'options. Un signe moins (−) apparaît sous le pointeur. Tout ce que vous sélectionnez alors est retiré de la sélection initiale.

6. Cliquez ensuite sur la partie blanche à l'intérieur du cadre de sélection.

L'outil Baguette magique a sélectionné tout l'arrière-plan et l'a retiré de la sélection existante. Tous les pixels blancs sont à présent désélectionnés et la sélection de la laitue est parfaite.

7. Sélectionnez l'outil Déplacement (▸⊕) et placez la laitue dans le coin supérieur gauche de la planche à découper, de façon qu'un quart de la salade dépasse du bord de la planche.

8. Cliquez sur Fichier > Désélectionner, puis enregistrez le fichier.

Les outils Lasso

Photoshop dispose de trois types d'outils Lasso : l'outil Lasso, l'outil Lasso polygonal et l'outil Lasso magnétique. Vous pouvez utiliser le Lasso pour procéder à une sélection qui nécessite à la fois un tracé à main levée et des lignes droites, en passant alternativement du Lasso au Lasso polygonal à l'aide de raccourcis clavier. L'emploi du Lasso requiert un peu d'entraînement pour alterner les lignes droites et les segments de formes libres. Dans cette section, vous sélectionnerez la carotte. Si vous commettez une erreur pendant la sélection, annulez-la et recommencez.

1. Avec l'outil Zoom (🔍), cliquez sur la carotte pour qu'elle s'affiche à 100 %. Elle doit apparaître en entier dans la fenêtre de document.

2. Activez l'outil Lasso (♀). En commençant au coin inférieur gauche de la carotte, faites glisser le pointeur vers le haut pour suivre à main levée la courbe du bout de la carotte. *Ne relâchez pas le bouton de la souris.*

3. Appuyez sur la touche Alt (Windows) ou Option (Mac OS), puis relâchez le bouton de la souris pour sélectionner l'outil Lasso polygonal (♀). *Ne relâchez pas la touche Alt/Option.*

4. Tracez de petites lignes droites en cliquant à chaque angle le long du bord supérieur. Gardez toujours la touche Alt/Option enfoncée.

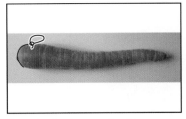

Tracez la sélection avec l'outil Lasso.

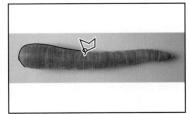

Cliquez avec l'outil Lasso polygonal.

Le contour de la sélection s'étend automatiquement à chaque clic entre les points d'ancrage.

5. Arrivé à l'extrémité droite de la carotte, gardez appuyé le bouton de la souris et relâchez la touche Alt/Option. Le pointeur reprend la forme de l'outil Lasso.

6. Faites glisser soigneusement le pointeur sur la pointe de la carotte pour tracer son contour sans relâcher la souris.

7. Appuyez de nouveau sur la touche Alt/Option, relâchez le bouton de la souris et tracez des lignes droites le long du bord inférieur en cliquant sur les angles. Continuez ainsi jusqu'à revenir au point de départ de la sélection.

8. Cliquez sur le point de départ de la sélection. Relâchez ensuite la touche Alt/Option, puis le bouton de la souris. La carotte est entièrement sélectionnée et doit le rester pour l'exercice suivant.

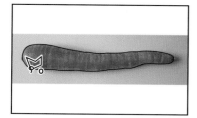 

Rotation d'une sélection

Vous avez appris à déplacer, redimensionner, dupliquer et inverser les couleurs d'une zone sélectionnée. À présent, vous allez constater à quel point il est facile de faire pivoter l'objet sélectionné.

Avant de poursuivre, vérifiez que la carotte est toujours sélectionnée.

1. Cliquez sur Affichage > Taille écran pour que la taille d'affichage de la fenêtre de document s'adapte à la résolution de votre écran.

2. Maintenez la touche Ctrl (Windows) ou Cmd (Mac OS) enfoncée et faites glisser la carotte dans la partie inférieure de la planche à découper. Le pointeur prend l'apparence de l'outil Déplacement.

3. Cliquez sur Édition > Transformation > Rotation. Un cadre de transformation apparaît autour de la sélection.

4. Placez le pointeur à l'extérieur du cadre, à côté d'une des poignées d'angle. Il prend alors la forme d'une double flèche incurvée (↶). Faites-le glisser pour faire pivoter la carotte de 45°. Vous pouvez vérifier l'angle dans le champ Rotation de la barre d'options. Appuyez sur la touche Entrée (Windows) ou Retour (Mac OS) pour appliquer la transformation.

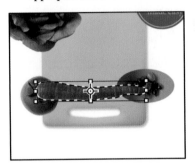 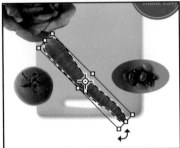

5. Si nécessaire, sélectionnez l'outil Déplacement (▶⊕) et faites glisser la carotte pour la repositionner. Lorsque sa position vous convient, cliquez sur Sélection > Désélectionner.

6. Enregistrez votre travail (Fichier > Enregistrer).

L'outil Lasso magnétique

Le Lasso magnétique permet de tracer une sélection à main levée autour d'une zone aux bords très contrastés. Avec cet outil, le contour de la sélection vient se coller au bord de la zone à délimiter. De plus, vous pouvez tracer avec précision en insérant par un clic quelques points d'ancrage autour de la zone à sélectionner.

Vous allez à présent sélectionner le poivron avec cet outil et le déplacer au centre de la planche à découper.

1. Avec l'outil Zoom (🔍), cliquez sur le poivron pour l'agrandir à 100 %, voire plus.

2. Activez l'outil Lasso magnétique (🧲), caché sous l'outil Lasso (🔾).

3. Cliquez une fois sur le bord gauche du poivron, puis faites glisser l'outil Lasso magnétique le long du contour du poivron pour tracer la sélection.

 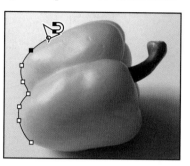

Même si vous ne maintenez pas le bouton de la souris enfoncé, le Lasso magnétique suit les contours du poivron en insérant automatiquement des points d'ancrage.

4. Une fois revenu au point de départ, double-cliquez pour fermer la sélection en joignant par une ligne droite le point de départ et le point d'arrivée du contour. Vous pouvez également placer le curseur sur le point de départ de la sélection et cliquer une seule fois.

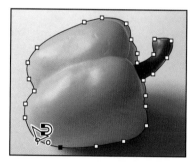 

5. Double-cliquez sur l'outil Main (✋) pour afficher l'image à la taille de l'écran.

6. Avec l'outil Déplacement (➤✛), faites glisser le poivron jusqu'au centre de la planche à découper.

7. Cliquez sur Sélection > Désélectionner, puis sur Fichier > Enregistrer.

> ▶ **Astuce :** Dans les zones de faible contraste, vous pouvez insérer vous-même des points d'ancrage en cliquant dessus. Vous pouvez ajouter autant de points que vous le souhaitez. Pour supprimer le dernier point d'ancrage, appuyez sur la touche Suppr (Windows) ou Ret. Arr. (Mac OS). Déplacez ensuite le pointeur sur le dernier point d'ancrage restant et continuez à tracer votre sélection depuis ce point.

Adoucir les contours
d'une sélection

Pour lisser les bords crénelés d'une sélection, vous pouvez utiliser le lissage, le contour progressif ou l'option Améliorer le contour (que nous verrons plus loin).

Lissage. Ce procédé lisse les bords crénelés d'une sélection en adoucissant la transition de couleur entre les pixels du bord et ceux de l'arrière-plan. Dans la mesure où seuls les pixels du bord changent, aucun détail n'est perdu. Le lissage est utile lorsque des sélections sont coupées, copiées et collées pour créer des images composites.

Le lissage est disponible pour les outils Lasso (sélectionnez un outil pour afficher sa barre d'options). Vous devez toutefois spécifier l'option de lissage avant de vous servir de ces outils. En effet, une fois la sélection réalisée, vous ne pouvez plus ajouter de lissage.

Contour progressif. Ce procédé atténue les bords en créant une zone de transition entre la sélection et les pixels situés autour de celle-ci. Cet effet de flou peut provoquer la perte de détails sur le contour de la sélection.

Le contour progressif est disponible pour les outils Lasso. Vous pouvez soit l'appliquer au moment où vous employez l'outil, soit l'ajouter à une sélection existante. Ses effets deviennent visibles lorsque vous déplacez, coupez, copiez ou remplissez la sélection.

- Pour utiliser le lissage, sélectionnez un outil Lasso, l'outil Ellipse de sélection ou la Baguette magique. Activez ensuite l'option Lissage dans la barre d'options.

- Pour appliquer un contour progressif à un outil de sélection, sélectionnez l'un des outils Lasso ou Rectangle de sélection. Entrez une valeur pour l'option Contour progressif dans la barre d'options. Cette valeur définit la largeur du contour progressif. Elle est comprise entre 1 et 250 pixels.

- Pour appliquer un contour progressif à une sélection existante, cliquez sur Sélection > Contour progressif. Entrez une valeur dans la zone Rayon et cliquez sur OK.

Recadrage de l'image et suppression
dans une sélection

À présent que les éléments de la composition sont en place, vous allez recadrer l'image et éliminer les éléments superflus. Pour recadrer une image, vous pouvez employer l'outil Recadrage ou la commande Image > Recadrer.

1. Sélectionnez l'outil Recadrage (⌗) dans le panneau Outils ou appuyez sur la touche C pour passer de l'outil courant à l'outil Recadrage. Placez le pointeur dans le coin supérieur gauche de la fenêtre de document et faites-le glisser vers le coin inférieur droit pour sélectionner la partie de l'image que vous souhaitez conserver. Photoshop affiche en grisé les zones en dehors du rectangle de recadrage.

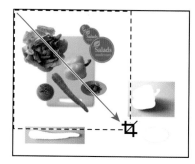 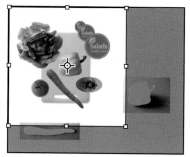

2. Si nécessaire, ajustez le rectangle de recadrage :

   • Pour le déplacer, placez le pointeur à l'intérieur de ce rectangle et faites-le glisser.

   • Pour le redimensionner, faites glisser une poignée d'angle.

3. Lorsque la position du rectangle vous convient, appuyez sur la touche Entrée (Windows) ou Retour (Mac OS) afin de recadrer l'image.

Il se peut que des zones grisées apparaissent à l'arrière-plan. Vous allez maintenant corriger ce défaut.

4. À l'aide d'un outil de sélection comme l'outil Lasso (⌒), sélectionnez une zone comprenant des résidus d'arrière-plan gris. Assurez-vous de ne pas sélectionner de parties de l'image que vous voulez conserver.

5. Activez l'outil Gomme (⌖) et vérifiez que les couleurs de premier plan et d'arrière-plan ont leurs valeurs par défaut : noir pour l'avant-plan et blanc pour l'arrière-plan.

6. Ouvrez le panneau Formes dans la barre d'options, et sélectionnez une forme de **80 pixels** de diamètre avec une dureté de **100 %**.

7. Faites glisser l'outil Gomme sur les éléments que vous voulez supprimer. Vous pouvez le faire rapidement car l'outil Gomme n'efface que le contenu des zones sélectionnées.

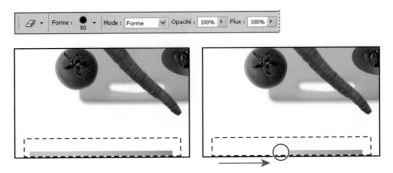

8. Répétez les étapes 4 à 7 pour supprimer toutes les parties contenant des résidus d'arrière-plan gris.

9. Sauvegardez votre travail (Fichier > Enregistrer).

Amélioration du contour d'une sélection

On peut parfois obtenir de meilleurs résultats en modifiant le contour d'une sélection, en appliquant un contour progressif pour l'adoucir, en augmentant le contraste, ou encore en dilatant ou contractant ce contour pour sélectionner des mèches de cheveux ou d'autres détails. L'option Améliorer le contour affine la qualité du contour d'une sélection et permet de mieux le visualiser quand on le place devant différents arrière-plans.

Dans cette composition, les contours de la laitue sont plus complexes que ceux des autres éléments. Il vous faudra d'abord la sélectionner, puis affiner les contours du cadre de sélection.

1. Sélectionnez l'outil Sélection rapide ( ) caché sous l'outil Baguette magique ( ) dans le panneau Outils.

2. Faites glisser le pointeur depuis le coin supérieur gauche de la laitue pour la sélectionner. Une partie de l'arrière-plan blanc est également comprise dans la sélection.

3. Dans la barre d'options, cliquez sur le bouton Soustraire de la sélection ( ).

4. Cliquez sur la zone blanche sélectionnée jusqu'à ce que la sélection ne contienne plus que la laitue.

5. Dans la barre d'options, cliquez sur le bouton Améliorer le contour.

Les options Lisser, Contour progressif et Contracter/Dilater, de la boîte de dialogue Améliorer le contour, permettent d'affiner le contour des sélections. Vous pouvez également afficher la sélection comme un masque ou sur différentes couleurs d'arrière-plan.

6. Pour préparer le contour afin de créer une ombre portée, donnez les valeurs **25** au Contraste, **9** à l'option Lisser, **2** à l'option Contour progressif et **−49** à l'option Contracter/Dilater.

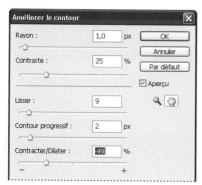 

7. Cliquez sur l'outil Zoom dans le panneau Outils, puis tracez un cadre autour de la tête de laitue pour agrandir ses contours.

Vous allez prévisualiser l'ombre que vous ajouterez sur un fond de couleur.

8. Cliquez sur le bouton Sur noir au bas de la boîte de dialogue. Un fond noir apparaît sous la sélection et le cadre de sélection disparaît. Vous pouvez également essayer les autres options de prévisualisation.

9. Augmentez la valeur du paramètre Contracter/Dilater pour agrandir l'ombre autour de la laitue. Nous avons choisi une valeur de **30 %**.

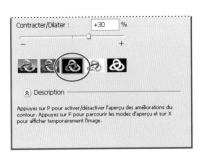

10. Lorsque vous êtes satisfait du résultat, cliquez sur OK.

Vous avez réalisé de nombreuses opérations pour créer et affiner votre sélection. Pour ne pas perdre tout votre travail, vous allez l'enregistrer.

11. Allez dans Édition > Copier, puis dans Édition > Coller pour placer la sélection sur un nouveau calque. Dans le panneau Calques, double-cliquez sur ce nouveau calque et nommez-le **Laitue**.

Astuce : Vous verrez une autre façon d'enregistrer les sélections à la Leçon 5, "Les masques et les couches".

Isoler et enregistrer des sélections

Vous allez à présent sélectionner les autres éléments et enregistrer les différentes sélections. Vous pourrez ainsi accéder plus facilement à chaque sélection à l'avenir.

1. Dans le panneau Calques, sélectionnez le calque Arrière-plan.

Astuce : Pour ajouter de nouvelles zones à une sélection, maintenez la touche Maj enfoncée. Pour soustraire des zones d'une sélection, maintenez la touche Alt ou Option enfoncée.

2. Zoomez en arrière ou naviguez dans l'image pour afficher le poivron jaune. Activez le calque d'arrière-plan puis, avec l'outil Sélection rapide (), sélectionnez le poivron, en faisant glisser le pointeur doucement le long de la tige verte (vous pouvez ajouter ou soustraire des zones à la sélection à l'aide des boutons de la barre d'options).

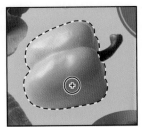
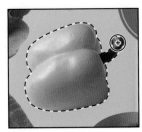

3. Choisissez Édition > Copier, puis Édition > Coller pour copier le poivron sur un nouveau calque. Dans le panneau Calques, double-cliquez sur ce nouveau calque et nommez-le **Poivron jaune**.

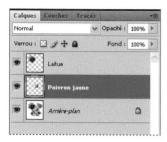

4. Répétez les étapes 2 et 3 pour le bol d'olives, la carotte, la tomate et les étiquettes "Salads", en nommant les calques respectivement **Olives**, **Carotte**, **Tomate** et **Logo**.

5. Enregistrez (Fichier > Enregistrer).

Il est conseillé d'enregistrer chaque sélection sur un calque distinct, en particulier si ces sélections sont complexes et longues à réaliser, afin de pouvoir facilement les récupérer par la suite.

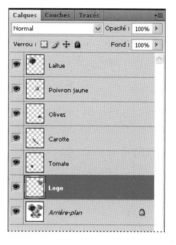

Créer une ombre portée

Pour finaliser la composition, vous allez ajouter une ombre portée derrière les légumes et le logo. Pour cela, il vous suffit d'ajouter un effet au calque.

1. Sélectionnez le calque Carotte dans le panneau Calques.

2. Au bas du panneau Calques, cliquez sur le bouton Ajouter un style de calque (*fx*) et choisissez Ombre portée dans le menu déroulant.

3. Dans la boîte de dialogue Style de calque, ajustez les paramètres de l'ombre pour ajouter une ombre douce. Nous avons choisi les valeurs suivantes : Mode de fusion Normal, Opacité **60 %**, Angle **30°**, Distance **5 px**, Grossi **3 %**, Taille **18 px**. Cliquez ensuite sur OK.

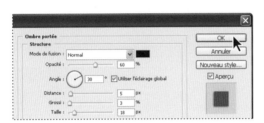

À présent, une ombre portée s'affiche sous la carotte.

Pour reproduire cette ombre sur les autres éléments, vous allez simplement copier l'effet sur chacun des autres calques.

4. Dans le panneau Calques, placez le pointeur sur le calque d'effet Ombre portée situé sous la miniature du calque Carotte (le pointeur prend alors l'apparence d'une main pointant un doigt).

5. Appuyez sur la touche Alt (Windows) ou Option (Mac OS) et faites glisser le calque d'effet sur le calque Laitue pour le copier.

● **Note :** Pour supprimer un calque d'effet, faites glisser l'icône de l'effet sur le bouton Supprimer le calque au bas du panneau Calques.

Voilà ! Vous avez copié l'ombre portée.

6. Répétez l'étape 5 pour les autres calques (hormis le calque Arrière-plan).

7. Cliquez sur Fichier > Enregistrer pour sauvegarder votre travail.

Vous avez employé différents outils de sélection pour positionner les éléments. La composition est à présent terminée.

Séparer les portions d'une image sur plusieurs calques

Pour créer rapidement plusieurs images à partir d'une seule image scannée, utilisez la commande Rogner et désincliner les photos. Vous obtiendrez les meilleurs résultats avec des images dont la couleur d'arrière-plan est unie et les contours d'objets clairement délimités, comme c'est le cas du fichier 03Start.psd. Ouvrez le fichier original 03Start.psd, puis choisissez Fichier > Automatisation > Rogner et désincliner les photos. Photoshop recadre automatiquement l'image autour de chaque objet et crée un fichier distinct pour chacun d'entre eux. Fermez les différents fichiers sans les enregistrer.

Image originale

Résultat

Questions

1. Après avoir réalisé une sélection, quelle zone de l'image pouvez-vous modifier ?

2. Comment étendre ou réduire le contenu d'une sélection ?

3. Comment déplacer un contour de sélection lors de son tracé ?

4. Lorsque vous réalisez une sélection avec l'outil Lasso, comment terminer le contour pour être sûr que la sélection aura la forme souhaitée ?

5. Comment fonctionne l'outil Sélection rapide ?

6. Comment l'outil Baguette magique détermine-t-il les zones de l'image à sélectionner ? Qu'est-ce que la Tolérance et quel est son rôle dans la sélection ?

Réponses

1. Seule la zone comprise dans la sélection peut être modifiée.

2. Pour étendre une sélection, on doit cliquer sur le bouton Ajouter à la sélection dans la barre d'options, puis sur la zone à inclure dans la sélection. Pour réduire une sélection, on doit cliquer sur le bouton Soustraire de la sélection dans la barre d'options, puis sur la zone à retirer de la sélection. On peut également étendre une sélection en maintenant la touche Maj enfoncée et la réduire en maintenant la touche Alt (Windows) ou Option (Mac OS).

3. Sans relâcher le bouton de la souris, en appuyant sur la barre d'espacement et en faisant glisser pour repositionner la bordure de la sélection.

4. Pour obtenir une forme particulière, on doit refermer le tracé de sélection en plaçant le pointeur au point d'origine de la sélection. Par défaut, Photoshop trace une ligne droite entre le point d'origine et le point de clôture de la sélection.

5. L'outil Sélection rapide étend la sélection vers l'extérieur depuis le point où on clique et trouve automatiquement les contours dans une image.

6. L'outil Baguette magique sélectionne des pixels adjacents de couleur identique. Le paramètre Tolérance détermine le nombre de nuances proches à sélectionner. Plus sa valeur est élevée, plus le nombre de tons sélectionnés est important.

Adobe Photoshop permet d'isoler sous forme de calques les différentes parties d'une image. Chaque calque peut ensuite être modifié séparément, ce qui offre une très grande souplesse pour la création et la retouche d'images. Les compositions de calques permettent également de passer en revue les différentes versions d'une image très facilement.

Les calques : techniques élémentaires

4

Au cours de cette leçon, vous apprendrez à :

- organiser une image autour des calques ;

- créer, afficher, masquer et sélectionner des calques ;

- modifier l'ordre de superposition des calques ;

- utiliser les modes de fusion de calques ;

- redimensionner et faire pivoter des calques ;

- appliquer un dégradé à un calque ;

- appliquer un filtre à un calque ;

- ajouter du texte et utiliser les styles de calque ;

- enregistrer une copie du fichier avec les calques aplatis.

 Cette leçon durera environ une heure. Copiez le dossier Lesson04 sur votre disque dur si vous ne l'avez pas encore fait. Au cours de cette leçon, vous conserverez les fichiers de départ. Si vous devez les restaurer, copiez-les de nouveau depuis le CD-ROM *Adobe Photoshop CS4 Classroom in a Book*.

À propos des calques

Tout fichier Photoshop contient au moins un *calque* : chaque nouveau fichier est créé avec un calque d'*arrière-plan* qui contient une couleur ou une image visible à travers les zones transparentes des autres calques. Tous les nouveaux calques d'une image sont transparents jusqu'à ce qu'on y ajoute du texte ou des illustrations (ce qui revient à attribuer des valeurs aux pixels).

Pour mieux comprendre ce qu'est un calque, supposez qu'on répartisse les éléments d'un dessin sur plusieurs feuilles transparentes : chacune de ces feuilles peut être modifiée, repositionnée ou supprimée sans conséquence aucune sur les autres, et le dessin complet naît de la superposition de ces feuilles.

Préparatifs

À présent, ouvrez le fichier de l'exemple terminé pour avoir une idée de l'image que vous allez créer.

1. Lancez Photoshop et appuyez aussitôt sur les touches Ctrl+Alt+Maj (Windows) ou Cmd+Option+Maj (Mac OS) pour restaurer les préférences par défaut du logiciel (pour en savoir plus, reportez-vous à la section "Rétablissement des préférences par défaut" de l'Introduction).

2. Dans la boîte de message qui apparaît, cliquez sur Oui pour confirmer que vous voulez supprimer le fichier de paramètres.

3. Dans la barre d'application, cliquez sur le bouton Lancer Bridge (Br) pour ouvrir Adobe Bridge.

4. Dans le volet Favoris, cliquez sur le dossier Lessons, puis double-cliquez sur le dossier Lesson04 dans le volet Contenu pour afficher la vignette du fichier 04End.psd.

Cette composition de plusieurs calques représente une carte postale. Vous allez apprendre à créer, à modifier et à organiser les calques afin de reproduire cette composition.

5. Double-cliquez sur le fichier 04Start.psd pour l'ouvrir dans Photoshop.

6. Cliquez sur Fichier > Enregistrer sous, et sauvegardez le fichier sous le nom **04Retouche.psd** par exemple. Cliquez sur OK si la boîte de dialogue Options de format Photoshop s'ouvre.

Enregistrer une autre version du fichier de départ vous permet de procéder à des modifications sans crainte de modifier l'original.

Utilisation du panneau Calques

Le panneau Calques affiche le nom et la vignette de tous les calques qui forment l'image. Vous pouvez l'utiliser pour masquer, afficher, repositionner, supprimer, renommer et fusionner des calques. La vignette de chaque calque est automatiquement mise à jour au fur et à mesure des modifications.

1. Si nécessaire, affichez le panneau Calques (Fenêtre > Calques).

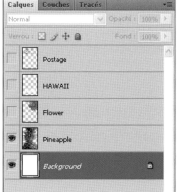

Le fichier 04Retouche.psd contient cinq calques (de haut en bas) : Postage (affranchissement), HAWAII, Flower (fleur), Pineapple (ananas) et Background (arrière-plan).

2. Cliquez sur le calque Background pour le sélectionner (si ce n'est pas déjà le cas).

- L'icône en forme de cadenas (🔒) indique que ce calque est protégé.
- L'icône en forme d'œil (👁) indique que le contenu de ce calque est visible dans la fenêtre de document. Si vous cliquez sur cette icône, ce calque ne s'affiche plus dans la fenêtre de document.

Pour commencer, vous allez ajouter une photo de la plage à la carte postale.

> **Astuce :** Vous pouvez utiliser le menu contextuel du panneau Calques pour masquer ou redimensionner les vignettes des calques. Cliquez du bouton droit (Windows) ou cliquez en maintenant la touche Ctrl enfoncée (Mac OS) sur une partie vide du panneau Calques pour ouvrir le menu contextuel, puis sélectionnez Sans vignette, Petites vignettes, Vignettes moyennes ou Grandes vignettes.

3. Cliquez sur le bouton Lancer Bridge (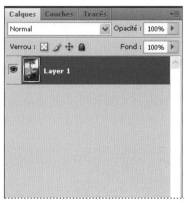) dans la barre d'application, puis double-cliquez sur la vignette du fichier Beach.psd situé dans le dossier Lesson04 pour l'ouvrir dans Photoshop.

L'image de ce fichier étant maintenant l'image active, le panneau Calques change pour présenter le seul calque qui la compose : Layer 1 (calque 1) et non Background ou Arrière-plan. Pour en savoir plus, reportez-vous à l'encadré ci-dessous.

À propos du calque de fond (Arrière-plan)

Lorsque vous créez une image avec un fond blanc ou de couleur, le calque situé au bas de la liste du panneau Calques constitue le calque Arrière-plan. Une image ne peut avoir qu'un seul arrière-plan. Vous ne pouvez pas modifier l'ordre d'un calque Arrière-plan, ni son mode de fusion, ni son opacité. Cependant, il est possible de le convertir en calque normal.

Lorsque vous créez une image dont le contenu est transparent, cette image ne comprend pas de calque Arrière-plan. Par conséquent, le calque situé au bas de la liste n'est pas limité comme le calque Arrière-plan ; vous pouvez le déplacer n'importe où dans le panneau Calques et modifier son opacité et son mode de fusion.

Pour convertir un arrière-plan en calque

1. Double-cliquez sur Arrière-plan dans le panneau Calques ou allez dans Calque > Nouveau > Calque d'après l'arrière-plan.
2. Définissez les options du calque (y compris son nom).
3. Cliquez sur OK.

Pour convertir un calque en arrière-plan

1. Dans le panneau Calques, sélectionnez un calque.
2. Cliquez sur Calque > Nouveau > Arrière-plan d'après un calque.

● **Note :** Pour créer un calque d'arrière-plan, il ne suffit pas de renommer un calque normal en calque Arrière-plan. Vous devez utiliser la commande Arrière-plan d'après un calque.

Renommer et copier un calque d'un fichier à l'autre

Pour ajouter du contenu à une image et créer en même temps un calque, il suffit de faire glisser un élément ou un calque d'une image dans la fenêtre de document d'une autre image. Vous pouvez faire glisser le calque actif depuis la fenêtre de document ou depuis le panneau Calques.

Vous allez maintenant faire glisser l'image Beach.psd dans l'image 04Retouche.psd. Commencez par vous assurer que les deux fichiers 04Retouche.psd et Beach.psd sont ouverts et que Beach.psd est sélectionné.

Vous attribuerez un nom plus descriptif au calque Layer 1.

1. Dans le panneau Calques, double-cliquez sur le nom Layer 1, saisissez **Plage**, puis appuyez sur la touche Entrée (Windows) ou Retour (Mac OS).

 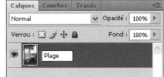

2. Cliquez sur le bouton Réorganiser les documents (■) dans la barre d'application et sélectionnez une des deux dispositions 2 vignettes pour que les deux images s'affichent côte à côte dans Photoshop. Sélectionnez ensuite l'image Beach.psd pour l'activer.

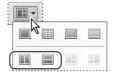

3. Activez l'outil Déplacement (▶⊹) et faites glisser cette image sur la fenêtre de document du fichier 04Retouche.psd.

Le calque Plage s'affiche à présent dans la fenêtre de document et dans le panneau Calques de l'image 04Retouche.psd, entre les calques Pineapple et Background. Photoshop insère toujours les nouveaux calques directement au-dessus du calque actif, en l'occurrence le calque Background que vous avez sélectionné plus tôt.

> **Astuce :** Si vous maintenez la touche Maj enfoncée pendant que vous faites glisser une image d'un fichier à l'autre, l'image ajoutée sera automatiquement centrée dans la fenêtre de document de l'image cible.

4. Fermez le fichier Beach.psd sans enregistrer les modifications.

Afficher les calques individuels

Le fichier 04Retouche.psd contient à présent six calques. Certains d'entre eux sont visibles alors que d'autres sont masqués. L'icône en forme d'œil (👁) qui apparaît à gauche du nom d'un calque dans le panneau Calques indique que ce calque est visible.

1. Masquez le calque Pineapple en cliquant sur l'icône en forme d'œil (👁).

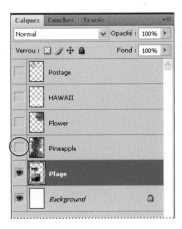

Vous pouvez afficher ou masquer un calque en cliquant sur cette icône ou dans la colonne appelée Colonne de visibilité.

2. Cliquez sur l'emplacement de cette icône pour afficher de nouveau le calque Pineapple.

Ajouter une bordure à un calque

Vous allez maintenant ajouter un cadre blanc autour du calque Beach pour donner l'impression qu'il s'agit d'une photographie.

1. Sélectionnez le calque Plage (cliquez sur son nom dans le panneau Calques).

Le calque apparaît en surbrillance pour indiquer qu'il est sélectionné. Les modifications que vous réaliserez ne toucheront que ce calque.

2. Pour mieux visualiser les zones opaques du calque, masquez tous les autres calques. Pour cela, cliquez sur l'icône en forme d'œil (👁) du calque Plage tout en appuyant sur la touche Alt (Windows) ou Option (Mac OS) enfoncée.

L'arrière-plan blanc et les autres éléments de l'image disparaissent, tandis que le calque Plage s'affiche sur un fond à damier gris. Ce damier représente les zones transparentes du calque actif.

3. Cliquez sur Calque > Style de calque > Contour. La boîte de dialogue s'ouvre alors. Vous allez sélectionner les options du cadre blanc à ajouter autour de cette image.

4. Définissez les paramètres suivants :

   • Taille : **5 px** ;

   • Position : Intérieur ;

   • Mode de fusion : Normal ;

   • Opacité : **100 %** ;

   • Couleur : blanc (cliquez sur l'échantillon de couleur et sélectionnez le blanc avec la Pipette).

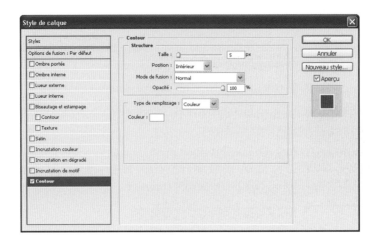

5. Cliquez sur OK. Un cadre blanc apparaît autour de l'image de la plage dans la fenêtre de document.

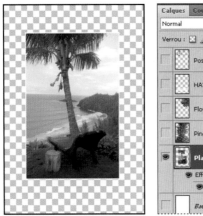 

Réorganisation des calques

L'ordre dans lequel sont disposés les calques est appelé *ordre de superposition* ou *d'empilement*. Il détermine l'aspect de l'image. Vous pouvez le modifier pour faire apparaître certaines parties de l'image devant ou derrière d'autres calques.

Vous allez changer l'ordre des calques pour placer le calque Plage devant une autre image du fichier actuellement masquée.

1. Affichez les calques Postage, HAWAII, Flower, Pineapple et Background en cliquant sur leur colonne de visibilité, à gauche de leur nom dans le panneau Calques.

 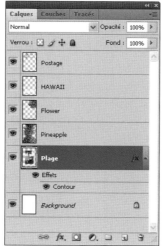

Le calque Plage est à présent en partie recouvert par les images des autres calques.

2. Dans le panneau Calques, faites glisser le calque Plage vers le haut pour le placer entre les calques Pineapple et Flower. Lorsqu'une ligne noire s'affiche entre ces deux calques, relâchez le bouton de la souris.

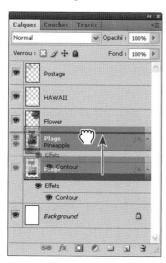 

Le calque Plage remonte ainsi d'un niveau dans l'ordre de superposition, devant l'ananas et l'arrière-plan, mais derrière le mot "HAWAII" et la fleur.

▶ **Astuce :** Pour contrôler l'ordre de superposition des calques, vous pouvez également les sélectionner dans le panneau Calques et choisir Calques > Disposition, puis Premier plan, En avant, En arrière ou Arrière-plan.

Modifier l'opacité d'un calque

Vous pouvez réduire l'opacité de chaque calque pour rendre visibles, par transparence, les calques qu'il recouvre. Dans ce projet, le tampon de la poste est trop sombre sur la fleur. Vous allez donc modifier l'opacité du calque Postage pour qu'il laisse la fleur et les autres calques s'afficher par transparence.

1. Dans le panneau Calques, sélectionnez le calque Postage, puis cliquez sur la flèche du champ de texte Opacité et faites glisser le curseur à **25 %**. Vous pouvez également saisir directement cette valeur dans le champ, cliquer sur le mot "Opacité" ou déplacer le pointeur vers la gauche sur le mot "Opacité".

Le calque Postage devient à moitié transparent, laissant voir au travers les autres calques. Vous voyez que le changement d'opacité ne concerne que le contenu de ce calque. Les calques Pineapple, Beach, Flower et HAWAII demeurent complètement opaques.

2. Sauvegardez vos modifications (Fichier > Enregistrer).

Dupliquer un calque et modifier son mode de fusion

Vous pouvez aussi appliquer différents *modes de fusion* au calque, lesquels modifient la manière dont les pixels d'un calque se combinent avec ceux des calques situés en dessous de lui. Vous allez tout d'abord employer les modes de fusion pour augmenter l'intensité de l'image du calque Pineapple afin que l'ananas soit moins terne, puis vous modifierez le mode de fusion du calque Postage (ce mode est actuellement défini comme Normal sur les deux calques).

1. Cliquez sur l'icône de visibilité des calques HAWAII, Flower et Plage pour les rendre invisibles.

2. Ouvrez le menu contextuel du calque Pineapple (clic droit [Windows] ou Ctrl+clic [Mac OS]) et sélectionnez Dupliquer le calque (assurez-vous de cliquer sur le calque et pas sur son nom, sans quoi c'est un autre menu contextuel qui s'affichera). Dans la boîte de dialogue Dupliquer le calque, cliquez sur OK.

Un calque nommé "Pineapple copie" apparaît alors au-dessus du calque Pineapple dans le panneau Calques.

3. Dans le panneau Calques, sélectionnez le calque Pineapple copie puis, dans le menu Options de fusion, choisissez Incrustation.

Le mode de fusion Incrustation fond le calque Pineapple copie avec le calque Pineapple situé sous lui pour créer un ananas plus coloré, dont les zones sombres sont plus sombres et les zones claires plus lumineuses.

4. Sélectionnez le calque Postage, puis choisissez Produit dans le menu Options de fusion. Le mode de fusion Produit multiplie les couleurs des calques situés en dessous avec la couleur du calque au sommet de la pile. Ici, cela rend le tampon de la poste un peu plus visible.

▶ **Astuce :** Pour en savoir plus sur les modes de fusion des calques, reportez-vous à l'Aide en ligne de Photoshop.

5. Cliquez sur Fichier > Enregistrer pour sauvegarder vos modifications.

Redimensionner et faire pivoter des calques

Vous pouvez redimensionner et faire pivoter des calques.

1. Cliquez dans la colonne de visibilité du calque Plage pour le rendre visible.

2. Sélectionnez le calque Plage dans le panneau Calques, puis cliquez sur Édition > Transformation manuelle. Un cadre de transformation apparaît alors autour de l'image de la plage.

Pour commencer, vous allez redimensionner et faire pivoter ce calque.

3. Maintenez la touche Maj enfoncée et faites glisser une poignée d'angle vers le centre pour réduire la taille de la photo de la plage d'environ 50 % (utilisez les valeurs en pourcentage des champs Largeur et Hauteur de la barre d'options).

4. Placez le pointeur à l'extérieur du cadre de transformation toujours sélectionné, près d'une poignée d'angle. Il prend l'apparence d'une double flèche incurvée. Faites-le glisser dans le sens des aiguilles d'une montre pour faire pivoter l'image de 15° environ. Vous pouvez également entrer **15** dans le champ Rotation de la barre d'options.

5. Dans la barre d'options, cliquez sur le bouton Valider la transformation (✓).

6. Rendez le calque Flower visible. Sélectionnez ensuite l'outil Déplacement (▸₊) et faites glisser le calque Plage afin que son coin supérieur droit se trouve sous la fleur, comme dans notre exemple.

7. Cliquez sur Fichier > Enregistrer.

Utiliser un filtre pour créer une illustration

Vous allez créer un nouveau calque sans aucun motif (l'ajout d'un calque vide dans un fichier revient à poser une feuille de calque vierge au-dessus d'une pile d'images). Vous l'utiliserez pour ajouter des nuages réalistes dans le ciel à l'aide d'un filtre de Photoshop.

1. Dans le panneau Calques, cliquez sur le calque Background pour l'activer, puis sur le bouton Créer un calque ().

Un nouveau calque nommé Calque 1 apparaît entre les calques Background et Pineapple. Il est vide de tout contenu, si bien que sa création n'a aucun effet dans la fenêtre de document.

2. Double-cliquez sur le nom Calque 1, entrez **Nuages** et appuyez sur la touche Entrée (Windows) ou Retour (Mac OS) pour valider.

3. Cliquez sur l'icône Définir la couleur de premier plan dans le panneau Outils. Sélectionnez un bleu ciel dans le sélecteur de couleurs, puis cliquez sur OK. La couleur que nous avons choisie a les valeurs suivantes : R **48**, V **138** et B **174**. La couleur d'arrière-plan reste le blanc.

● **Note :** Vous pouvez aussi créer un calque en choisissant Nouveau calque dans le menu du panneau Calques ou en allant dans Calques > Nouveau > Calque.

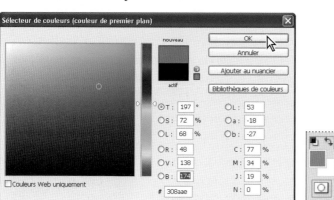

4. Le calque Nuages toujours actif, cliquez sur Filtre > Rendu > Nuages. Des nuages réalistes apparaissent derrière l'image.

5. Cliquez sur Fichier > Enregistrer.

Ajouter du texte

Vous êtes maintenant prêt à ajouter du texte à l'aide de l'outil Texte horizontal. Ce texte se place automatiquement sur un calque distinct. Vous le modifierez ensuite et lui appliquerez un effet spécial.

1. Rendez le calque HAWAII visible. Vous allez ajouter le texte sous ce calque et appliquer l'effet à ces deux calques.

2. Cliquez sur Sélection >Désélectionner les calques afin qu'aucun calque ne soit actif.

3. Cliquez sur l'icône Définir la couleur de premier plan dans le panneau Outils. Sélectionnez un vert foncé dans le sélecteur de couleurs. Cliquez ensuite sur OK.

4. Dans le panneau Outils, activez l'outil Texte horizontal (T), puis affichez le panneau Caractère (Fenêtre > Caractère) et définissez les options suivantes :

   - Choisissez une police de caractères de type serif (ici Birch Std).

   - Choisissez un style (ici Regular).

   - Sélectionnez un corps de police de grande taille (nous avons choisi **36 points**).

   - Sélectionnez Nette dans la liste déroulante Définir la méthode de lissage (ᵃa).

   - Choisissez une valeur d'approche (AV) importante (nous utilisons **250**).

   - Cliquez sur le bouton Tout en capitales (TT).

   - Cliquez sur le bouton Faux gras (T).

5. Cliquez juste en dessous de la lettre "H" du mot "HAWAII" dans la fenêtre de document et tapez **Island Paradise** (L'île du paradis). Ensuite, cliquez sur le bouton Valider toutes les modifications en cours (✔) dans la barre d'options.

● **Note :** Si vous avez fait une erreur lorsque vous avez cliqué pour définir le texte, cliquez simplement en dehors du texte et répétez l'étape 5.

Un nouveau calque nommé Island Paradise apparaît au sommet de la pile des calques dans le panneau Calques. Le "T" en lieu et place de la vignette indique qu'il s'agit d'un calque de texte.

Ce texte s'affiche dans la partie de l'image où vous avez cliqué. Il est alors fort probable qu'il ne soit pas exactement positionné où vous le souhaitez.

6. Sélectionnez l'outil Déplacement (►⊕) et faites glisser le texte "Island Paradise" pour le centrer sous le mot "HAWAII".

Ajout d'un dégradé à un calque

Vous pouvez ajouter un dégradé sur la totalité d'un calque ou sur une partie seulement. Dans cet exercice, vous allez ajouter un dégradé au mot "HAWAII" pour le rendre plus coloré. Vous sélectionnerez donc les lettres, puis vous appliquerez le dégradé.

1. Dans le panneau Calques, sélectionnez le calque "HAWAII" pour le rendre actif.

2. Dans le menu contextuel du calque (clic droit sur sa vignette [Windows] ou Ctrl+clic [Mac OS]), choisissez Sélectionner des pixels. Tout le contenu du calque HAWAII (les lettres blanches) est alors sélectionné.

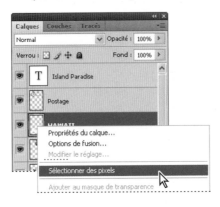 

À présent que la zone à remplir est sélectionnée, vous allez appliquer le dégradé.

3. Sélectionnez l'outil Dégradé (▧) dans le panneau Outils.

4. Cliquez sur l'icône Définir la couleur de premier plan, sélectionnez un orange clair dans le sélecteur de couleurs, puis cliquez sur OK. La couleur d'arrière-plan reste le blanc.

5. Dans la barre d'options, assurez-vous que l'option Dégradé linéaire (▧) est sélectionnée.

6. Dans la barre d'options, cliquez sur la flèche à droite de l'éditeur de dégradé pour ouvrir le sélecteur de dégradé. Cliquez sur la vignette Premier plan Arrière-plan (le premier échantillon de dégradé), puis cliquez en dehors du sélecteur de dégradé pour le fermer.

7. La sélection toujours active, faites glisser l'outil Dégradé du bas vers le haut des lettres. Pour tracer une ligne parfaitement rectiligne, maintenez la touche Maj enfoncée.

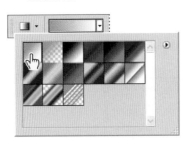 

▶ **Astuce :** Pour afficher les dégradés sous forme de liste plutôt que sous forme d'échantillons, cliquez sur le bouton de menu du sélecteur de dégradé et sélectionnez Petite liste ou Grande liste. Vous pouvez également laisser quelques instants le pointeur sur une des vignettes du sélecteur de dégradé, une info-bulle apparaît alors avec le nom du dégradé.

Le dégradé s'étend sur les lettres, en commençant par la couleur orange au bas des lettres pour se fondre graduellement en blanc.

8. Cliquez sur Sélection > Désélectionner pour désélectionner le mot "HAWAII".

9. Enregistrez vos modifications.

Application d'un style de calque

Photoshop propose une série d'effets à appliquer sur les calques : Ombre, Contour, Satin, entre autres, sous forme de styles de calque. Ces styles sont d'un emploi très simple et s'associent directement au calque de votre choix.

Il est possible de masquer les effets d'un calque grâce à l'icône en forme d'œil (👁) du panneau Calques. Les styles ne sont pas destructifs et peuvent donc être modifiés ou supprimés à tout moment. Vous pouvez également copier un effet de calque vers un autre calque en le faisant glisser avec la souris.

Plus tôt dans cette leçon, vous avez ajouté un cadre à la photo de la plage. Vous allez maintenant ajouter une ombre portée au texte pour le mettre davantage en valeur.

1. Sélectionnez le calque Island Paradise, puis cliquez sur Calque > Style de calque > Ombre portée.

2. Dans la boîte de dialogue Style de calque, assurez-vous que l'option Aperçu est cochée. Au besoin, déplacez la boîte de dialogue pour visualiser le texte dans la fenêtre de document.

3. Dans la zone Structure, activez l'option Utiliser l'éclairage global, puis sélectionnez les options suivantes :

- Mode de fusion : Produit ;

- Opacité : **75 %** ;

- Angle : **78°** ;

- Distance : **5 px** ;

- Grossi : **30 %** ;

- Taille : **10 px**.

▶ **Astuce :** Pour afficher la boîte de dialogue Style de calque, vous pouvez également cliquer sur le bouton Ajouter un style de calque au bas du panneau Calques et choisir un style comme Biseautage et estampage dans le menu déroulant.

Photoshop ajoute une ombre portée au texte "Island Paradise".

4. Cliquez sur OK pour valider les paramètres et fermer la boîte de dialogue Style de calque.

Photoshop imbrique le style de calque dans le calque Island Paradise. La première ligne signale la présence d'un effet et la seconde le nom de l'effet appliqué au calque. Pour désactiver et activer un effet, cliquez sur l'icône de visibilité en forme d'œil (👁) qui précède son nom. Pour désactiver tous les effets en même temps, cliquez sur l'icône de visibilité devant Effets. Pour réduire la liste des effets d'un calque, cliquez sur la flèche située à droite du nom de ce calque.

 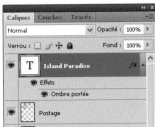

5. Avant de continuer, assurez-vous que les icônes en forme d'œil sont bien visibles pour les deux éléments imbriqués sous le calque Island Paradise.

6. Appuyez sur la touche Alt (Windows) ou Option (Mac OS) et faites glisser la ligne Effets sur le calque HAWAII. Le style de calque Ombre portée est alors également appliqué à ce calque, avec les mêmes paramètres.

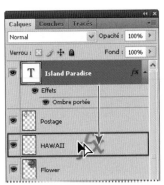 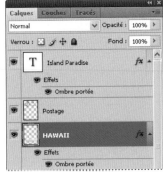

Vous allez maintenant ajouter un contour vert autour du calque HAWAII.

7. Sélectionnez le calque HAWAII dans le panneau Calques, cliquez sur le bouton Ajouter un style de calque (*fx*) au bas du panneau, puis sélectionnez Contour dans le menu.

8. Dans la zone Structure de la boîte de dialogue Style de calque, sélectionnez les options suivantes :

- Taille : **4 px** ;

- Position : Extérieur ;

- Mode de fusion : Normal ;

- Opacité : **100 %**.

- Couleur : vert (sélectionnez une couleur qui se marie bien avec celle que vous avez choisie pour le texte "Island Paradise").

9. Cliquez sur OK pour appliquer l'effet Contour.

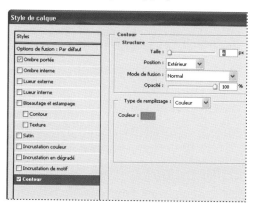 

Vous allez enfin ajouter une ombre portée et un effet satiné au calque Flower.

10. Sélectionnez le calque Flower et allez dans Calque > Style de calque > Ombre portée. Définissez ensuite les options suivantes dans la zone Structure : Opacité **60 %**, Distance **13 px**, Grossi **9 %**. Assurez-vous que l'option Utiliser l'éclairage global est activée et que le mode de fusion est Produit. Ne cliquez pas sur OK.

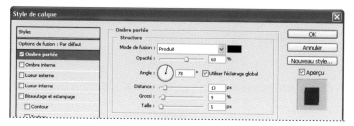

11. Cliquez sur Satin dans la liste des styles. L'option Inverser étant activée, sélectionnez les options suivantes :

- Couleur (à droite de l'option Mode de fusion) : une couleur fuchsia (choisissez une couleur complémentaire de la fleur) ;

- Opacité : **20 %** ;

- Distance : **22 px**.

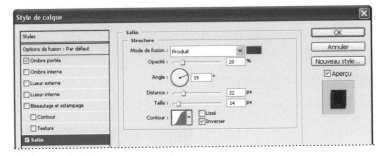

12. Cliquez sur OK pour appliquer les deux styles de calque.

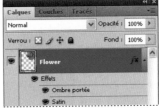

Mettre à jour un effet de calque

Les effets de calque s'appliquent automatiquement aux changements apportés au calque. Vous allez pouvoir le vérifier en modifiant le texte.

1. Dans le panneau Calques, sélectionnez le calque Island Paradise.

2. Dans le panneau Outils, sélectionnez l'outil Texte horizontal (**T**).

3. Dans le champ Définir le corps de police de la barre d'options, entrez une valeur de **32** et appuyez sur la touche Entrée (Windows) ou Retour (Mac OS).

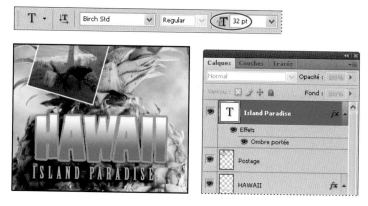

Bien que vous n'ayez pas sélectionné le texte en faisant glisser dessus l'outil Texte (comme vous l'auriez fait dans un logiciel de traitement de texte), le texte "Island Paradise" a maintenant une taille de 32 points.

4. À l'aide de l'outil Texte horizontal, cliquez entre les mots "Island" et "Paradise" et tapez **of**.

Lorsque vous modifiez le texte, les styles sont appliqués au nouveau texte.

5. Comme le mot "of" n'est pas utile, supprimez-le.

6. Sélectionnez l'outil Déplacement (▶⊕) et centrez les mots "Island Paradise" sous le mot "HAWAII".

7. Enregistrez votre travail.

Note : Vous n'avez pas besoin de cliquer sur le bouton Valider toutes les modifications en cours après avoir modifié le texte, car le fait de sélectionner l'outil Déplacement valide les changements.

Ajouter un cadre

La carte postale d'Hawaii est quasiment terminée. Les éléments sont en effet presque tous en place dans la composition. Pour finir, vous allez déplacer le tampon de la poste et ajouter un cadre blanc.

1. Sélectionnez le calque Postage et, avec l'outil Déplacement (⊹), positionnez-le au centre et à droite de l'image, comme dans l'exemple suivant.

 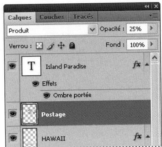

2. Sélectionnez le calque Island Paradise, puis cliquez sur le bouton Créer un calque (▣) au bas du panneau Calques.

3. Cliquez sur Sélection > Tout sélectionner.

4. Allez dans Sélection > Modifier > Cadre. Tapez **10** (pixels) dans le champ Largeur de la boîte de dialogue Sélection du cadre, puis cliquez sur OK.

Un cadre de sélection de 10 pixels s'affiche alors autour de l'image. Vous allez maintenant le remplir en blanc.

5. Sélectionnez le blanc comme couleur de premier plan, puis cliquez sur Édition > Remplir.

6. Dans la boîte de dialogue Remplir, assurez-vous que Couleur de premier plan est sélectionné dans le champ Avec, puis cliquez sur OK.

7. Cliquez sur Sélection > Désélectionner.

8. Double-cliquez sur le nom du calque et renommez-le **Cadre**, par exemple.

 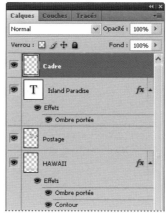

Aplatissement et enregistrement de l'image

Après avoir modifié tous les calques de l'image, vous pouvez les fusionner – autrement dit *aplatir* l'image – pour réduire la taille du fichier. Tous les calques fusionnent en un seul calque d'arrière-plan. En revanche, vous ne pouvez plus modifier les calques une fois l'image aplatie, et vous ne devez donc pas le faire avant d'être entièrement satisfait de votre travail. Plutôt que d'aplatir votre fichier PSD, nous vous conseillons de conserver une copie du fichier avec ses calques intacts, afin de pouvoir y apporter d'éventuels changements par la suite.

Le premier chiffre indique la taille du fichier avec l'image aplatie et le second représente la taille actuelle du fichier. Alors que la version actuelle du fichier a un poids important (26,1 Mo), cette même image n'occuperait

plus que 2,29 Mo si tous les calques étaient fusionnés. Par conséquent, l'opération se justifie largement ici.

● **Note :** Si ces informations ne sont pas affichées, ouvrez le menu déroulant situé dans la barre d'état au bas de la fenêtre de document et choisissez Afficher > Taille du document. Pour évaluer à leur juste mesure les effets de l'aplatissement, notez les deux nombres correspondant à la taille du fichier dans la barre d'état au bas de la fenêtre de document.

1. Sélectionnez n'importe quel outil sauf l'outil Texte horizontal (T) pour vous assurer que vous n'êtes pas en mode Édition de texte. Allez ensuite dans Fichier > Enregistrer (si cette commande est disponible), pour ne pas perdre les dernières modifications réalisées dans le fichier.

2. Cliquez sur Image > Dupliquer.

3. Dans la boîte de dialogue Dupliquer l'image, nommez le fichier **04Plat.psd**, par exemple, et cliquez sur OK.

4. Fermez le fichier 04Retouche.psd pour ne conserver à l'écran que le fichier 04Plat.psd.

5. Ouvrez le menu du panneau Calques et choisissez Aplatir l'image. Un seul calque nommé Arrière-plan reste alors.

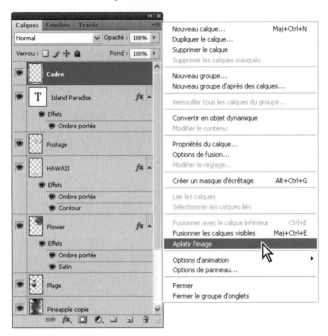

6. Cliquez sur Fichier > Enregistrer. Même si vous avez choisi Enregistrer et non Enregistrer sous, la boîte de dialogue Enregistrer sous apparaît.

7. Assurez-vous que le dossier Lesson04 est sélectionné et cliquez sur Enregistrer pour accepter les paramètres par défaut et sauvegarder le fichier aplati.

Vous disposez maintenant de deux versions du fichier : une version aplatie et le fichier original, qui possède toujours tous ses calques.

Les compositions de calques

Les compositions de calques permettent d'afficher d'un seul clic différentes versions d'une image composée de plusieurs calques. Autrement dit, ces compositions enregistrent la configuration du panneau Calques. Lorsque vous en créez plusieurs, il suffit de sélectionner l'une ou l'autre de ces compositions pour afficher chaque configuration. Les compositions de calques permettent ainsi de visualiser rapidement les différentes apparences possibles d'une illustration, pour les montrer à un client, par exemple, sans que vous ayez besoin de cliquer sur les icônes en forme d'œil de chaque calque ou de modifier des paramètres dans le panneau Calques.

Imaginons, par exemple, que vous êtes en train de concevoir une brochure destinée à être imprimée en français mais également en anglais. Vous avez disposé le texte français sur un calque et le texte anglais sur un autre dans la même image. Il vous suffit alors de rendre le calque du texte français visible et le texte anglais invisible puis de cliquer sur le bouton Créer une composition de calques du panneau Compositions de calques et ensuite de répéter l'opération inverse – rendre le texte anglais visible et le texte français invisible et de cliquer de nouveau sur le bouton Créer une composition de calques – pour obtenir deux compositions de calques différentes.

Pour visualiser une disposition de calques en particulier, cliquez sur le bouton Composition de calques pour l'afficher. Vous pouvez facilement apprécier le gain de temps que cette fonctionnalité apporte dans le cas de variations plus complexes entre différentes versions d'une même composition. Les compositions de calques sont extrêmement pratiques pour établir le suivi d'un projet ou lorsque vous devez créer plusieurs versions de la même image.

Vous avez créé une carte postale colorée et attractive. Cette leçon n'aborde que les techniques élémentaires de gestion des calques. Vous en apprendrez plus sur les calques et vous essaierez différentes méthodes tout au long de cet ouvrage et en particulier à la Leçon 9, "Les calques : techniques avancées".

Infos plus

Servez-vous de la fonctionnalité Alignement automatique des calques pour corriger les défauts d'une photo de famille.

1. Ouvrez le fichier FamilyPhoto.psd situé dans le dossier Lesson04.

2. Dans le panneau Calques, affichez et masquez alternativement le calque Layer 2 pour visualiser les deux versions de la photo. Lorsque les deux calques sont visibles, vous pouvez constater que l'homme au centre de l'image cligne des yeux et que les deux filles dans le coin inférieur gauche ne regardent pas l'objectif. Vous allez aligner les deux images, puis vous utiliserez l'outil Gomme pour supprimer les parties du calque Layer 2 que vous voulez améliorer.

3. Affichez les deux calques, puis cliquez sur chacun d'eux avec la touche Maj enfoncée pour les sélectionner. Allez dans Édition > Alignement automatique des calques et cliquez sur OK pour accepter l'option de position automatique par défaut. Cliquez sur l'icône en forme d'œil à gauche du calque Layer 2 pour l'afficher et le masquer alternativement et vérifier que les deux calques sont parfaitement alignés.

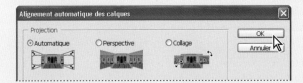

Vous allez maintenant gommer les parties de l'image que vous voulez améliorer.

4. Activez l'outil Gomme dans le panneau Outils et choisissez une forme douce de 45 points dans la barre d'options. Commencez à gommer le visage de l'homme qui cligne des yeux pour que s'affiche son visage souriant sur le calque inférieur.

5. Répétez l'opération sur les deux filles jusqu'à ce qu'elles regardent l'objectif.

Questions

1. Quels avantages présente l'utilisation des calques ?

2. Lorsque vous créez un nouveau calque ou un nouveau groupe de calques, où celui-ci apparaît-il dans la pile des calques du panneau Calques ?

3. Comment faire apparaître l'image d'un calque par-dessus celle d'un autre calque ?

4. Comment appliquer un style de calque ?

5. Lorsqu'une image composée de calques est achevée, que faut-il faire du fichier pour en réduire la taille ?

Réponses

1. Les calques permettent de déplacer et de modifier différentes parties de l'image en tant qu'éléments indépendants. On peut également rendre certains calques invisibles de façon à n'afficher que ceux sur lesquels on travaille.

2. Le nouveau calque apparaît toujours au-dessus du calque courant.

3. Pour afficher l'image d'un calque par-dessus celle d'un autre calque, il suffit de faire glisser les calques vers le haut ou vers le bas dans la liste du panneau Calques et de modifier l'ordre de superposition, ou de choisir Calque > Réorganiser > Premier plan, Rapprocher, Éloigner ou Arrière-plan. En revanche, on ne peut pas modifier l'ordre de superposition du calque Arrière-plan.

4. On doit sélectionner le calque et cliquer sur le bouton Ajouter un style de calque du panneau Calques, ou aller dans Calque > Style de calque et choisir un style.

5. Il faut aplatir l'image en fusionnant tous les calques en un seul calque de fond. Il est préférable de sauvegarder l'image originale avant de fusionner les calques, au cas où il faudrait apporter des modifications à la composition par la suite.

Les masques permettent d'isoler et de manipuler certaines parties d'une image. Vous travaillez ainsi sur la zone exposée et le reste de l'image est protégé. Vous pouvez créer des masques provisoires pour un emploi unique ou les enregistrer pour les utiliser à plusieurs reprises.

Les masques et les couches

5

Au cours de cette leçon, vous apprendrez à :

- corriger une sélection à l'aide d'un masque ;

- enregistrer une sélection comme couche alpha ;

- visualiser un masque dans le panneau Couches ;

- charger un masque mémorisé ;

- modifier un masque dans le panneau Masques ;

- appliquer des filtres, des effets et des modes de fusion à un masque ;

- déplacer une image à l'intérieur d'un masque ;

- créer un masque d'écrêtage ;

- peindre dans un masque pour modifier la sélection ;

- sélectionner des formes difficiles avec l'outil Sélection rapide ;

- créer et utiliser un masque en dégradé ;

- isoler une couche afin de réaliser des corrections spécifiques ;

- créer une image en niveaux de gris de haute qualité en mélangeant les couches.

Cette leçon vous prendra environ une heure et demie. Copiez le dossier Lesson05 sur votre disque dur si vous ne l'avez pas encore fait. Au cours de cette leçon, vous conserverez les fichiers de départ. Si vous devez néanmoins les restaurer, copiez-les de nouveau depuis le CD-ROM *Adobe Photoshop CS4 Classroom in a Book*.

À propos des masques et des couches

Les masques de Photoshop isolent et protègent certaines parties de l'image de la même manière que du ruban adhésif permet de protéger le verre d'une fenêtre lorsque vous repeignez son encadrement. Lorsque vous créez un masque à partir d'une sélection, toute la zone non sélectionnée se trouve *masquée*, c'est-à-dire à l'abri de toute modification. Les masques permettent aussi de sauvegarder les sélections, ce qui procure également un gain de temps précieux. De plus, vous pouvez les utiliser dans des travaux de retouche plus complexes, pour appliquer des changements de couleurs ou un effet de filtre sur une image, par exemple.

Vous pouvez soit créer des masques provisoires, soit les stocker de façon permanente sous la forme de couches spéciales en niveaux de gris, appelées *couches alpha*. Dans Photoshop, les couches servent aussi à emmagasiner les données sur les couleurs de l'image. Contrairement aux calques, les couches ne peuvent être imprimées. Le panneau Couches permet de visualiser et d'utiliser les couches alpha.

Souvenez-vous que, dans le cas des masques, le noir cache le contenu tandis que le blanc le révèle. Par conséquent, les niveaux de gris masquent partiellement, en fonction du niveau de gris employé (255 correspond au noir et 0 au blanc).

Préparatifs

Pour commencer, vous allez ouvrir l'image à reproduire en utilisant les masques et les couches.

1. Lancez Adobe Photoshop et appuyez aussitôt sur les touches Ctrl+Alt+Maj (Windows) ou Cmd+Option+Maj (Mac OS) pour restaurer les préférences par défaut du logiciel (pour en savoir plus, reportez-vous à la section "Rétablissement des préférences par défaut" de l'Introduction).

2. Dans la boîte de message qui apparaît, cliquez sur Oui pour confirmer que vous voulez supprimer le fichier de paramètres.

3. Dans la barre d'application, cliquez sur le bouton Lancer Bridge (**Br**) pour ouvrir Adobe Bridge.

4. Cliquez sur l'onglet Favoris, à gauche de la fenêtre de Bridge. Sélectionnez le dossier Lessons, puis double-cliquez sur le dossier Lesson05 dans le volet Contenu.

5. Étudiez l'image 05End.psd. Pour agrandir la taille de la vignette, faites glisser vers la droite le curseur situé au bas de la fenêtre de Bridge.

À cette leçon, vous allez réaliser la couverture d'un livre intitulé *Zen Garden* (Jardin zen). Pour cela, vous utiliserez des masques afin de combiner plusieurs photographies : une statue de Bouddha, un temple japonais et une clôture en bambou. Vous créerez des masques pour combiner tous ces éléments en une seule image. Vous verrez également comment réaliser la sélection des contours complexes d'une feuille de papier déchirée qui servira d'arrière-plan à votre composition. Pour finir, vous ajouterez du texte qui aura pour texture celle du papier.

6. Double-cliquez sur la vignette du fichier 05Start.psd pour l'ouvrir dans Photoshop.

Création d'un masque temporaire

Vous allez vous servir du mode Masque pour convertir le contour d'une sélection en masque temporaire. Ensuite, vous convertirez ce masque en contour de sélection. À moins que vous n'enregistriez ce masque en tant que couche alpha pour le conserver, Photoshop le supprimera lors de sa conversion en sélection.

1. Cliquez sur Fichier > Enregistrer sous et sauvegardez le fichier sous le nom de **05Retouche.psd**. Cliquez sur OK dans la boîte de dialogue Options de format Photoshop si elle s'affiche.

En créant une autre version du fichier de départ, vous pouvez ainsi revenir à l'original si vous le souhaitez.

2. Dans le panneau Calques, sélectionnez le calque Buddha.

3. Cliquez sur le bouton Mode Masque () dans le panneau Outils (vous avez travaillé jusqu'à présent en mode Standard).

En mode Masque, un masque rouge vient recouvrir la partie de l'image non sélection-née. Vous ne pouvez modifier que la zone exposée, visible et sélectionnée. Vous constatez que le masque sélectionné s'affiche en gris dans le panneau Calques pour indiquer que le mode Masque est activé.

4. Sélectionnez l'outil Pinceau (✐) dans le panneau Outils.

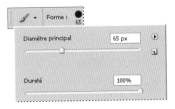

5. Dans la barre d'options, assurez-vous que le mode Normal est sélectionné. Ouvrez le pan-neau Formes et choisissez une forme large et dure d'un diamètre de **65 px**. Cliquez en dehors du panneau pour le fermer.

Vous allez vous servir de ce pinceau pour créer grossièrement un masque que vous améliorerez dans l'exercice suivant.

6. Dans l'image, peignez à l'aide de l'outil Pinceau sur le halo (ou l'auréole) du bouddha. La taille du Pinceau doit correspondre à la largeur du halo. Un voile rouge apparaît là où vous peignez pour indiquer le masque que vous créez.

En mode Masque, Photoshop se met automatiquement en mode Niveaux de gris. Par défaut, le noir devient la couleur de premier plan et le blanc la couleur d'arrière-plan. Lors de l'emploi d'outils de dessin et de retouche en mode Masque, n'oubliez pas ces principes de base :

- Le fait de dessiner en noir étend le masque (le voile rouge) et réduit la zone sélectionnée.
- Le fait de dessiner en blanc gomme le masque (le voile rouge) et étend la zone sélectionnée.
- Le fait de peindre en gris étend partiellement le masque.

7. Continuez à peindre avec l'outil Pinceau pour ajouter toute la statue du bouddha au masque. Ne peignez pas sur l'arrière-plan.

Ne vous inquiétez pas si vous débordez de la statue car vous corrigerez la sélection dans l'exercice suivant.

8. Dans le groupe de panneaux Calques, cliquez sur l'onglet du panneau Couches pour qu'il s'affiche au premier plan.

Dans le panneau Couches, les couches de couleur par défaut sont affichées : une couche CMJN en couleurs pour l'image et une couche pour chacune des couleurs, cyan, magenta, jaune et noir.

Le masque que vous venez de créer apparaît dans le panneau Couches comme nouvelle couche alpha nommée *Masque*. Souvenez-vous que cette couche n'est que temporaire. Si vous ne l'enregistrez pas en tant que sélection ou si vous ne l'appliquez pas comme masque, le masque disparaîtra dès que vous l'aurez désélectionné.

Note : Pour afficher chaque couche individuellement, cliquez sur l'icône en forme d'œil du panneau Couches. Lorsque la couche CMJN est visible, l'icône en forme d'œil apparaît également sur les quatre couches de couleur.

Note : Si vous enregistrez et fermez votre document en mode Masque, le masque apparaîtra à la réouverture du fichier dans sa propre couche alpha. Si vous procédez à la même opération en mode Standard, le masque aura disparu à la réouverture du fichier.

Modification d'un masque

Vous avez créé un masque assez grossier de la statue, mais il déborde sur le reste de l'image. Vous allez donc utiliser le panneau Masques pour le convertir en masque de fusion, puis vous améliorerez son contour. Lorsque vous retouchez une sélection en mode Masque, vous pouvez alors employer la quasi-totalité des outils et des filtres (vous pouvez même recourir aux outils de sélection).

Convertir un masque temporaire en masque de fusion

Par défaut, les masques sont provisoires. Ils disparaissent dès que vous désélectionnez. Cependant, vous pouvez enregistrer une sélection comme masque dans une couche alpha. Vous pouvez ainsi sauvegarder et réutiliser par la suite une sélection qui vous a demandé beaucoup de temps de travail. Vous pouvez même employer les couches alpha dans d'autres fichiers Photoshop.

Pour éviter toute confusion entre les couches et les calques, considérez que les couches contiennent des informations sur la couleur de l'image et la sélection tandis que les calques contiennent les images et les effets.

1. Cliquez sur le bouton Mode Standard du panneau Outils pour quitter le mode Masque. Le masque devient une sélection active, que vous allez utiliser pour améliorer le masque.

2. Cliquez sur l'onglet Calques pour afficher le panneau Calques et assurez-vous que le calque Buddha est toujours sélectionné.

3. Cliquez sur l'onglet Masques pour afficher le panneau du même nom (il se trouve dans le groupe du panneau Réglages). Les options de ce panneau permettent d'améliorer, d'inverser et de modifier les masques.

4. Cliquez sur le bouton Ajouter un masque de pixels (📷) dans le panneau Masques. Photoshop convertit la sélection active en calque de fusion (masque de pixels) sur le calque Buddha.

5. Cliquez sur l'onglet Couches pour afficher le panneau Couches. Vous constatez que le masque temporaire a été remplacé par une couche alpha nommée Buddha Masque.

À propos des couches alpha

Si vous vous servez beaucoup de Photoshop, vous savez que les couches alpha deviennent incontournables. Voici quelques informations complémentaires à leur sujet :

- Une image peut compter jusqu'à 56 couches, y compris les couches de couleur et alpha.

- Toutes les couches sont des images en niveaux de gris 8 bits, capables d'afficher 256 niveaux de gris.

- Vous pouvez, pour chaque couche, définir un nom, une couleur, une option de masque et une valeur d'opacité (l'opacité a une incidence sur l'aperçu de la couche, mais pas sur l'image).

- Toutes les nouvelles couches ont les mêmes dimensions et le même nombre de pixels que l'image originale.

- Vous pouvez modifier le masque sur une couche alpha à l'aide des outils de peinture et de retouche, ainsi que des filtres.

- Vous pouvez convertir des couches alpha en couches de tons directs.

Améliorer un masque

La statue du bouddha est masquée, mais vous devez encore améliorer son contour. Vous allez inverser le masque afin de voir plus clairement la statue et vous utiliserez l'outil Sélection rapide et les options du panneau Masques.

Pour commencer, vous allez rendre les autres calques invisibles.

1. Cliquez sur l'onglet Calques pour afficher de nouveau le panneau Calques, puis cliquez sur les icônes de visibilité (👁) des calques Writing, Garden et Background. Seul le paysage derrière la statue n'est pas transparent, comme l'indique le motif de damier.

2. Assurez-vous que le calque Buddha est sélectionné dans le panneau Calques, puis cliquez sur le bouton Inverser dans le panneau Masques. À présent, le paysage est transparent et la statue visible. Voir la statue vous permet d'améliorer plus précisément les contours du masque.

Vous êtes maintenant prêt à ajouter et à soustraire des pixels au masque. Gardez à l'esprit que peindre en blanc étend le masque et peindre en noir soustrait des pixels au masque.

3. Zoomez pour agrandir les zones de l'image sur lesquelles vous travaillez. Vous devrez probablement faire défiler l'image pour afficher ces différentes zones.

4. Sélectionnez l'outil Sélection rapide (✎) dans le panneau Outils. Dans la barre d'options, sélectionnez une brosse douce de 8 pixels.

Julieanne Kost est une porte-parole officielle d'Adobe Photoshop.

Les astuces d'une porte-parole de Photoshop

Quand vous modifiez une image, vous avez souvent besoin de zoomer en avant pour travailler sur un détail, puis de zoomer en arrière pour observer le résultat dans son contexte. Il existe plusieurs raccourcis clavier pour simplifier le passage répétitif des outils de modification à l'outil Zoom.

• Maintenez les touches Ctrl+barre d'espacement (Windows) ou Cmd+barre d'espacement (Mac OS) enfoncées pour sélectionner temporairement l'outil Zoom avant à partir du clavier. Vous retrouvez l'outil avec lequel vous travailliez dès que vous relâchez ces touches.

• Maintenez les touches Alt+barre d'espacement (Windows) ou Option+barre d'espacement (Mac OS) enfoncées pour sélectionner temporairement l'outil Zoom arrière à partir du clavier. Vous retrouvez l'outil avec lequel vous travailliez dès que vous relâchez ces touches.

• Double-cliquez sur l'outil Zoom dans le panneau Outils pour retrouver l'affichage à 100 % de l'image.

• Maintenez la touche Alt (Windows) ou Option (Mac OS) enfoncée pour passer de l'outil Zoom avant à l'outil Zoom arrière, puis cliquez sur la partie de l'image dont vous voulez réduire l'affichage. Chaque fois que vous cliquez, la taille d'affichage de l'image se réduit en fonction du facteur de réduction prédéfini.

• Avec n'importe quel outil sélectionné, appuyez sur les touches Ctrl et + (Windows) ou Cmd et + (Mac OS) pour zoomer en avant et les touches Ctrl et – (Windows) ou Cmd et – (Mac OS) pour zoomer en arrière.

5. Utilisez les contours de la statue pour vous guider :

- Si vous sélectionnez une zone que vous voulez ajouter au masque (pour qu'elle soit transparente), appuyez sur les touches Alt+Suppr (Windows) ou Option+Suppr (Mac OS).

- Pour supprimer une zone du masque (afin qu'elle devienne visible), appuyez sur la touche Suppr. Assurez-vous de cliquer sur le bouton Nouvelle sélection chaque fois que vous êtes prêt à créer une nouvelle sélection (cette option est sélectionnée par défaut).

Vous préférez peut-être vous servir d'autres outils de sélection, comme l'outil Lasso magnétique. Vous pouvez utiliser n'importe quel outil de sélection ou simplement l'outil Pinceau pour ajouter ou soustraire des pixels au masque. Si vous utilisez l'outil Pinceau, appuyez sur la touche X pour permuter les couleurs de premier plan et d'arrière-plan. Vous devrez également sans doute changer la taille du Pinceau.

Pour en savoir plus sur l'emploi des outils de sélection, reportez-vous à la Leçon 3, "Les sélections".

6. Lorsque l'arrière-plan est invisible et la statue entière visible, cliquez sur Sélection > Désélectionner. Dans le panneau Masques, cliquez ensuite sur le bouton Contour du masque pour ouvrir la boîte de dialogue Améliorer le masque. Vous pouvez lisser le contour du masque ou procéder à d'autres modifications.

7. Ajustez les options de la boîte de dialogue Améliorer le masque afin que le masque suive au plus près le contour de la statue. Nous avons choisi les valeurs suivantes : Rayon **0**, Contraste **33**, Lisser **92**, Contour progressif **0**, Contracter/Dilater −**57**. Cliquez sur le bouton Sur noir pour visualiser le masque plus clairement. Cliquez enfin sur OK quand le masque vous semble correct.

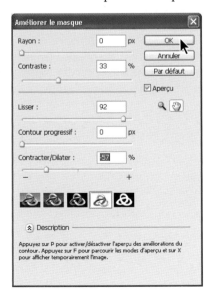

8. Rendez tous les calques visibles dans le panneau Calques afin de voir comment le masque apparaît dans l'image.

9. Zoomez et utilisez une petite brosse douce pour effectuer les dernières retouches.

L'arrière-plan est masqué mais vous cherchez à masquer la statue. Vous allez donc inverser le masque.

10. Dans le panneau Masques, cliquez sur le bouton Inverser.

Si vous souhaitez étudier le masque sans les autres éléments de l'image, ouvrez le panneau Couches, rendez invisibles toutes les couches et la couche Buddha Masque visible. Effectuez ensuite l'opération inverse pour afficher la totalité de l'image.

11. Cliquez sur Fichier > Enregistrer pour sauvegarder votre travail.

Astuces et raccourcis clavier
pour les masques

Voici quelques informations complémentaires sur les masques :

- Les masques sont non destructifs. Autrement dit, vous pouvez revenir en arrière et les modifier sans perdre les pixels qu'ils cachent.

- Lorsque vous éditez un masque, vérifiez la couleur sélectionnée dans le panneau Outils. Le noir masque, le blanc affiche et les nuances de gris révèlent ou cachent partiellement. Plus la couleur grise est foncée et plus le masque cache les éléments sur lesquels il agit.

- Pour afficher le contenu d'un calque sans masquer les effets, désactivez le masque en cliquant sur la vignette du masque de fusion tout en maintenant la touche Maj enfoncée, ou en choisissant Calque > Masque de fusion > Désactiver. Un X rouge apparaît alors sur la vignette du masque dans le panneau Calques.

- Pour activer un masque de fusion, appuyez sur la touche Maj et cliquez sur la vignette du masque de fusion ou choisissez Calque > Masque de fusion > Activer. Si le masque ne s'affiche pas dans le panneau Calques, cliquez sur Calques > Masque de fusion > Tout faire apparaître.

- Désactivez le lien entre les calques et les masques pour les déplacer indépendamment l'un de l'autre et déplacer les limites du masque séparément du calque. Pour désactiver le lien entre un calque ou un groupe de calques et un masque ou un masque vectoriel, cliquez sur l'icône en forme de lien entre les vignettes de chacun d'entre eux dans le panneau Calques. Pour rétablir le lien, cliquez dans l'espace vierge entre les vignettes.

- Pour convertir un masque vectoriel en masque de fusion, sélectionnez le calque contenant le masque vectoriel que vous voulez convertir et choisissez Calque > Pixellisation > Masque vectoriel. Notez toutefois que vous ne pouvez plus convertir le masque de fusion en masque vectoriel.

- Pour modifier un masque, utilisez les curseurs Densité et Contour progressif du panneau Masques. Le curseur Densité détermine l'opacité du masque : à 100 %, le masque est totalement opaque ; avec une densité moindre, le contraste diminue ; à 0 %, le masque n'a aucun effet. Le curseur Contour progressif adoucit le contour du masque.

Affichage des couches

Vous êtes prêt à ajouter un arrière-plan à votre composition, en utilisant un masque pour cacher les éléments indésirables. Pour commencer, vous allez observer chaque couche de l'image afin de définir laquelle offre le plus de contraste pour le masque à créer.

1. Faites glisser l'onglet du panneau Calques en dehors du conteneur de panneaux. Placez-le ensuite à côté du panneau Couches. Agrandissez la taille du panneau Calques afin de voir l'intégralité de son contenu.

2. Dans le panneau Calques, cliquez, tout en maintenant la touche Alt (Windows) ou Option (Mac OS) enfoncée, sur l'icône de visibilité (👁) du calque Background pour ne plus afficher les autres calques. Sélectionnez ensuite le calque Background.

3. Dans le panneau Couches, cliquez sur la couche CMJN pour que toutes les couches soient visibles. Rendez ensuite invisible la couche Cyan. L'icône de visibilité de la couche Cyan de la couche composite CMJN disparaît également. L'image que vous voyez est une combinaison des couches Magenta, Jaune et Noir.

Note : Pour afficher les couches dans leurs couleurs respectives (rouge, vert et bleu pour une image RVB ou cyan, magenta, jaune, noir pour une image CMJN), activez l'option Afficher les couches en couleur dans la section Interface des Préférences de Photoshop. Pour cette leçon, laissez cette option désactivée.

L'image formée par une combinaison de couches s'affiche en couleur, que vous ayez choisi d'afficher vos couches en couleur ou non.

4. Cliquez sur l'icône de visibilité des couches Magenta et Jaune pour les rendre invisibles. Seule la couche Noir reste à présent affichée (vous ne pouvez pas désactiver l'affichage de toutes les couches d'une image ; une d'entre elles au moins doit toujours rester visible).

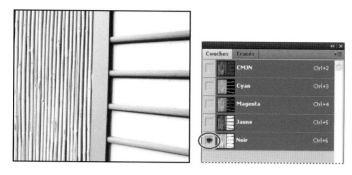

Lorsque vous n'affichez qu'une seule couche, celle-ci s'affiche en niveaux de gris. Vous pouvez ainsi évaluer les valeurs tonales des composants colorimétriques de chaque couche et décider laquelle se prête le mieux aux retouches à effectuer.

5. Dans le panneau Couches, cliquez sur le nom de la couche Jaune pour rendre invisible la couche Noir et n'afficher que la couche Jaune. Examinez le contraste de l'image. Répétez cette opération pour les couches Magenta et Cyan. Recherchez la couche qui permettra de sélectionner le plus facilement possible l'arrière-plan bleu.

Comme vous le voyez, les panneaux présentent une bande verticale noire dans toutes les couches sauf la couche Cyan. Dans cette dernière, le panneau de fond est de couleur noire unie et offre donc le meilleur contraste, ce qui rend cette couche la plus adaptée pour réaliser la sélection.

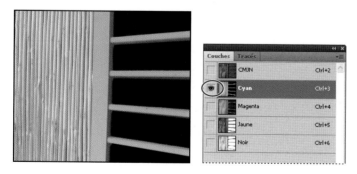

Vous allez ajuster les niveaux de cette couche pour rendre la sélection encore plus simple à réaliser.

Ajustement de chaque couche

Après que vous avez identifié la couche qui offre le meilleur contraste, vous allez la copier et procéder à quelques ajustements sur cette copie.

1. Assurez-vous que seule la couche Cyan est visible dans le panneau Couches. Faites-la glisser sur le bouton Créer une couche (▣) au bas du panneau. Une couche nommée Cyan copie s'affiche alors dans le panneau Couches.

2. Double-cliquez sur le nom de la couche Cyan copie et renommez-la **Masque du panneau**, par exemple.

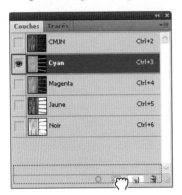 

Vous allez maintenant ajuster les niveaux pour isoler les panneaux noirs.

3. Cliquez sur Image > Réglages > Niveaux pour ouvrir la boîte de dialogue Niveaux. Vous constatez que l'histogramme comprend une partie presque entièrement plate. Ce sont ces valeurs que vous allez isoler.

4. Faites glisser le curseur noir (les zones sombres) vers la droite jusqu'à l'endroit où la courbe s'aplatit dans la partie gauche de l'histogramme. Déplacez ensuite le curseur blanc (les zones les plus claires) vers la gauche, là où la courbe de l'histogramme recommence à s'élever (nous avons choisi les valeurs **23**, **1,00** et **45**). L'aperçu de l'image s'affiche en noir et blanc. Cliquez sur OK.

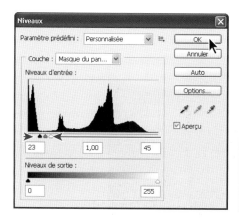

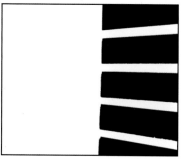

5. Cliquez sur Fichier > Enregistrer pour sauvegarder le travail accompli jusque-là.

Chargement d'un masque en tant que sélection

Vous allez maintenant récupérer le masque que vous avez créé en tant que sélection, que vous pourrez ensuite convertir en masque de fusion.

1. Dans le panneau Calques, rendez le calque Garden visible, puis sélectionnez-le.

2. Double-cliquez sur l'outil Main pour afficher l'image à 100 %.

3. Cliquez sur Sélection > Récupérer la sélection. Choisissez Masque du panneau dans le menu déroulant du champ Couche et activez l'option Inverser pour inverser la sélection afin que les panneaux soient sélectionnés (et non l'arrière-plan). Cliquez ensuite sur OK.

Un cadre de sélection apparaît dans l'image.

4. Au bas du panneau Calques, cliquez sur le bouton Ajouter un masque de fusion (☐) pour transformer la sélection en masque.

Le panneau Couches contient maintenant une nouvelle couche nommée Garden Masque. Tant que le calque Garden est sélectionné, le panneau Couches affiche son masque.

5. Dans le panneau Calques, cliquez sur l'icône de lien (🔗) située entre la vignette de l'image et celle du masque du calque Garden pour annuler le lien entre ces deux éléments.

6. Cliquez sur la vignette de l'image du calque Garden pour l'activer.

Vous pouvez alors repositionner le temple par rapport au masque.

7. Dans le panneau Outils, choisissez l'outil Déplacement (➤₊). La sélection toujours active, faites glisser l'image pour la repositionner par rapport au masque afin que le sommet du temple soit visible dans le panneau du haut.

8. Lorsque vous êtes satisfait de l'emplacement de l'image par rapport au masque, cliquez sur la zone vierge entre la vignette de l'image et celle du masque sur le calque Garden pour rétablir le lien entre ces deux éléments.

9. Enregistrez votre travail.

Récupérer une sélection enregistrée à l'aide des raccourcis clavier

Vous pouvez réutiliser une sélection enregistrée en la chargeant dans l'image.

Pour cela, appliquez une des méthodes suivantes dans le panneau Couches :

- Sélectionnez la couche alpha, cliquez sur le bouton Récupérer la couche comme sélection, au bas du panneau, puis cliquez sur la couche de couleur composite dans la partie supérieure du panneau.

- Faites glisser la couche qui contient la sélection à récupérer sur le bouton Récupérer la couche comme sélection.

- Maintenez la touche Ctrl (Windows) ou Cmd (Mac OS) enfoncée et cliquez sur la couche qui contient la sélection à récupérer.

Vous pouvez également décider de l'action du masque sur une sélection existante.

- Pour ajouter le masque à une sélection existante, maintenez les touches Ctrl+Maj (Windows) ou Cmd+Maj (Mac OS) enfoncées et cliquez sur la couche.

- Pour soustraire le masque d'une sélection existante, maintenez les touches Ctrl+Alt (Windows) ou Cmd+Option (Mac OS) enfoncées et cliquez sur la couche.

- Pour récupérer l'intersection entre une sélection courante et la sélection enregistrée, maintenez les touches Ctrl+Alt+Maj (Windows) ou Cmd+Option+Maj (Mac OS) enfoncées et cliquez sur la couche.

Application de filtres sur un masque

Jusqu'alors, vous avez travaillé en mode CMJN pour isoler la couche Cyan. Vous allez convertir cette image en mode RVB pour appliquer un filtre RVB depuis la Galerie de filtres. En effet, le nombre de filtres disponibles en mode CMJN est limité tandis que les filtres de la Galerie de filtres ne sont disponibles qu'en mode RVB. À présent, vous allez affiner la sélection des panneaux en appliquant un filtre sur ceux-ci afin qu'ils semblent être en verre.

1. Dans le panneau Couches, assurez-vous que la couche composite CMJN est visible.

2. Cliquez sur Image > Mode > Couleurs RVB. Dans la boîte d'avertissement qui s'affiche alors, cliquez sur le bouton Non pour ne pas fusionner les calques. L'image est convertie en mode RVB. Si un message concernant la compatibilité s'affiche, cliquez sur OK.

3. Cliquez sur Filtre > Galerie de filtres.

4. Dans la boîte de dialogue Galerie de filtres, cliquez sur la flèche à gauche du dossier Déformation pour afficher son contenu. Cliquez ensuite sur le filtre Verre. Donnez à l'option Déformation une valeur de **2** et à l'option Lissage une valeur de **4** pour que l'image semble être vue à travers une vitre un jour de pluie. Cliquez ensuite sur OK.

Application d'effets à l'aide d'un masque en dégradé

Outre le noir, qui indique ce qui est masqué, et le blanc, qui signale ce qui est sélectionné, vous pouvez employer des tons de gris pour représenter une transparence partielle. Par exemple, si vous appliquez dans une couche un ton de gris situé au moins à mi-chemin entre le blanc et le noir, l'image sous-jacente sera à moitié visible (50 % ou plus).

Vous allez maintenant créer un masque en dégradé pour appliquer un filtre qui se fondra dans l'image.

1. Dans le panneau Calques, rendez visible le calque Writing, puis sélectionnez-le. Ce calque contient un texte japonais écrit sur une plaque de bronze.

2. Cliquez sur le bouton Ajouter un masque de fusion (▣) au bas du panneau Calques.

3. Cliquez sur la vignette du masque de fusion du calque Writing pour le sélectionner. Une bordure noire s'affiche autour de la vignette pour indiquer que ce n'est pas l'image qui est sélectionnée. En effet, vous devez appliquer un effet au masque et non à l'image.

4. Cliquez sur l'outil Dégradé (▭) dans le panneau Outils. Dans la barre d'options, assurez-vous que l'option par défaut Dégradé linéaire est sélectionnée.

Le dégradé doit aller du blanc au noir. Par conséquent, la couleur de premier plan doit être le blanc et la couleur d'arrière-plan le noir.

5. Cliquez sur l'icône Permuter les couleurs de premier plan et d'arrière-plan, si nécessaire.

6. Maintenez la touche Maj enfoncée et faites glisser le curseur de l'outil dans la fenêtre de document depuis le centre du texte vers la droite, là où le mur laisse place à la fenêtre. La vignette du masque contient maintenant un dégradé.

Là où ce dégradé est blanc, il révélera le filtre que vous allez ajouter au masque de fusion. En passant du blanc au noir, il masquera graduellement l'effet. La valeur des pixels d'un dégradé va de 255 (noir) à 0 (blanc) pour afficher peu à peu ce qui se trouve sous le masque.

7. Assurez-vous que la bordure noire apparaît toujours autour de la vignette du masque de fusion pour que le masque soit sélectionné et non l'image.

8. Allez dans Filtre > Textures > Effet mosaïque pour ouvrir la Galerie de filtres.

9. Ajustez les paramètres de l'Effet mosaïque de la façon suivante : Taille du carreau **18**, Épaisseur du joint **4** et Luminosité du joint **1**. Cliquez ensuite sur OK.

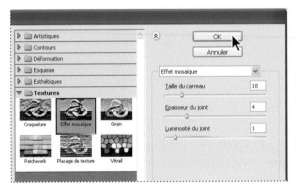

10. Cliquez sur Fichier > Enregistrer pour sauvegarder votre travail.

Modification de la taille de la zone de travail

Vous allez maintenant redimensionner la zone de travail afin de pouvoir ensuite créer un arrière-plan pour l'image.

1. Définissez, dans le panneau Outils, le blanc comme couleur d'arrière-plan (pour cela, cliquez sur le bouton Couleurs par défaut du panneau Outils, puis sur l'icône Permuter les couleurs de premier plan et d'arrière-plan).

2. Cliquez sur Image > Taille de la zone de travail. Dans la boîte de dialogue Taille de la zone de travail, activez l'option Relative pour augmenter la taille de la zone de travail actuelle. Entrez une valeur de **2 pouces** (ou 400 pixels) dans le champ Hauteur. Cliquez sur la flèche en bas et au centre dans la zone Position pour que la taille du document s'agrandisse en haut de l'image. Cliquez ensuite sur OK.

● **Note :** Par défaut, la couleur d'arrière-plan est le blanc et celle de premier plan est le noir dans le panneau Outils. Lorsqu'un masque est sélectionné, ces couleurs sont cependant inversées.

Vous allez répéter cette procédure pour augmenter la taille du document au bas de l'image.

3. Cliquez sur Image > Taille de la zone de travail. Dans la boîte de dialogue Taille de la zone de travail, assurez-vous que l'option Relative est toujours activée, entrez une valeur de **1 pouce** (ou 200 pixels) dans le champ Hauteur. Cliquez sur la flèche en haut et au centre dans la zone Position. Cliquez ensuite sur OK.

4. Double-cliquez sur l'outil Main pour afficher la totalité de l'image, puis cliquez sur OK.

Suppression de l'arrière-plan d'une image

Vous allez ajouter, à la zone de travail que vous venez de créer, l'image d'une feuille de papier déchirée pour former l'arrière-plan de l'image. Pour utiliser cette feuille de papier sans l'arrière-plan, vous devez la sélectionner et la copier sur son propre calque. Pour isoler de son arrière-plan un élément dont le contour est complexe, vous associerez la fonctionnalité de sélection de plage de couleurs et l'outil Sélection rapide. Avec cette méthode, même les objets aux contours déchiquetés, entremêlés ou indiscernables, peuvent être isolés de l'arrière-plan avec un minimum d'efforts.

Astuce : Pour de meilleurs résultats, employez des images dont la résolution est identique. Pour en savoir plus sur la résolution des images, reportez-vous à la rubrique "À propos des dimensions en pixels et de la résolution" de l'Aide en ligne de Photoshop.

1. Cliquez sur le bouton Lancer Bridge (Br) pour ouvrir Adobe Bridge, puis double-cliquez sur la vignette 05Paper.psd, située dans le dossier Lesson05, pour ouvrir cette image dans Photoshop.

2. Allez dans Sélection > Plage de couleurs. Dans la boîte de dialogue Plage de couleurs, donnez au paramètre Tolérance une valeur de **200**. Cliquez ensuite sur la feuille de papier à l'aide de l'outil Pipette. La sélection s'affiche dans la fenêtre d'aperçu de la boîte de dialogue. Cliquez sur OK.

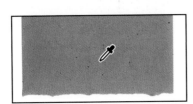

La plus grande partie de la feuille de papier est sélectionnée, mais certaines des couleurs les plus sombres ne le sont pas. Vous allez employer l'outil Sélection rapide pour les ajouter.

3. Dans le panneau Outils, activez l'outil Sélection rapide (🖌). Faites glisser le pointeur sur la feuille de papier afin qu'il détecte les contours de cet objet et que la totalité de la feuille soit sélectionnée.

4. Cliquez sur le bouton Améliorer le contour dans la barre d'options. Choisissez les valeurs suivantes : Rayon **5,0**, Contraste **50**, Lisser **3**, Contour progressif **0** et Contracter/Dilater **–55**. Cliquez ensuite sur OK.

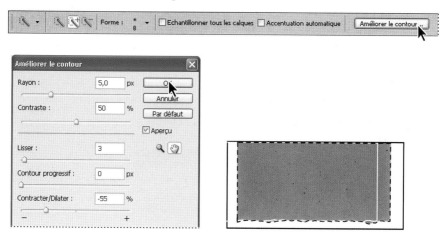

5. Allez dans Calque > Nouveau > Calque par copier. Un nouveau calque nommé Calque 1 apparaît dans le panneau Calques. Rendez invisible le calque Arrière-plan. Vous constatez que le calque ne contient que la feuille de papier, et non l'arrière-plan blanc.

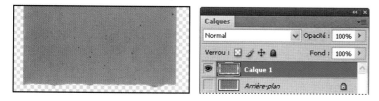

Déplacement de calques d'un document à l'autre

Vous aurez souvent besoin d'ajouter des calques d'un document Photoshop dans un autre. Cette opération est très facile à réaliser. Ici, vous allez déplacer la texture de papier que vous avez copiée dans la composition pour la couverture du livre, afin de créer un arrière-plan.

1. Cliquez sur le bouton Réorganiser les documents (▦) dans la barre d'application, puis sélectionnez une disposition 2 vignettes. Assurez-vous que le calque Writing est sélectionné dans le panneau Calques de l'image 05Retouche.psd, puis sélectionnez l'image 05Paper.psd pour la rendre active.

2. Faites glisser le calque Calque 1 du panneau Calques de l'image 05Paper.psd vers le centre de l'image 05Retouche.psd. Le calque est ajouté à la composition sous le nom de Calque 1 et se positionne juste en dessous du calque supérieur, appelé Buddha.

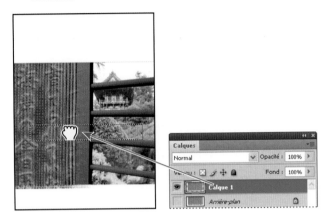

3. Dans le panneau Calques, double-cliquez sur le nom du calque et renommez-le **Papier**.

4. Fermez le fichier 05Paper.psd sans enregistrer les modifications.

5. Cliquez sur Affichage > Règles. Faites ensuite glisser un repère depuis la règle du haut à 5,5 cm.

6. Sélectionnez l'outil Déplacement (▸⊕) dans le panneau Outils. Déplacez le papier vers le haut pour aligner le bord inférieur de la feuille avec le repère. La partie supérieure de la feuille se trouve en dehors de la fenêtre de document.

Colorisation avec un calque de réglage

Vous allez maintenant créer un calque de réglage pour coloriser la feuille de papier.

1. Assurez-vous que le calque Papier est sélectionné dans le panneau Calques.

2. Affichez le panneau Réglages (clic sur son onglet). Cliquez ensuite sur le bouton Créer un calque de réglage de teinte/saturation.

3. Entrez les valeurs suivantes pour donner une teinte violette à la feuille de papier : Teinte **–125**, Saturation **–56** et Luminosité **–18**.

Comme les calques de réglage agissent sur tous les calques situés en dessous d'eux, l'ensemble de l'image prend une teinte violette. Vous allez restreindre l'effet donné au calque Papier seulement en créant un masque d'écrêtage.

4. Maintenez la touche Alt (Windows) ou Option (Mac OS) enfoncée et placez le pointeur entre le calque de réglage Teinte/Saturation 1 et le calque Papier. L'icône du pointeur prend l'apparence d'un double cercle (⦾). Cliquez pour créer un masque d'écrêtage.

Dans le panneau Calques, le calque de réglage Teinte/Saturation 1 se décale alors sur la droite. S'affiche également une flèche pointant vers le calque Papier situé en dessous, dont le nom apparaît souligné. Tout cela indique que l'effet du calque écrêté ne s'applique qu'au contenu du calque de base (Papier).

5. Cliquez sur Fichier > Enregistrer pour sauvegarder votre travail.

Groupement et écrêtage des calques

Pour finaliser la composition, vous allez modifier l'ordre d'empilement des calques et ajouter du texte.

1. Dans le panneau Calques, rendez le calque Buddha visible. Assurez-vous qu'il se trouve bien au sommet de la pile des calques.

2. Sélectionnez le calque Papier et le calque de réglage Teinte/Saturation 1 (maintenez la touche Maj pour les sélectionner tous les deux). Ouvrez le menu du panneau Calques et choisissez Nouveau groupe d'après des calques. Nommez ce groupe **Papier haut**, par exemple, et cliquez sur OK.

Vous allez dupliquer ce calque pour constituer la partie inférieure de l'illustration.

3. Choisissez Dupliquer le groupe dans le menu du panneau Calques.

4. Dans la boîte de dialogue Dupliquer le groupe, nommez ce groupe **Papier bas** par exemple, puis cliquez sur OK.

5. Cliquez sur les triangles qui précèdent le nom des groupes de calques Papier haut et Papier bas pour afficher leur contenu. Comme vous le constatez, le groupe Papier bas contient les mêmes éléments que le groupe Papier haut. L'emplacement des calques est également identique. Cliquez de nouveau sur les triangles pour masquer le contenu des groupes de calques.

6. Cliquez sur l'icône de visibilité du groupe de calques Papier haut pour le rendre invisible.

7. Sélectionnez le groupe de calques Papier bas et cliquez sur Édition > Transformation > Rotation 180°.

8. Activez l'outil Déplacement (⯈₊). Dans la fenêtre de document, faites glisser la feuille de papier que vous avez fait pivoter au bas de la composition. Aidez-vous de la règle pour la placer de façon que son bord supérieur soit environ à 17 cm du haut de l'image. Vous pouvez ajouter un repère depuis la règle supérieure pour vous aider.

9. Dans le panneau Calques, rendez de nouveau visible le groupe de calques Papier haut.

10. Cliquez sur Affichage > Règles pour masquer les règles, puis sur Affichage > Effacer les repères.

Inversion d'un masque

Il est temps à présent de réutiliser le masque que vous avez créé au début de cette leçon afin de masquer l'arrière-plan de la composition.

1. Sélectionnez le calque Buddha situé au sommet de la pile des calques.

2. Cliquez sur la vignette du masque de fusion du calque Buddha.

3. Cliquez sur l'onglet du panneau Masques pour l'afficher, puis cliquez sur le bouton Inverser. La statue s'affiche et l'arrière-plan disparaît.

Notez que la couche alpha Buddha Masque est sélectionnée dans le panneau Couches.

Vous constatez combien il est utile de pouvoir utiliser les couches alpha à différentes étapes de votre travail.

Souvenez-vous que vous pouvez ajuster l'image indépendamment du masque. Ici, en revanche, vous allez déplacer ces deux éléments ensemble.

4. Utilisez l'outil Déplacement pour positionner l'image masquée afin que le sommet du halo et la base de la statue recouvrent partiellement les feuilles de papier en haut et en bas.

Vous allez maintenant ajuster la façon dont la statue apparaît sur le papier.

5. Dans le panneau Calques, déplacez le groupe de calques Papier bas au-dessus du calque Buddha. La feuille de papier au bas de la composition recouvre ainsi partiellement la base de la statue.

6. Cliquez sur Fichier > Enregistrer pour sauvegarder votre travail.

Emploi de texte comme masque

Comme les sélections, le texte peut servir à masquer des zones d'une image. Vous allez afficher la texture originale du papier en utilisant du texte pour masquer le papier colorisé.

1. Activez l'outil Texte horizontal (**T**) dans le panneau Outils. Dans la barre d'options, sélectionnez la police Minion Pro, Regular, activez l'option Centrer le texte et donnez à la taille du texte une valeur de **75 points**. Choisissez enfin le noir comme couleur.

2. Cliquez avec l'outil Texte horizontal sur le fond de la bande de papier située dans la partie supérieure de la composition, et tapez **Zen Garden** (Jardin zen).

Pour ajouter la texture du papier, vous allez tout d'abord la copier.

3. Dans le panneau Calques, affichez le contenu du groupe de calques Papier haut.

4. Maintenez la touche Alt (Windows) ou Option (Mac OS) enfoncée et faites glisser le calque Papier juste au-dessus du calque de texte Zen Garden. Cela crée une copie du calque Papier en haut de la pile des calques.

Vous avez copié le calque en dehors de son groupe de calques afin de pouvoir créer un masque d'écrêtage par la suite. Vous pouvez en effet créer un masque d'écrêtage pour un calque mais pas pour un groupe de calques.

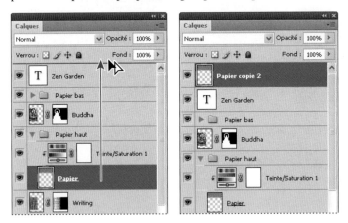

5. Placez le pointeur entre le calque Papier copie 2 et le calque de texte Zen Garden, puis appuyez sur la touche Alt (Windows) ou Option (Mac OS). Cliquez lorsque le pointeur prend l'apparence d'un double cercle ( ).

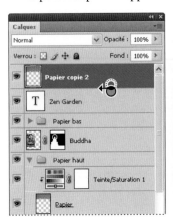

La texture dorée originale du papier s'affiche alors à travers le texte. Vous allez maintenant mettre en relief ce texte en lui ajoutant une ombre portée.

6. Pour ajouter une ombre portée, sélectionnez le calque de texte Zen Garden. Au bas du panneau Calques, cliquez sur le bouton Ajouter un style de calque (*fx*) et choisissez Ombre portée. Dans la boîte de dialogue Style de calque, choisissez le mode de fusion Produit, puis donnez les valeurs suivantes : Distance **12**, Grossi **5**, Taille **29**. Cliquez ensuite sur OK.

● **Note :** Si vous ajoutez par inadvertance l'effet Ombre portée à la copie du calque Papier, faites simplement glisser l'effet sur le calque de texte Zen Garden pour le lui appliquer.

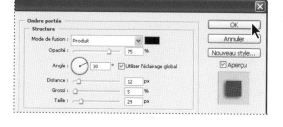

Pour finaliser la composition et terminer cette leçon, vous allez ajouter votre nom sur la bande de papier située au bas de l'image.

7. Dans le panneau Calques, sélectionnez le calque Papier copie 2 afin que le nouveau calque de texte soit créé au-dessus de celui-ci.

8. Pour coloriser le texte, sélectionnez l'outil Pipette (✐) dans le panneau Outils. Cliquez sur le buisson vert clair dans l'image pour échantillonner cette couleur.

9. Sélectionnez l'outil Texte horizontal (T) dans le panneau Outils. Dans la barre d'options, choisissez la police Minion Pro, Regular et donnez à la taille du texte une valeur de **15 points**.

10. Cliquez au centre de la bande de papier située dans la partie inférieure de la composition, et tapez votre nom.

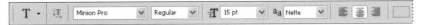

11. Appuyez sur la touche Ctrl (Windows) ou Cmd (Mac OS) pour activer l'outil Déplacement, puis repositionnez le texte au centre de la bande de papier.

La couverture du livre est achevée.

12. Cliquez sur Fichier > Enregistrer.

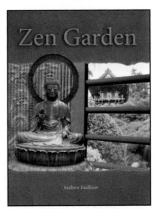

Vous avez terminé la leçon sur les masques et les couches. Pour vous sentir à l'aise avec l'emploi des couches, vous devrez poursuivre votre apprentissage. Toutefois, vous avez déjà les clés pour vous lancer avec les concepts et les techniques de base que vous venez d'apprendre.

À propos des masques

Quelles sont les différences entre les couches alpha, les masques de fusion, les masques vectoriels, les masques d'écrêtage et les masques de couches ? Dans certains cas, ils sont interchangeables ; un masque de couche peut être converti en masque de fusion, un masque de fusion converti en masque vectoriel et *vice versa*.

Voici une brève description qui vous aidera à les distinguer. Ils ont tous en commun de stocker une sélection et de modifier l'image de façon non destructrice, ce qui permet de revenir à tout moment à l'image originale.

- **Couche alpha.** Appelée aussi masque ou sélection, c'est une couche supplémentaire ajoutée à une image et qui stocke les sélections sous la forme d'images en niveaux de gris. Vous pouvez ajouter des couches alpha pour créer et stocker des masques.

- **Masque de fusion.** Identique à une couche alpha, mais attaché à un calque en particulier. Il permet de contrôler quelle partie d'un calque sera visible ou non. Il s'affiche sous la forme d'une vignette vierge à la droite de la vignette du calque dans le panneau Calques. Une bordure noire autour de la vignette indique que le masque est sélectionné.

- **Masque vectoriel.** C'est un masque de fusion composé de vecteurs et non de pixels. Les masques vectoriels sont donc indépendants de la résolution de l'image, ont des contours nets et sont créés à l'aide de l'outil Plume ou des outils de dessin. Ils ne prennent pas en charge la transparence si bien que leurs contours ne peuvent pas être adoucis. La vignette d'un masque vectoriel a le même aspect que celle d'un masque de fusion.

- **Masque d'écrêtage.** Il s'applique aux calques et permet de restreindre l'influence d'un effet à certains calques en particulier plutôt qu'à tous les éléments qui se trouvent en dessous de lui dans la pile des calques. Si vous utilisez un masque d'écrêtage sur un calque de base, seul celui-ci est affecté. Les vignettes des masques d'écrêtage s'affichent sous la forme d'un calque indenté, précédé d'une flèche pointant vers le calque situé en dessous de lui. Le nom du calque sur lequel il porte s'affiche souligné.

- **Masque de couche.** Il permet de restreindre les retouches à une couche en particulier (par exemple la couche Cyan d'une image CMJN). Les masques de couche sont utiles pour créer des sélections complexes ayant des contours déchiquetés, édentés. Vous pouvez créer un masque de couche basé sur la couleur dominante d'une image ou sur le contraste prononcé d'une couche (entre un sujet et l'arrière-plan, par exemple).

Questions

1. Quel est l'intérêt d'utiliser des masques provisoires ?

2. Que deviennent les masques provisoires lorsqu'ils sont désélectionnés ?

3. Après l'enregistrement d'une sélection comme masque, où ce masque est-il stocké ?

4. Comment peut-on modifier un masque dans une couche après l'avoir enregistré ?

5. Qu'est-ce qui distingue les couches des calques ?

Réponses

1. Les masques provisoires facilitent la procédure de sélection, car on peut ajuster le contour de la sélection à l'aide des outils de dessin.

2. Les masques provisoires disparaissent dès qu'on les désélectionne.

3. Le masque (permanent) est conservé dans une couche alpha, lieu de stockage d'informations sur les couleurs et les sélections de l'image.

4. On peut dessiner directement sur le masque dans une couche avec du noir, du blanc ou du gris.

5. Les couches servent de zones de stockage pour les sélections mémorisées. À moins d'afficher une couche alpha, elles n'apparaissent pas à l'écran ni à l'impression. Les calques peuvent servir à isoler diverses parties d'une image afin de les modifier (avec les outils de dessin et de retouche) en les traitant comme des éléments indépendants.

Qu'il s'agisse d'images numériques destinées à différents clients ou à divers projets ou d'une collection personnelle que vous voulez archiver et conserver, Photoshop dispose d'un ensemble d'outils pour importer, modifier et archiver vos photographies numériques.

Corriger et améliorer des photographies numériques

6

Au cours de cette leçon, vous apprendrez à :

- travailler sur une image enregistrée dans le format propriétaire de votre appareil photo et enregistrer vos modifications ;

- effectuer les corrections les plus courantes, comme enlever les yeux rouges, le bruit, restaurer les ombres et mettre en valeur les détails ;

- ajuster la perspective des objets dans une image à l'aide du filtre Point de fuite ;

- corriger les distorsions provoquées par l'optique de votre appareil photo ;

- aligner et fusionner deux images pour augmenter la profondeur de champ ;

- préparer une galerie d'images au format PDF de vos images retouchées ;

- adopter les meilleures méthodes d'organisation, de gestion et d'enregistrement de vos images ;

 Cette leçon vous prendra entre une heure et demie et deux heures. Copiez le dossier Lesson06 sur votre disque dur si vous ne l'avez pas encore fait. Au cours de cette leçon, vous conserverez les fichiers de départ. Si vous devez néanmoins les restaurer, copiez-les de nouveau depuis le CD-ROM *Adobe Photoshop CS4 Classroom in a Book*.

Préparatifs

Au cours de cette leçon, vous modifierez différentes images dans Photoshop et dans Camera Raw. Vous enregistrerez chaque image retouchée dans un dossier Gallery, puis vous créerez un diaporama de ces images au format PDF. Pour commencer, vous allez visualiser les fichiers originaux et les fichiers finaux dans Adobe Bridge.

1. Lancez Photoshop et appuyez aussitôt sur les touches Ctrl+Alt+Maj (Windows) ou Cmd+Option+Maj (Mac OS) pour restaurer les préférences par défaut du logiciel (pour en savoir plus, reportez-vous à la section "Rétablissement des préférences par défaut" de l'Introduction).

2. Dans la boîte de message qui apparaît, cliquez sur Oui pour confirmer que vous voulez supprimer le fichier de paramètres.

3. Dans la barre d'application, cliquez sur le bouton Lancer Bridge (Br) pour ouvrir Adobe Bridge.

4. Cliquez sur le dossier Lessons dans le volet Favoris, puis double-cliquez sur le dossier Lesson06 dans le volet Contenu pour l'ouvrir.

5. Si nécessaire, augmentez la taille d'aperçu des vignettes à l'aide du curseur pour pouvoir comparer les différentes images correctement, puis examinez les fichiers 06A_Start.crw et 06A_End.psd.

06A_Start.crw

06A_End.psd

La photo originale de cette église de style espagnol est un fichier au format Camera Raw. Cette photographie ayant été prise avec un appareil Canon Digital Rebel / EOS-300D, le fichier est au format propriétaire .crw de Canon et non au format .psd comme les autres images sur lesquelles vous avez travaillé jusqu'alors. Vous allez corriger cette image Camera Raw pour la rendre plus lumineuse, plus nette et plus claire, puis vous l'enregistrerez au format DNG (*Adobe Digital Negative*).

6. Examinez ensuite les fichiers 06B_Start.crw et 06B_End.psd.

06B_Start.crw

06B_End.psd

Vous allez apporter plusieurs corrections à ce portrait d'une mère et de son fils. Vous verrez comment souligner les détails des tons foncés et des tons clairs, supprimer l'effet yeux rouges et augmenter la netteté de l'image.

7. Examinez les fichiers 06C_Start.crw et 06C_End.psd.

06C_Start.crw

06C_End.psd.

Vous allez ajouter une fenêtre dans l'image de cette maison et supprimer la guirlande de Noël sur la façade, tout en conservant le point de fuite de la perspective.

8. Examinez les fichiers 06D_Start.crw et 06D_End.psd.

06D_Start.crw   06D_End.psd

Dans l'image originale, les colonnes sont déformées. Vous allez corriger la distorsion de l'optique dans cette image.

9. Examinez les fichiers 06E_Start.crw et 06E_End.psd.

06E_Start.crw   06E_End.psd

Dans l'image originale, la mise au point est soit sur le verre au premier plan, soit sur la plage de sable à l'arrière-plan. Vous allez augmenter la profondeur de champ pour que les deux éléments soient nets en même temps.

À propos du format Camera Raw

Un fichier Camera Raw contient toutes les données d'image non traitées provenant du capteur d'image d'un appareil photo numérique. La plupart des appareils photo numériques permettent d'enregistrer les fichiers image au format Camera Raw. De cette façon, les photographes peuvent contrôler la manière dont les données de l'image sont interprétées au lieu de laisser à l'appareil photo le soin de procéder automatiquement aux réglages et aux conversions (à l'inverse de ce qui se produit si vous photographiez au format JPEG). Comme l'appareil photo numérique ne fait aucun traitement de l'image lors de la prise de vue d'une image Camera Raw, vous pouvez définir la balance des blancs, la gamme des tons, le contraste, la saturation des couleurs et la netteté dans Adobe Camera Raw. Les fichiers Camera Raw correspondent en fait au négatif d'une photo classique. À tout moment, vous pouvez les retraiter pour parvenir au résultat souhaité.

Pour créer des fichiers Camera Raw, réglez votre appareil pour qu'il enregistre les fichiers dans son propre format de fichier brut, qui peut être un format propriétaire. Lorsque vous transférez l'image brute de l'appareil photo sur votre disque dur, le fichier peut alors avoir une extension .nef (Nikon) ou .crw (Canon). Adobe Bridge et Photoshop prennent en charge de nombreux formats propriétaires de fichiers bruts, et notamment ceux des appareils Canon, Kodak, Leica, Nikon. Vous pouvez ensuite exporter ces fichiers au format DNG (*Adobe Digital Negative*), le format public d'archivage Adobe conçu pour permettre la compatibilité des fichiers Camera Raw, ou enregistrer ces images aux formats JPEG, TIFF ou PSD.

Vous pouvez non seulement traiter les images en provenance des appareils photo pris en charge, mais également ouvrir des images au format JPEG et TIFF dans Camera Raw, qui contient certaines fonctionnalités qui ne se trouvent pas dans Photoshop. En revanche, vous ne disposez pas de la même flexibilité de traitement pour les images JPEG ou TIFF que pour les images brutes. Enfin, bien que Camera Raw soit capable d'ouvrir et de retoucher une image au format Camera Raw, il ne peut pas enregistrer de fichier dans ce format.

● **Note :** Le format Raw de Photoshop (qui porte l'extension .raw) est un format de fichier conçu pour transférer des images d'une application à une autre et d'un système d'exploitation à un autre. Ne confondez pas ce format avec le format Camera Raw.

Traitement des images dans Camera Raw

Lorsque vous redressez ou recadrez une image dans Camera Raw, Photoshop et Bridge préservent les données du fichier brut original. De cette façon, vous pouvez modifier l'image comme vous le voulez, exporter l'image retouchée et conserver l'image originale intacte en vue de nouvelles modifications.

Ouvrir des images dans Camera Raw

Vous pouvez ouvrir Camera Raw depuis Photoshop et Bridge et apporter les mêmes modifications à plusieurs images Camera Raw simultanément, ce qui est particulièrement utile si vous travaillez sur des photographies prises dans les mêmes conditions et qui nécessitent par conséquent les mêmes réglages de lumière, par exemple.

1. Dans Bridge, ouvrez le dossier Lessons/Lesson06/Mission. Il contient trois prises différentes de la même église espagnole que vous avez déjà vue : Mission01.crw, Mission02.crw et Mission03.crw.

2. Maintenez la touche Maj enfoncée et cliquez sur chacune des images pour les sélectionner toutes, puis choisissez Fichier > Ouvrir dans Camera Raw.

A. Film fixe
B. Afficher/masquer le film fixe
C. Basculer en mode plein écran
D. Valeurs RVB
E. Onglets de réglage des images
F. Histogramme
G. Menu Paramètres de Camera Raw
H. Échelle
I. Cliquer ici pour afficher les options de flux de travail
J. Flèches de navigation
K. Curseurs de réglages

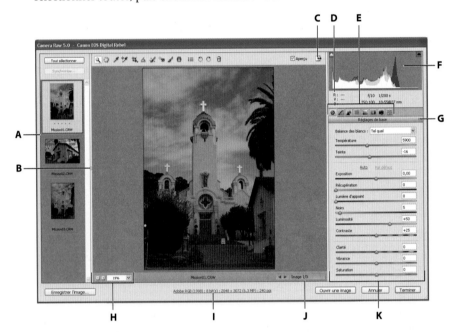

La première image étant sélectionnée, un aperçu de grande taille de celle-ci s'affiche au centre de la boîte de dialogue Camera Raw et toutes les images ouvertes s'affichent dans le volet Film fixe, à gauche de la boîte de dialogue. L'histogramme situé dans le coin supérieur droit indique les trois couches de tons de l'image sélectionnée, tandis que les options de flux de production situées en bas et au centre de la boîte de dialogue en spécifient l'espace colorimétrique, la profondeur, la taille et la résolution. Les outils situés en haut de la boîte de dialogue permettent d'agrandir la taille d'affichage de l'aperçu, de faire défiler le contenu de l'image, de redresser son contenu et d'apporter d'autres modifications à l'image. Les panneaux situés à droite de la boîte de dialogue contiennent des options plus précises permettant notamment d'ajuster les couleurs et les tons, de renforcer la netteté de l'image et de supprimer le bruit. Vous pouvez également enregistrer des paramètres en tant qu'ensemble de paramètres prédéfinis pour les appliquer par la suite.

Pour obtenir les meilleurs résultats dans Camera Raw, vous devez travailler de la gauche vers la droite et du haut vers le bas de la boîte de dialogue. Autrement dit, vous commencerez généralement par utiliser les outils situés en haut de la boîte de dialogue, puis procéderez aux modifications nécessaires dans chaque panneau, l'un après l'autre.

Vous allez maintenant découvrir ces contrôles pour retoucher la première image.

3. Avant de commencer, cliquez sur la vignette de chaque image dans le panneau Film fixe pour afficher un aperçu de chaque image. Vous pouvez également cliquer sur la flèche triangulaire pointant vers la droite, située sous l'aperçu de l'image, pour afficher les autres images l'une après l'autre. Sélectionnez ensuite de nouveau l'image Mission01.crw.

4. Assurez-vous que l'option Aperçu, en haut de la boîte de dialogue, est activée afin que vous puissiez visualiser en temps réel l'effet des retouches que vous allez apporter.

Ajuster la balance des blancs

La balance des blancs d'une image reflète les conditions dans lesquelles la photo a été prise. Un appareil photo numérique enregistre la balance des blancs au moment de l'exposition. Lorsque vous ouvrez le fichier dans la boîte de dialogue Camera Raw, cette valeur est définie comme paramètre initial pour l'aperçu de l'image.

La balance des blancs comprend deux composants : Température et Teinte. La température, mesurée en degrés Kelvin, détermine la "froideur" ou la "chaleur" de l'image, c'est-à-dire les tons bleu-vert et jaune-rouge. La teinte compense la présence d'une dominante verte ou magenta.

Selon les paramètres de votre appareil photo et les conditions de la prise de vue (si, par exemple, la lumière est faible ou inégale), vous devrez peut-être ajuster la balance des blancs. Si c'est le cas, il doit s'agir de la première opération à réaliser, car cette modification a une influence sur tous les autres réglages.

1. Si le panneau Réglages de base n'est pas déjà ouvert à la droite de la boîte de dialogue, cliquez sur le bouton Réglages de base (☉).

Par défaut, l'option Tel quel est sélectionnée dans le menu déroulant Balance des blancs. Camera Raw utilise en effet les paramètres de balance des blancs de votre appareil photo au moment de la prise de vue. Vous allez recourir à l'outil Balance des blancs pour modifier la température de l'image.

2. Sélectionnez l'outil Balance des blancs (🖉) en haut de la boîte de dialogue.

Pour définir la balance des blancs adéquate, sélectionnez un élément qui doit être gris ou blanc. Camera Raw utilise cette information pour déterminer la couleur de la lumière lors de la prise de vue et ajuster ensuite la luminosité de l'image.

3. Cliquez sur les nuages dans l'image. La lumière de l'image change.

4. Cliquez sur une autre partie des nuages. La lumière de l'image change encore.

L'outil Balance des blancs permet de trouver rapidement et facilement la lumière la plus appropriée pour une image. Le changement de lumière ne modifie pas l'image originale de façon permanente, et vous pouvez donc faire autant d'essais que vous le souhaitez en cliquant sur différentes zones de l'image.

Camera Raw dispose également de nombreux réglages prédéfinis pour la balance des blancs, que vous pouvez utiliser comme guide pour visualiser leur effet.

5. Sélectionnez différentes options dans le menu Balance des blancs du panneau Réglages de base et observez leur influence sur l'image.

6. Dans le menu déroulant Balance des blancs, choisissez Nuageux.

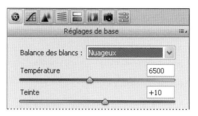

▶ **Astuce :** Pour annuler les paramètres, appuyez sur les touches Ctrl+Z (Windows) ou Cmd+Z (Mac OS) plusieurs fois. Pour comparer les modifications apportées avec l'image originale, désactivez l'option Aperçu. Activez de nouveau cette option pour afficher l'image modifiée.

Le paramètre prédéfini Nuageux convient bien à cette image prise sous un ciel nuageux.

Ajuster la tonalité dans Camera Raw

Les autres curseurs du panneau Réglages de base influent sur l'exposition, la luminosité, le contraste et la saturation de l'image. Le curseur Exposition définit pour l'essentiel le *point blanc* ou le point le plus clair dans l'image, à partir duquel Camera Raw ajuste toutes les autres parties de l'image. À l'inverse, le curseur Noirs définit le *point noir*, autrement dit le point le plus sombre de l'image. Le curseur Lumière d'appoint ajuste les tons moyens

Comme leur nom l'indique, les curseurs Luminosité et Contraste définissent la luminosité et le contraste de l'image. Pour ajuster le contraste de façon plus nuancée, vous pouvez employer le curseur Clarté, qui ajoute de la profondeur à l'image en augmentant le contraste localement, en particulier sur les tons moyens.

▶ **Astuce :** Pour de meilleurs résultats, augmentez la valeur de l'option Clarté jusqu'à ce que des halos apparaissent autour des contours des détails, puis réduisez-la légèrement.

Le curseur Saturation règle la saturation de toutes les couleurs de l'image de manière égale. Le curseur Vibrance, en revanche, a un effet plus important sur les couleurs les moins saturées, si bien que vous pouvez améliorer un arrière-plan derrière une personne, sans pour autant exagérer la saturation de la couleur de sa peau, par exemple.

Vous pouvez soit faire appel à l'option Auto pour laisser Camera Raw tenter de corriger les tons de l'image, soit sélectionner vos propres paramètres.

1. Dans le panneau Réglages de base, cliquez sur Auto.

Camera Raw augmente la saturation et diminue les noirs et le contraste. Vous pourriez utiliser ce réglage comme base de départ mais, dans cet exercice, vous allez revenir aux paramètres par défaut pour ensuite ajuster ces valeurs par vous-même.

2. Dans le panneau Réglages de base, cliquez sur Par défaut.

3. Donnez ensuite les valeurs suivantes aux autres options :

- Exposition : **+1,20** ;

- Luminosité : **+50** ;

- Contraste : **+29** ;

- Clarté : **+75** ;

- Saturation : **−5**.

Ces paramètres permettent de faire ressortir les tons moyens de l'image et rendent l'image plus vive sans que les couleurs saturent trop. En revanche, l'image manque de netteté. Pour y remédier, vous allez donc ajuster la valeur du paramètre Clarté.

4. Faites glisser le curseur Clarté vers la droite pour lui donner une valeur de **+25**.

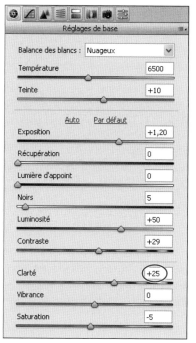

L'histogramme de la boîte de dialogue Camera Raw

L'histogramme situé dans le coin supérieur droit de la boîte de dialogue Camera Raw affiche simultanément les couches Rouge, Vert et Bleu de l'image sélectionné. Il est automatiquement mis à jour lorsque vous modifiez un des paramètres. De plus, si vous déplacez un outil sur l'aperçu de l'image, les valeurs RVB de la zone située sous le pointeur s'affichent au-dessus de l'histogramme.

Renforcer la netteté

Photoshop dispose de nombreux filtres pour renforcer la netteté, mais pour améliorer celle de l'ensemble d'une image, les contrôles de netteté du panneau Détail de Camera Raw sont mieux adaptés. Pour visualiser les effets de ce réglage dans le panneau Aperçu, vous devez afficher l'image à 100 %, voire plus.

1. Double-cliquez sur l'outil Zoom (🔍) situé à gauche de la barre d'options, pour augmenter la taille d'affichage de l'image à 100 %. Sélectionnez ensuite l'outil Main (✋) et faites défiler l'image vers le haut pour afficher le sommet du clocher.

2. Cliquez sur le bouton Détail pour ouvrir le panneau du même nom (🔺).

Le curseur Gain définit la force du filtre que Camera Raw applique. En règle générale, on commence par donner à ce paramètre une valeur trop importante puis, après avoir défini les autres options, on l'ajuste.

3. Faites glisser le curseur Gain à **100**.

Le curseur Rayon détermine la zone de pixels que Camera Raw analyse pour augmenter la netteté de l'image. Pour la plupart des images, les meilleurs résultats s'obtiennent avec une valeur faible, voire inférieure à 1 pixel, car un rayon plus élevé peut donner à l'image un aspect peu naturel, proche de celui d'une aquarelle.

4. Faites glisser le curseur Rayon à **0,9**.

Le curseur Détail définit la quantité de détails. Même avec une valeur de 0, Camera Raw effectue un renforcement de la netteté. En règle générale, ce paramètre doit avoir une valeur assez faible.

5. Faites glisser le curseur Détail à **25**, si ce n'est pas déjà sa valeur.

Le curseur Masquage détermine sur quelle partie de l'image Camera Raw renforce la netteté. Avec une valeur élevée, Camera Raw n'agit que sur les éléments dont le contour est net.

6. Faites glisser le curseur Masquage à **61**.

Vous venez d'ajuster les paramètres Rayon, Détail et Masquage, vous pouvez donc réduire la valeur du paramètre Gain afin de finaliser le renforcement de la netteté.

▶ **Astuce :** Appuyez sur la touche Alt (Windows) ou Option (Mac OS) en déplaçant le curseur pour afficher la zone de l'image sur laquelle Camera Raw agit.

7. Faites glisser le curseur Gain à **50**.

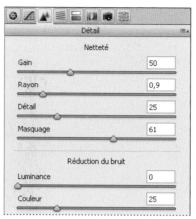

Une fois la netteté de l'image renforcée, les détails et les contours du clocher deviennent plus présents. Le curseur Masquage permet de définir l'action de l'effet sur les lignes dans l'image, si bien qu'aucun artefact n'apparaît dans les zones moins nettes ou situées à l'arrière-plan.

Quand vous procédez aux réglages dans Camera Raw, les données originales du fichier sont préservées. Vos réglages sont stockés soit dans la base de données du fichier Camera Raw soit sous la forme de fichiers XMP (les fichiers qui accompagnent l'image originale et sont enregistrés dans le même dossier qu'elle). Ces fichiers XMP conservent les modifications apportées dans Camera Raw lorsque l'image est déplacée sur un périphérique de stockage ou sur un autre ordinateur.

● **Note :** Si vous faites un zoom arrière, la netteté de l'image semble inchangée. L'action de ce réglage n'est en effet visible qu'en affichant l'image à 100 % ou plus.

Appliquer les réglages sur les autres images

Maintenant que vous avez amélioré cette première image, vous pouvez automatiquement appliquer ces paramètres aux deux autres images de l'église, qui ont été prises le même jour et dans les mêmes conditions. Pour cela, vous allez utiliser la commande Synchroniser.

1. Cliquez sur le bouton Tout sélectionner, situé dans le coin supérieur gauche de la boîte de dialogue, pour sélectionner toutes les vignettes du volet Film fixe.

2. Cliquez sur le bouton Synchroniser.

La boîte de dialogue Synchroniser qui s'affiche alors contient tous les paramètres que vous pouvez appliquer aux images. Par défaut, toutes les options (sauf Recadrer, Retouche des tons directs et Réglages locaux) sont activées. Même si nous n'avons pas modifié tous les paramètres, cela convient tout à fait à notre projet.

3. Cliquez sur OK dans la boîte de dialogue Synchroniser.

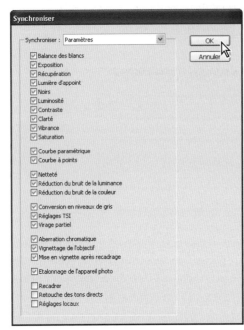

Lorsque vous appliquez les mêmes paramètres sur toutes les images sélectionnées, les vignettes se mettent automatiquement à jour pour refléter ces modifications. Pour visualiser les images, cliquez sur chaque vignette dans le panneau Film fixe.

Enregistrer les modifications Camera Raw

Vous allez tout d'abord enregistrer les images modifiées en basse résolution et au format JPEG, afin de les partager sur le Web, puis vous enregistrerez le fichier Mission01 au format Photoshop, afin de créer plus tard une galerie d'images au format PDF. Vous ouvrirez l'image Mission01 en tant qu'objet dynamique dans Photoshop, de façon à pouvoir revenir dans Camera Raw à tout moment pour procéder à des modifications supplémentaires.

1. Dans la boîte de dialogue Camera Raw, cliquez sur le bouton Tout sélectionner pour sélectionner les trois images.

2. Cliquez sur le bouton Enregistrer les images, situé dans le coin inférieur gauche.

3. Dans la boîte de dialogue Options d'enregistrement, procédez comme suit :

   • Dans le menu Destination, sélectionnez Enregistrer au même emplacement.

   • Dans la section Dénomination de fichier, conservez *Nom du document* dans le premier champ de texte.

   • Dans le menu déroulant Format, situé au bas de la boîte de dialogue, choisissez JPEG.

Ces paramètres vont créer une copie en basse résolution (72 ppp) au format JPEG de chaque image retouchée, ce qui vous permet de les partager avec vos collègues sur le Web. Les fichiers sont nommés Mission01.jpg, Mission02.jpg et Mission03.jpg.

Note : Avant de transférer ces images sur le Web, vous devrez sans doute les ouvrir dans Photoshop et leur donner une résolution de 640 × 480 pixels. Elles ont en effet une taille beaucoup plus grande et ne pourront pas être affichées intégralement sur la plupart des moniteurs.

4. Cliquez sur Enregistrer.

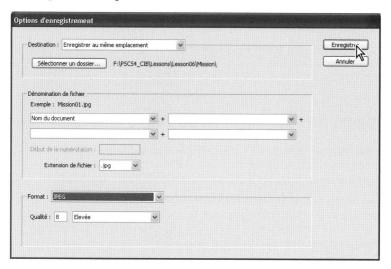

Bridge revient à la boîte de dialogue Camera Raw et indique combien d'images sont traitées jusqu'à ce que toutes les images soient enregistrées. Les vignettes CRW s'affichent toujours dans la boîte de dialogue Camera Raw. En revanche, les fichiers JPEG s'affichent à présent dans Bridge en compagnie des images originales non modifiées au format CRW, que vous pouvez continuer à retoucher ou laisser en l'état.

Vous allez maintenant enregistrer une copie de l'image Mission01.jpg dans le dossier Gallery, où toutes les images de votre diaporama seront enregistrées.

5. Cliquez sur la vignette Mission01.crw dans le volet Film fixe de la boîte de dialogue Camera Raw pour la sélectionner. Appuyez ensuite sur la touche Maj et cliquez sur le bouton Ouvrir un objet au bas de la boîte de dialogue.

Astuce : Pour que le bouton Ouvrir un objet s'affiche par défaut, cliquez sur le lien souligné en bleu, situé sous le volet Aperçu, indiquant le profil, les dimensions et la résolution de l'image, activez l'option Ouvrir dans Photoshop comme objets dynamiques, puis cliquez sur OK.

La commande Ouvrir un objet entraîne l'ouverture de l'image en tant qu'objet dynamique dans Photoshop, si bien que vous pouvez revenir à tout moment dans Camera Raw pour procéder à d'autres modifications. Si vous cliquez sur le bouton Ouvrir une image, l'image s'ouvre comme une image standard dans Photoshop.

6. Dans Photoshop, choisissez Fichier > Enregistrer sous, nommez le fichier **Mission_final.psd** et sauvegardez-le au format Photoshop (PSD) dans le dossier Lesson06/ Gallery. Cliquez sur OK si la boîte de dialogue Options de format Photoshop s'ouvre, puis fermez ce fichier.

À propos des formats de fichiers

Chaque appareil photo enregistre les images raw dans un format qui lui est propre, mais Adobe Camera Raw peut traiter de nombreux formats de fichiers raw, à partir des réglages par défaut de l'image propres à l'appareil photo et des données EXIF.

Vous pouvez enregistrer les fichiers propriétaires au format DNG (le format de Camera Raw), JPEG, TIFF et PSD. Tous ces formats peuvent être utilisés pour enregistrer les tons directs en RVB et en CMJN, les images bitmap, et tous (à l'exception du format DNG) sont également disponibles dans les boîtes de dialogue Enregistrer et Enregistrer sous de Photoshop.

- Le format public DNG (*Adobe Digital Negative*) contient les données d'image brutes d'un appareil photo numérique et les métadonnées qui définissent leur signification. Ce format est conçu pour permettre la compatibilité des fichiers Camera Raw et ainsi aider les photographes à gérer les nombreux formats propriétaires des différents appareils photo numériques.

- Le format JPEG (*Joint Photographic Experts Group*) est généralement employé pour visualiser des photographies et d'autres images RVB en tons continus sur le Web. Les fichiers JPEG en haute résolution peuvent être utilisés dans d'autres domaines, y compris l'impression. Le format JPEG conserve toutes les informations chromatiques des images mais compresse la taille des fichiers en éliminant des données de façon sélective. Plus la compression est importante et plus la qualité de l'image est dégradée.

- Le format TIFF (*Tagged-Image File*) s'emploie pour l'échange de fichiers entre applications et plates-formes informatiques. C'est un format souple pris en charge par la plupart des applications de dessin, de retouche d'images et de mise en pages. La quasi-totalité des scanners de bureau peut également produire des images TIFF.

- Le format PSD (*Photoshop Document*) est le format de fichier natif de Photoshop. Grâce à l'intégration étroite entre les produits Adobe, certaines autres applications Adobe comme Illustrator, InDesign et GoLive peuvent directement importer des fichiers PSD en préservant de nombreuses fonctionnalités de Photoshop.

Une fois le fichier ouvert dans Photoshop, vous pouvez l'enregistrer dans de nombreux formats différents, y compris le format de document volumineux (PSB), Cineon, Photoshop Raw ou PNG. Le format Photoshop Raw (RAW) ne doit pas être confondu avec les formats raw des appareils photo. Il s'agit d'un format de fichier destiné au transfert des images entre différentes applications et différents systèmes d'exploitation.

Pour en savoir plus sur ce point, reportez-vous à l'Aide de Photoshop.

Correction de photographies numériques

Photoshop dispose de nombreuses fonctionnalités qui permettent d'améliorer facilement la qualité des photographies numériques. Vous pouvez notamment souligner les détails des zones sombres et des zones claires, supprimer l'effet yeux rouges, réduire le bruit et augmenter la netteté de certaines zones d'une image. Pour découvrir ces possibilités, vous allez retoucher une autre image.

Ajuster les tons foncés et les tons clairs

La commande Tons foncés/Tons clairs permet de mettre en évidence les détails dans les zones sombres ou trop claires d'une image. Elle se révèle particulièrement efficace pour les éléments à contre-jour ou qui sont, au contraire, trop éclairés par le flash de l'appareil photo. Ce réglage est également très utile pour une image bien éclairée dans l'ensemble mais qui contient des zones sombres à éclaircir.

1. Cliquez sur le bouton Lancer Bridge (Br). Dans le volet Favoris de Bridge, sélectionnez le dossier Lessons, puis double-cliquez sur le dossier Lesson06 dans le volet Contenu. Double-cliquez ensuite sur la vignette du fichier 06B_Start.psd pour ouvrir cette image dans Photoshop.

2. Choisissez Fichier > Enregistrer sous et sauvegardez l'image sous le nom **06B_Retouche.psd**.

3. Cliquez sur Image > Réglages > Tons foncés/Tons clairs. Photoshop applique automatiquement les paramètres par défaut à l'image et éclaircit l'arrière-plan. Vous allez personnaliser les différents paramètres pour faire apparaître encore plus de détails dans les tons foncés et dans les tons clairs et pour améliorer l'aspect du coucher de soleil rouge.

4. Dans la boîte de dialogue Tons foncés/Tons clairs, activez l'option Afficher plus d'options, puis procédez aux réglages suivants :

   • Dans la section Tons foncés, spécifiez un Facteur de **80 %** et une Gamme de tons de **65 %**.

   • Dans la section Tons clairs, spécifiez une Quantité de **5 %**.

   • Dans la section Réglages, donnez à l'option Correction colorimétrique une valeur de **+45**.

5. Cliquez sur OK pour valider.

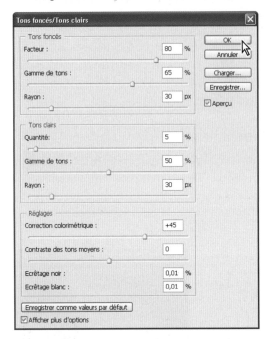

6. Sauvegardez les modifications (Fichier > Enregistrer).

Corriger l'effet yeux rouges

L'effet *yeux rouges* est dû à une réflexion du flash de l'appareil photo sur la rétine de la personne photographiée. Ce phénomène se produit souvent lorsque vous prenez des photos dans un lieu sombre, car la pupille des personnes photographiées est alors dilatée. Comme vous allez le voir dans cet exercice, ce défaut est simple à corriger dans Photoshop.

1. À l'aide de l'outil Zoom (🔍), tracez un cadre autour des yeux du garçon.

2. Activez l'outil Œil rouge (⁺👁), situé sous l'outil Correcteur de tons directs (🖊).

3. Dans la barre d'options, laissez la valeur de Taille de la pupille à 50 %, mais diminuez la valeur de Taux d'obscurcissement à **10 %**. Cette option définit à quel point la pupille doit être sombre. Comme ce garçon a les yeux bleus, vous devez donc sélectionner une valeur plus claire que la valeur par défaut.

4. Cliquez sur la partie rouge dans l'œil gauche du garçon. La réflexion rouge de la rétine disparaît.

5. Cliquez sur la partie rouge de son œil droit pour supprimer également cette réflexion.

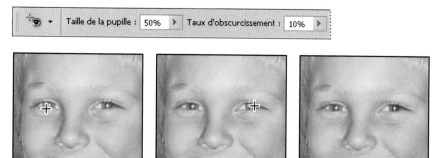

6. Double-cliquez sur l'outil Zoom pour réduire la taille d'affichage de l'image à 100 %.

7. Enregistrez votre travail (Fichier > Enregistrer).

Réduire le bruit

Le *bruit* désigne les pixels superflus et aléatoires qui ne font pas partie du détail de l'image. Il peut être dû à un réglage ISO élevé sur un appareil photo numérique, à une sous-exposition ou à une prise de vue dans un lieu sombre avec une vitesse d'obturation trop lente. Les images scannées peuvent également présenter du bruit généré par le capteur de numérisation ou par le grain du film présent sur l'image numérisée.

Le bruit peut prendre deux formes distinctes : le *bruit de luminance*, qui correspond à des données en niveaux de gris qui ajoutent du grain ou des taches à l'image, et le *bruit de chrominance*, qui apparaît sous la forme d'artefacts dans l'image. Le filtre Réduction du bruit peut ajuster ces deux types de bruits couche par couche et corriger les artefacts dus à la compression JPEG, tout en préservant les détails des contours dans l'image.

Pour commencer, vous allez zoomer dans le ciel de l'image pour mieux visualiser le bruit.

1. Cliquez à l'aide l'outil Zoom (🔍) au centre du ciel au-dessus de la tête de la femme, jusqu'à ce que l'image s'affiche à 300 % environ.

Comme vous le voyez, le ciel est moucheté de pixels gris. À l'aide du filtre Réduction du bruit, vous allez adoucir cette zone de l'image et donner au ciel plus de profondeur.

2. Choisissez Filtre > Bruit > Réduction du bruit.

3. Dans la boîte de dialogue Réduction du bruit, procédez aux réglages suivants :

- Augmentez la valeur de l'option Intensité à **8** (cette option contrôle l'importance du bruit de chrominance).

- Diminuez la valeur de l'option Conserver les détails à **45 %**.

- Augmentez la valeur de l'option Réduire le bruit de couleur à **50 %**.

- Donnez à l'option Accentuer les détails une valeur de **35 %**.

● **Note :** Pour corriger le bruit de chaque couche d'une image séparément, activez l'option Avancé, puis cliquez sur l'onglet Par couche pour ajuster les paramètres de chaque couche.

Vous n'avez pas besoin d'activer l'option Supprimer l'artefact JPEG car cette image n'est pas au format JPEG et n'en contient donc pas.

4. Cliquez deux fois sur le bouton Plus (+), au bas de la boîte de dialogue, pour afficher l'image à 300 % environ, puis cliquez sur l'aperçu et faites-le glisser pour placer le ciel au centre. Cliquez et maintenez sur la zone d'aperçu pour afficher l'image avant modification, puis relâchez le bouton pour afficher l'image corrigée.

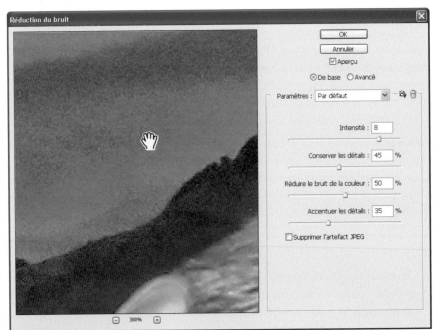

5. Cliquez sur OK pour appliquer vos modifications et fermer la boîte de dialogue Réduction du bruit, puis double-cliquez sur l'outil Zoom pour afficher de nouveau l'image à 100 %.

6. Choisissez Fichier > Enregistrer pour sauvegarder vos modifications.

Renforcer la netteté des détails

Le filtre Réduction du bruit a tendance à adoucir les images. C'est pourquoi vous allez augmenter sa netteté afin d'améliorer sa clarté.

Photoshop dispose de nombreux filtres de renforcement, comme Accentuation, Plus net, Contours plus net et Netteté optimisée. Tous ces filtres permettent d'améliorer la mise au point des images floues en augmentant le contraste des pixels adjacents, mais certains sont plus efficaces que d'autres, selon que vous souhaitez renforcer la netteté de toute l'image ou seulement d'une partie. Le filtre Netteté optimisée permet non seulement de rendre une image plus nette mais également de réduire le bruit. En outre, vous pouvez également définir si le filtre doit être appliqué sur toute l'image, sur les tons foncés ou sur les tons clairs.

1. Cliquez sur Filtre > Renforcement > Netteté optimisée.

2. Dans la boîte de dialogue Netteté optimisée, définissez les différentes options :

   - Réduisez la valeur de l'option Gain à **40 %**.

   - Donnez une valeur de **5 pixels** à l'option Rayon.

   - Dans le menu déroulant Supprimer, choisissez Flou de l'objectif.

   - Activez l'option Plus précis.

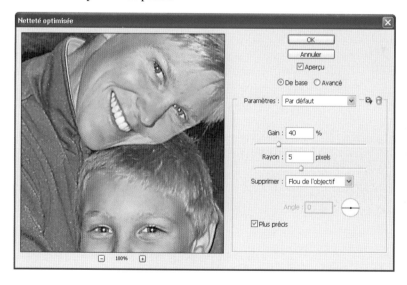

Les options du menu déroulant Supprimer permettent de choisir l'algorithme qui sera employé pour renforcer la netteté de l'image. Le Flou gaussien utilise les mêmes paramètres que le filtre Accentuation. Le Flou de l'objectif détecte les contours et les détails d'une image et permet d'augmenter leur netteté de façon plus régulière et naturelle. Le Flou directionnel réduit le flou dû aux mouvements de l'appareil photo ou du sujet photographié et permet de contrôler l'angle.

Photographe depuis plus de vingt-deux ans, Jay Graham a commencé sa carrière en concevant et en réalisant des maisons personnalisées. Aujourd'hui, il travaille pour des publicitaires, des magazines d'architecture et l'industrie du tourisme.

*Son portfolio sur le Web est accessible à l'adresse : **www.jaygraham.com**.*

Les méthodes de travail d'un professionnel

Les bonnes habitudes font toute la différence

Pour conserver votre enthousiasme pour la photographie numérique, vous devez adopter de bonnes méthodes et habitudes de travail. Cela vous permettra d'améliorer vos images et vous évitera la peur de perdre des travaux non sauvegardés. Voici un résumé concis du flux de production de base à utiliser pour vos images numériques, écrit par un professionnel de l'image expérimenté. Jay Graham décrit certaines règles pour paramétrer votre appareil photo, créer un flux de production simple de la gestion des couleurs, sélectionner les formats de fichiers, organiser et gérer les fichiers et enfin présenter votre travail.

Graham utilise Adobe Bridge pour organiser ses milliers de photographies.

"Les gens se plaignent le plus souvent de ne pas retrouver leur image, explique Graham. Où est-elle ? À quoi ressemble-t-elle ? Nommer ses fichiers est primordial."

Commencer par paramétrer les préférences de l'appareil photo

Si votre appareil photo propose l'option Camera Raw, ne prenez des photos qu'à ce format. Selon Graham, la lumière d'une photo au format raw, "peut être modifiée pour sembler avoir été prise de jour ou sous une lumière au tungstène sans qu'elle se dégrade".

Utiliser le meilleur matériel possible

Choisissez la compression la plus faible et la résolution la plus haute lors de la prise de vue. Vous ne pouvez pas obtenir les données manquantes par la suite.

Transférer les images sur un ordinateur

Pour transférer vos images, il est préférable d'employer un lecteur de cartes plutôt que de relier l'appareil photo à l'ordinateur. Utilisez plusieurs cartes pour stocker vos images.

Organiser les fichiers

Nommez et cataloguez vos images après les avoir transférées sur l'ordinateur. Utilisez Adobe Bridge pour renommer, étiqueter et ajouter des descriptions aux métadonnées des photographies que vous pensez conserver. Supprimez les autres.

Graham incorpore la date (et si possible le nom du sujet photographié) dans le nom de ses fichiers. Ainsi, il stocke une série de photographies prises le 12 décembre 2006 sur la plage Stinson dans un dossier nommé "20061212_Stinson". Dans ce dossier, il nomme les images de façon incrémentielle : "2006_1212_01", "2006_1212_02" ou "001", "002", etc. Suivez également les conventions de nom de Windows afin de pouvoir utiliser vos images sur d'autres systèmes d'exploitation que Mac OS (nom de 32 caractères au maximum, n'incluant que des chiffres, lettres, traits de soulignement et tirets).

Convertir les images brutes au format Adobe Camera Raw

Enregistrez les images Camera Raw au format DNG. Ce format libre peut être lu par n'importe quel périphérique, contrairement aux différents formats propriétaires des appareils photo.

Conserver une image de départ

Enregistrez vos images en PSD, TIFF ou au format Adobe Camera Raw et non en JPEG. Chaque fois qu'une image JPEG est retouchée et enregistrée, sa qualité se dégrade car elle subit une nouvelle compression.

Présenter les images

Sélectionnez le profil colorimétrique le mieux adapté à la façon dont vous allez présenter vos travaux, selon qu'il s'agisse d'une image destinée à être affichée sur un écran ou à être imprimée. Pour cela, paramétrez différemment dans chacun des cas la résolution en fonction de la qualité et de la taille de fichier. Pour une composition affichée à l'écran ou destinée au Web, utilisez le profil sRVB avec une résolution de 72 ppp. Pour l'impression, utilisez le profil Adobe RVB (1998) afin de reproduire des images de 180 ppp ou plus.

Effectuer des sauvegardes

Réalisez des copies de sauvegarde sur CD ou DVD ou même mieux : installez un disque dur externe qui stockera les sauvegardes automatiques. Jay Graham reprend ainsi cet adage bien connu : "Le problème n'est pas de savoir si votre disque dur interne va tomber en panne, mais quand."

Comme son nom l'indique, l'option Plus précis permet d'obtenir de meilleurs résultats. Cependant, le temps nécessaire au traitement de l'image est plus important.

3. Pour visualiser l'effet du filtre Netteté optimisée, cliquez et maintenez sur la zone d'aperçu pour afficher l'image avant l'application du filtre, puis relâchez le bouton pour afficher l'image corrigée.

4. Cliquez sur OK pour appliquer le filtre.

5. Cliquez sur Fichier > Enregistrer sous. Nommez le fichier **Portrait_final.psd** et enregistrez-le dans le dossier Lesson06/ Gallery. Fermez ensuite le fichier.

Vous avez apporté plusieurs des corrections les plus courantes à ce portrait. Dans l'exercice suivant, vous allez procéder à des opérations moins usuelles, afin de modifier une image tout en conservant sa perspective.

Modification d'images avec des plans de perspective

Le filtre Point de fuite permet de définir les plans d'une image, puis de peindre, dupliquer ou transformer l'image en respectant cette perspective. Vous pouvez créer plusieurs plans reliés entre eux. Photoshop oriente et redimensionne automatiquement vos modifications dans la bonne perspective.

Le filtre Point de fuite fonctionne sur les images en mode 8 bits par couche, mais pas sur les données vectorielles. Pour l'utiliser, vous devez au préalable créer une grille qui définisse la perspective. Lorsque vous modifiez ensuite l'image, le filtre Point de fuite ajuste ces modifications en fonction de la perspective définie.

Définir une grille

Dans cet exercice, vous allez travailler sur une image représentant une maison couverte de neige. Vous utiliserez le filtre Point de fuite pour ajouter une fenêtre sur sa façade et supprimer la guirlande de Noël tout en conservant la perspective.

1. Cliquez sur le bouton Lancer Bridge (). Sélectionnez le dossier Lesson06, puis double-cliquez sur la vignette du fichier 06C_Start.psd pour ouvrir cette image dans Photoshop.

Pour commencer, vous définirez la grille de la perspective, puis vous ajouterez une quatrième fenêtre et supprimerez la guirlande de Noël sur la façade.

2. Choisissez Filtre > Point de fuite.

La boîte de dialogue Point de fuite contient un aperçu de l'image ainsi qu'un ensemble d'outils et d'options permettant de travailler en perspective. L'outil Création de plan (⊞) est sélectionné.

3. Cliquez sur chacun des quatre angles de la façade du bâtiment à l'aide de l'outil Création de plan (⊞). Cliquez juste sous le dessous de toit blanc, là où la façade devient rouge, et sur la plante dans le coin inférieur droit pour définir la taille et la forme du plan de perspective. Une ligne bleue apparaît lorsque vous cliquez. Lorsque vous avez terminé, Photoshop affiche une grille bleue sur le plan que vous avez défini.

Note : La grille ne s'affiche que si le plan dispose de contours parallèles. Si une bordure rouge apparaît à la place de la grille, faites glisser les poignées d'angle du tracé pour ajuster le plan.

4. Si nécessaire, faites glisser les poignées situées aux angles ou sur les côtés de la grille pour ajuster celle-ci.

Modifier les éléments dans l'image

À présent que la grille est créée, vous pouvez sélectionner et déplacer une fenêtre de la maison.

Note : L'option Correction permet de définir le mode de fusion de la sélection. Choisissez Désactivé pour que la sélection ne fusionne pas avec les couleurs, ombres et textures des pixels adjacents. Pour en savoir plus sur les différentes options du filtre Point de fuite, reportez-vous à l'Aide de Photoshop.

1. Activez l'outil Rectangle de sélection ([⬚]) dans le panneau Outils de la boîte de dialogue Point de fuite. Seul le contour bleu de la grille de perspective s'affiche.

2. Pour adoucir légèrement le contour de la sélection que vous allez tracer, donnez à l'option Contour progressif une valeur de **3**. Laissez les autres options inchangées.

3. Tracez un rectangle de sélection autour de la deuxième fenêtre. Appuyez sur la touche Alt (Windows) ou Option (Mac OS) pour copier la sélection, puis sur la touche Maj pour conserver l'alignement du plan et faites glisser la copie vers la droite. Placez la nouvelle fenêtre entre la fenêtre la plus à droite et le bord le plus éloigné de la façade, puis relâchez le bouton de la souris. Au cours du déplacement, Photoshop redimensionne la copie de la fenêtre en fonction de la perspective du mur.

4. Sélectionnez l'outil Zoom (🔍) et tracez un rectangle autour des trois fenêtres les plus à gauche afin d'augmenter la taille d'affichage de cette partie de l'image.

5. Cliquez sur l'outil Rectangle de sélection ([⬚]) et sélectionnez la partie de la façade située entre les deux premières fenêtres.

6. Maintenez les touches Alt+Maj (Windows) ou Option+Maj (Mac OS) enfoncées et faites glisser cette sélection sur la guirlande de Noël.

Bien que la perspective soit conservée dans la copie de la sélection, une partie de la guirlande reste toujours visible. Vous allez maintenant corriger cela.

7. Sélectionnez l'outil Transformation (⊞). Des poignées de transformation s'affichent alors sur le contour de la sélection.

8. Faites glisser ces poignées de transformation pour agrandir le contenu de la sélection et recouvrir entièrement la guirlande de Noël. Si nécessaire, utilisez ensuite les touches directionnelles Haut, Bas, Gauche et Droite du clavier pour positionner précisément le contenu de la sélection et l'aligner avec les bardeaux du mur.

9. Sélectionnez l'outil Rectangle de sélection, puis cliquez en dehors de la sélection pour la désactiver. Zoomez en arrière pour visualiser l'ensemble de vos modifications. Cliquez ensuite sur OK pour appliquer le filtre Point de fuite.

10. Choisissez Fichier > Enregistrer sous, nommez le fichier **Ferme_final.psd**, par exemple, et enregistrez-le dans le dossier Lesson06/Gallery. Fermez ensuite la fenêtre de document.

Note : Pour conserver les informations des plans de perspective dans l'image, vous devez l'enregistrer au format PSD, TIFF ou JPEG.

Correction de la distorsion d'une image

Le filtre Correction de l'objectif corrige les défauts courants, comme la distorsion en barillet, la distorsion en coussinet, l'aberration chromatique et la mise en vignette. La *distorsion en barillet* est un défaut de l'objectif qui dévie les lignes droites vers les bords de l'image. À l'inverse, la *distorsion en coussinet* dévie les lignes droites vers l'intérieur. L'*aberration chromatique* prend l'aspect d'une frange de couleur le long des contours des objets. La *mise en vignette* est un défaut qui provoque l'assombrissement des bords d'une image en général (et de ses coins en particulier) par rapport à son centre.

Ces défauts apparaissent selon la distance focale ou l'ouverture de diaphragme utilisées par l'objectif. Le filtre Correction de l'objectif peut utiliser les paramètres de l'appareil photo, de l'objectif et de la distance focale utilisés pour la prise de vue. Il peut également faire pivoter une image ou corriger une perspective inadéquate provoquée par une inclinaison verticale ou horizontale de l'appareil. La grille d'image du filtre permet des réglages plus faciles et plus précis qu'avec la commande Transformation.

Dans cet exercice, vous corrigerez la distorsion de l'objectif dans l'image d'un temple grec.

1. Cliquez sur le bouton Lancer Bridge (Br). Dans Bridge, sélectionnez le dossier Lesson06, puis double-cliquez sur la vignette du fichier 06D_Start.psd pour ouvrir cette image dans Photoshop.

Les colonnes du temple sont déformées au centre et dans le haut de l'image. Cette photographie a en effet été prise à une distance trop faible avec un grand-angle.

2. Choisissez Filtre > Déformation > Correction de l'objectif pour ouvrir la boîte de dialogue Correction de l'objectif. Une grille recouvre l'image et de nombreuses options permettent de supprimer la distorsion, corriger les aberrations chromatiques, supprimer la mise en vignette et transformer la perspective.

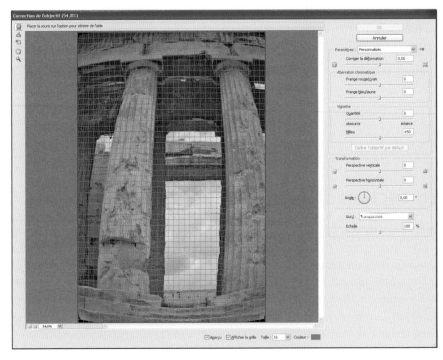

3. Dans la boîte de dialogue Correction de l'objectif, définissez les options de la façon suivante :

- Déplacez le curseur de l'option Corriger la déformation à **+52,00** environ pour supprimer la distorsion en barillet de cette image. Vous pouvez également sélectionner l'outil Correction de la déformation (⌨) et le faire glisser sur l'aperçu de l'image jusqu'à ce que les colonnes soient droites.

Cette correction provoque une déformation vers l'intérieur de l'image. Vous allez redimensionner l'image pour corriger cela.

- Sélectionnez Transparence dans le menu déroulant Bord, situé au bas de la boîte de dialogue.

- Faites glisser le curseur Échelle vers la droite pour lui donner une valeur de **146 %**.

4. Cliquez sur OK pour valider vos modifications et fermer la boîte de dialogue Correction de l'objectif.

▶ **Astuce :** Aidez-vous de la grille qui recouvre l'aperçu de l'image pour rendre les colonnes parfaitement rectilignes dans l'image.

La distorsion de l'objectif causée par l'utilisation d'un grand-angle à une trop faible distance est éliminée.

5. (Facultatif) Pour visualiser l'effet du filtre dans la fenêtre de document, appuyez deux fois sur les touches Ctrl+Z (Windows) ou Cmd+Z (Mac OS) pour annuler et rétablir le filtre.

6. Choisissez Fichier > Enregistrer sous, nommez le fichier **Colonnes_final.psd**, par exemple, et enregistrez-le dans le dossier Lesson06/Gallery. Cliquez sur OK si un message de compatibilité s'affiche, puis fermez la fenêtre de document.

Augmentation de la profondeur de champ

Lorsque vous prenez une photo, vous devez souvent choisir entre faire la mise au point sur l'arrière-plan ou le premier plan. Pour que toute l'image soit nette, vous devez prendre deux photos, une avec le premier plan net et l'autre avec l'arrière-plan net, puis fusionner les deux dans Photoshop.

Comme vous devez aligner les images avec précision, il est conseillé d'utiliser un trépied pour éviter tout mouvement parasite de l'appareil photo, même si vous pouvez obtenir de très bons résultats sans. Vous allez appliquer cette technique sur l'image d'un verre de vin devant une plage.

1. Dans Photoshop, cliquez sur Fichier > Ouvrir, parcourez votre disque dur jusqu'au dossier Lessons/Lesson06, puis double-cliquez sur le fichier 06E_Start.psd pour l'ouvrir.

2. Dans le panneau Calques, rendez le calque Beach invisible afin que seul le calque Glass s'affiche. Le verre est net, mais l'arrière-plan est flou. Rendez le calque Beach visible et le calque Glass invisible. La plage est à présent nette mais le verre flou.

Vous allez fusionner les deux calques en utilisant la zone de chacun d'entre eux qui est nette. Pour cela, vous devez d'abord les aligner.

3. Affichez de nouveau les deux calques, puis cliquez dessus en appuyant sur la touche Maj pour les sélectionner.

4. Allez dans Édition > Alignement automatique des calques.

L'option Automatique est activée par défaut dans la boîte de dialogue Alignement automatique des calques. Cette option convient tout à fait puisque les deux images ont été prises sous le même angle.

5. Cliquez sur OK pour aligner les calques.

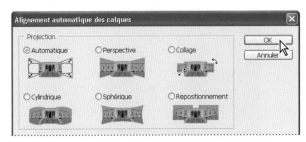

À présent que les calques sont parfaitement alignés, vous êtes prêt à les fusionner.

6. Assurez-vous que les deux calques sont toujours sélectionnés dans le panneau Calques, puis cliquez sur Édition > Fusion automatique des calques.

7. Sélectionnez l'option Empiler les images et assurez-vous que l'option Tons et couleurs continus est activée. Cliquez ensuite sur OK.

Le verre et la plage sont à présent tous les deux parfaitement nets. Vous allez maintenant ajouter un calque de réglage de vibrance pour améliorer cette image.

8. Cliquez sur le bouton Vibrance dans le panneau Réglages.

9. Déplacez le curseur Vibrance à **+33** et le curseur Saturation à **−5**.

Le calque de réglage de vibrance affecte tous les calques situés en dessous de lui.

10. Cliquez sur Fichier > Enregistrer sous, nommez le fichier **Verre_final.psd**, par exemple, et enregistrez-le dans le dossier Lesson06/Gallery. Cliquez sur OK si un message de compatibilité s'affiche, puis fermez le fichier.

Création d'une galerie d'images au format PDF

La commande Présentation PDF de Photoshop et de Bridge permet de créer un diaporama ou un document de plusieurs pages au format Adobe PDF à partir d'un ensemble d'images Photoshop. Vous pouvez sélectionner les fichiers d'un dossier qui doivent être inclus ou simplement sélectionner un dossier pour incorporer tous les fichiers qu'il contient. Vous pouvez facilement convertir les fichiers que vous avez enregistrés dans le dossier Galerie pour créer un diaporama au format PDF, afin de les partager avec des clients ou des amis.

1. Cliquez sur le bouton Lancer Bridge (Br). Dans Bridge, sélectionnez le dossier Lesson06. Ce dossier doit contenir les onze images que nous vous fournissons plus les images suivantes que vous avez créées : Mission_final.psd, Portrait_final.psd, Ferme_final.psd, Colonnes_final.psd et Verre_final.psd.

2. Cliquez sur Fenêtre > Espace de travail > Sortie pour changer d'espace de travail.

3. Sélectionnez l'image Buddha.psd, puis faites défiler les vignettes du volet Contenu, maintenez la touche Maj enfoncée et cliquez sur l'image Zoo_2.psd. Toutes les images du dossier doivent être sélectionnées.

4. Cliquez sur le bouton PDF dans le panneau Sortie.

Adobe Photoshop Lightroom

Modulaire, l'environnement d'Adobe Photoshop Lightroom permet de gérer toutes les tâches depuis la prise de vue jusqu'à l'impression de l'image.

En incorporant la conversion des fichiers bruts dans un seul flux de production, Adobe Photoshop Lightroom simplifie le travail des photographes professionnels. Voyez Lightroom comme une table lumineuse virtuelle, en beaucoup plus complet. Cliquez pour que les panneaux de contrôle et les outils se fondent dans l'arrière-plan et que seule l'image s'affiche au centre de l'écran. Utilisez la fonctionnalité Plaque d'identité pour personnaliser l'interface de Lightroom, les diaporamas et l'impression afin de montrer vos travaux. Naviguez rapidement parmi des centaines d'images ou agrandissez instantanément des zones particulières d'une image.

Lightroom prend en charge plus de 190 formats bruts propriétaires, y compris les formats des appareils photographiques les plus récents.

Quelques-unes des fonctionnalités de Lightroom

- Des capacités de correction de l'image intuitives, comprenant des réglages de la courbe des tons pour ajuster visuellement les tons moyens, les tons sombres et les tons clairs. Les contrôles agissent individuellement sur chaque ton, ce qui permet de créer des images en noir et blanc de très bonne qualité en ajustant des zones précises de l'image dans l'histogramme.

- La capacité de convertir et de renommer des fichiers importés au format DNG, de les trier et les afficher en fonction de la date de prise de vue ou du dossier où ils se trouvent.

- Des filtres de recherche et des options prédéfinies de recherche et de tri qui permettent de retrouver rapidement les images.

- Des fonctionnalités de présentation des images, de création de diaporamas, avec ajout d'une ombre portée ou de bordures, de plaques d'identité et différentes couleurs d'arrière-plan. Les images peuvent être présentées aux formats Adobe Flash, PDF ou HTML.

- Les modèles de planches-contacts peuvent être personnalisés afin d'y ajouter des plaques d'identité ou de produire des impressions artistiques.

Pour un aperçu du travail de la communauté en ligne de Lightroom, regardez le diaporama à l'adresse suivante : **www.adobe.com/products/photoshop/lightroom**.

5. Dans le menu déroulant Modèles, sélectionnez Planche contact 4 × 5, puis cliquez sur le bouton Actualiser l'aperçu. Les images s'affichent sur une seule page, avec quatre images par ligne.

6. Dans le menu déroulant Modèles, sélectionnez Cellules 2 × 2, puis cliquez de nouveau sur le bouton Actualiser l'aperçu. À présent, chaque page ne contient plus que quatre images. Conservez cette disposition car elle permet de mieux voir les images.

7. Si le contenu de la section Document n'est pas visible, cliquez sur la flèche située à gauche de son nom pour l'ouvrir.

8. Dans le menu Paramètres prédéfinis de la page, choisissez Papier format international, puis cliquez sur la flèche située à gauche de Document pour réduire l'affichage de ce panneau.

9. Agrandissez la taille de la section Lecture et choisissez Fondu dans le menu Transition. Réduisez ensuite la taille du panneau Lecture.

 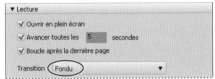

10. Agrandissez la taille de la section Filigrane. Entrez **Reproduction interdite** dans le champ Texte du filigrane. Sélectionnez une taille de texte de **29 pt**, une couleur noire et une opacité de **20 %**.

11. Au bas du panneau Filigrane, activez l'option Afficher le fichier PDF après l'enregistrement, puis enregistrez.

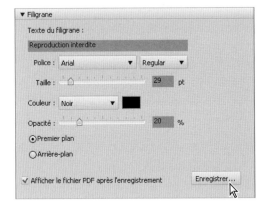

12. Nommez le fichier **Présentation_PDF** et enregistrez-le dans le dossier Lesson06.

Si vous disposez d'une version d'Adobe Acrobat ou d'Adobe Acrobat Reader sur votre ordinateur, ce programme se lance automatiquement et le diaporama commence en plein écran.

13. Lorsque le diaporama est terminé, fermez la présentation PDF et revenez dans Bridge.

14. Dans Bridge, cliquez sur fenêtre > Espace de travail > Informations essentielles pour revenir à l'espace de travail par défaut.

Questions

1. Qu'arrive-t-il aux images raw des appareils photo lorsque vous les modifiez dans Camera Raw ?

2. Quel avantage présente le format DNG (*Adobe Digital Negative*) ?

3. Comment corriger l'effet yeux rouges dans Photoshop ?

4. Décrivez comment corriger les distorsions d'objectif courantes dans Photoshop. Quelles sont les causes de ces défauts ?

Réponses

1. Les fichiers image Camera Raw contiennent les données originales capturées par le capteur sans traitement de l'appareil, ce qui permet aux photographes de contrôler l'interprétation de ces données, plutôt que de laisser l'appareil photo effectuer les ajustements et les conversions nécessaires. Lorsqu'on retouche une image dans Camera Raw, les données brutes du fichier original sont préservées. Il est ainsi possible de modifier l'image à sa guise, de l'exporter et de conserver l'original intact pour une utilisation ultérieure ou pour lui appliquer des retouches différentes.

2. Le format DNG (*Adobe Digital Negative*) contient les données d'image brutes d'un appareil photo numérique et les métadonnées qui définissent la signification des données de l'image. DNG est le format public Adobe d'archivage des fichiers Camera Raw conçu pour permettre leur compatibilité et réduire la prolifération actuelle des formats de fichiers Camera Raw.

3. L'effet yeux rouges est dû à une réflexion du flash de l'appareil photo sur la rétine du sujet. Pour corriger ce phénomène dans Photoshop, il faut zoomer sur les yeux de la personne photographiée, sélectionner l'outil Œil rouge, puis cliquer sur la partie rouge de la pupille. La réflexion rouge disparaît alors.

4. Le filtre Correction de l'objectif corrige les défauts courants, à savoir les distorsions en barillet et en coussinet dans lesquelles les lignes droites sont déformées vers les bords (barillet) ou le centre de l'image (coussinet), l'aberration chromatique (comme la présence d'une frange de couleur le long des contours des éléments de l'image) et la mise en vignette (un assombrissement des bords d'une image en général – et de ses coins en particulier – par rapport à son centre). Ces défauts proviennent d'un mauvais paramétrage de la distance focale, de l'ouverture de diaphragme ou encore de l'inclinaison horizontale ou verticale de l'appareil photo lors de la prise de vue.

Photoshop propose des outils souples et puissants qui
vous permettent d'ajouter du texte dans vos images avec
un contrôle parfait et une créativité optimale.

Conception typographique 7

Au cours de cette leçon, vous apprendrez à :

- utiliser les repères pour positionner du texte dans une composition ;

- créer un masque d'écrêtage à partir du texte ;

- fusionner le texte avec d'autres calques ;

- utiliser les styles de calque avec du texte ;

- prévisualiser les polices de façon interactive afin d'opérer un choix pour une composition ;

- contrôler la police et le positionnement en utilisant les fonctionnalités avancées des panneaux de texte ;

- déformer un calque pour l'adapter à la forme d'un objet 3D.

 Cette leçon durera environ une heure. Copiez le dossier Lesson07 sur votre disque dur si vous ne l'avez pas encore fait. Au cours de cette leçon, vous conserverez les fichiers de départ. Si vous devez néanmoins les restaurer, copiez-les de nouveau depuis le CD-ROM *Adobe Photoshop CS4 Classroom in a Book*.

À propos du texte

Le texte dans Photoshop est composé de formes calculées mathématiquement pour décrire les lettres, les chiffres et les symboles d'une police de caractères. De nombreuses polices de caractères sont disponibles dans plusieurs formats, les plus courants étant Type 1 (appelé aussi polices PostScript), TrueType et OpenType (pour en savoir plus, reportez-vous à l'encadré "Les polices OpenType dans Photoshop" plus loin dans cette leçon).

Lorsque vous ajoutez du texte à une image Photoshop, les caractères se composent de pixels et leur résolution est identique à celle du fichier d'image. En zoomant sur les caractères, vous pouvez distinguer les bords crénelés. Toutefois, Photoshop conserve les contours vectoriels du texte et les utilise lors de la mise à l'échelle ou du redimensionnement du texte, de l'enregistrement d'un fichier PDF ou EPS ou de l'impression d'une image sur une imprimante PostScript. Il est ainsi possible de créer du texte avec des contours clairs et indépendants de la résolution.

Préparatifs

Dans cette leçon, vous allez travailler sur le calque de l'étiquette d'une bouteille d'huile d'olive. Vous partirez de l'illustration d'une bouteille créée dans Adobe Illustrator, puis vous ajouterez et mettrez en forme du texte dans Photoshop, et vous le déformerez pour qu'il s'intègre parfaitement à une forme 3D. Le fichier de départ contient une étiquette vierge placée sur la bouteille.

Pour commencer cette leçon, vous allez afficher une image de la composition finale.

1. Lancez Photoshop et appuyez aussitôt sur les touches Ctrl+Alt+Maj (Windows) ou Cmd+Option+Maj (Mac OS) pour restaurer les préférences par défaut (pour en savoir plus, reportez-vous à la section "Rétablissement des préférences par défaut" de l'Introduction).

2. Lorsque vous y êtes invité, cliquez sur Oui pour supprimer le fichier des paramètres Adobe Photoshop.

3. Dans la barre d'options, cliquez sur le bouton Lancer Bridge (Br).

4. Dans le volet Favoris, cliquez sur le dossier Lessons, puis double-cliquez sur le dossier Lesson07 dans le volet Contenu.

5. Sélectionnez le fichier 07End.psd. Agrandissez la taille de la vignette à l'aide du curseur afin de mieux voir la bouteille.

Cette composition est constituée de plusieurs calques. Il s'agit d'un conditionnement pour une toute nouvelle marque d'huile d'olive. La forme de la bouteille a été créée par un illustrateur dans Adobe Illustrator. Votre tâche consiste à créer le texte dans Photoshop pour le soumettre à l'examen d'un client. Tous les outils de texte dont vous aurez besoin sont disponibles dans Photoshop et vous n'aurez donc pas à basculer vers une autre application pour terminer le projet.

6. Double-cliquez sur le fichier 07Start.psd pour l'ouvrir dans Photoshop.

7. Cliquez sur Fichier > Enregistrer sous, renommez le fichier **07Retouche.psd** et cliquez sur Enregistrer.

8. Cliquez sur OK dans la boîte de dialogue Options de format Photoshop si celle-ci s'affiche.

Création d'un masque d'écrêtage à partir du texte

Un *masque d'écrêtage* est un objet ou un groupe d'objets dont la forme masque d'autres images. Seules les zones se trouvant à l'intérieur du masque d'écrêtage demeurent visibles. Dans Photoshop, vous pouvez créer des masques d'écrêtage à partir de formes ou de lettres. Ici, vous utiliserez des lettres de façon à ne révéler l'image qui se trouve sur un autre calque qu'au travers de celles-ci.

Ajouter des repères pour positionner le texte

Le fichier 07Retouche.psd contient un calque d'arrière-plan, sur lequel se trouve la bouteille, et un calque Blank Label (étiquette vierge) qui servira de point de départ à votre typographie. Pour commencer, vous agrandirez la taille d'affichage de la zone de travail, puis vous utiliserez des repères pour positionner votre texte.

1. Activez l'outil Zoom (🔍) et tracez un cadre autour de la partie noire et blanche de l'étiquette vierge pour l'agrandir et la centrer dans la fenêtre.

2. Choisissez Affichage > Règles pour afficher les règles le long des bordures gauche et supérieure de la fenêtre, puis faites glisser un repère vertical au centre de l'étiquette (8,9 cm) depuis la règle de gauche. Relâchez le bouton de la souris.

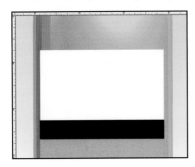

Ajouter un texte de point

Vous êtes maintenant prêt à ajouter le texte à la composition. Photoshop permet de créer du texte horizontal ou vertical à tout endroit d'une image. Vous pouvez entrer du *texte de point* (une seule lettre, un seul mot ou une seule ligne) ou du *texte de paragraphe*. Ici, vous réaliserez les deux opérations, en commençant par le texte de point.

1. Assurez-vous que le calque Blank Label est sélectionné dans le panneau Calques. Activez l'outil Texte horizontal (T) puis définissez les paramètres suivants dans la barre d'options :

   • Choisissez une police de caractères sans serif comme Myriad Pro, dans le menu déroulant Définir la famille de polices et sélectionnez l'option Bold (Gras) dans le menu Définir le style de la police.

   • Entrez une valeur de **79 pt** dans le champ Définir le corps de la police et appuyez sur Entrée (Windows) ou Retour (Mac OS).

   • Cliquez sur le bouton d'alignement Centrer le texte.

2. Cliquez sur le repère central dans la zone blanche de l'étiquette pour définir un point d'insertion et saisissez OLIO en majuscules. Dans la barre d'options, cliquez ensuite sur le bouton Valider toutes les modifications en cours (✔).

Le terme "OLIO" est ajouté à votre étiquette. Il apparaît, dans le panneau Calques, sous la forme d'un nouveau calque de texte que vous pouvez modifier et gérer de la même façon que les autres. Il est possible d'ajouter, de modifier ou de changer l'orientation du texte, d'appliquer un lissage, des transformations ou des styles de calque et de créer des masques. Vous pouvez déplacer et copier un calque de texte, et modifier ses options tout comme vous le feriez avec tout autre calque.

3. Appuyez sur Ctrl (Windows) ou Cmd (Mac OS), et centrez verticalement le texte OLIO dans la zone blanche.

4. Cliquez sur Fichier > Enregistrer pour sauvegarder votre travail.

Créer un masque d'écrêtage et appliquer une ombre portée

Vous avez ajouté les lettres en noir, la couleur par défaut pour le texte. Comme vous souhaitez qu'une image d'olives apparaisse au travers des lettres, vous allez utiliser celles-ci pour créer un masque d'écrêtage qui permettra de révéler l'image située sur le calque inférieur.

1. Ouvrez le fichier Olives.psd (situé dans le dossier Lesson07) en utilisant la commande Fichier > Ouvrir ou en passant par Bridge.

2. Dans Photoshop, cliquez sur le bouton Réorganiser les documents (■) dans la barre d'application et sélectionnez une disposition 2 vignettes. Les images Olives.psd et 07Retouche.psd s'affichent toutes deux à l'écran. Cliquez sur la fenêtre de document de l'image Olives.psd pour vous assurer qu'elle est active.

3. Tout en maintenant la touche Maj enfoncée, faites glisser le calque Arrière-plan du panneau Calques de l'image Olives.psd vers le centre de la fenêtre de document de l'image 07Retouche.psd, puis relâchez le bouton de la souris. L'utilisation de la touche Maj pendant cette opération permet de centrer l'image Olives.psd dans la composition.

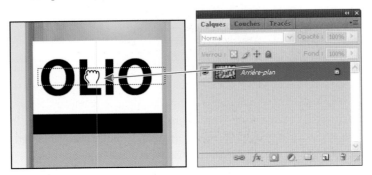

Un nouveau calque, Calque 1, apparaît dans le panneau Calques du fichier 07Retouche.psd. Il contient l'image des olives, qui apparaîtra au travers des lettres. Mais, avant de créer le masque d'écrêtage, vous allez redimensionner l'image des olives, car elle est trop grande pour la composition.

4. Fermez le fichier Olives.psd sans l'enregistrer.

5. Sélectionnez le Calque 1 dans l'image 07Retouche.psd, puis choisissez Édition > Transformation > Homothétie.

6. Saisissez une poignée de dimensionnement dans le coin du rectangle de sélection et, tout en appuyant sur la touche Maj, faites glisser le pointeur vers l'intérieur de l'image pour réduire sa taille de sorte qu'elle atteigne la même largeur que l'étiquette blanche, tout en conservant les mêmes proportions. Il se peut que vous ayez à recentrer l'image des olives sur l'étiquette.

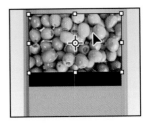

7. Appuyez sur la touche Entrée (Windows) ou Retour (Mac OS) pour appliquer la transformation.

8. Double-cliquez sur le nom Calque 1 et changez-le en **Olives**. Puis appuyez sur la touche Entrée ou Retour ou cliquez en dehors du nom du calque dans le panneau Calques pour appliquer la modification.

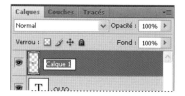 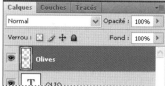

9. Le calque Olives étant toujours sélectionné, choisissez Créer un masque d'écrêtage dans le menu du panneau Calques.

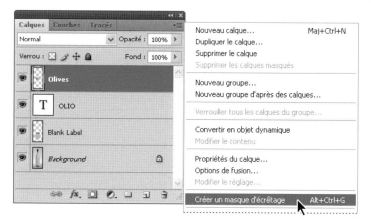

▶ **Astuce :** Vous pouvez également créer un masque d'écrêtage en cliquant entre les calques Olives et OLIO tout en maintenant la touche Alt (Windows) ou Option (Mac OS) enfoncée.

Les olives apparaissent maintenant au travers des lettres "OLIO". La petite flèche qui précède le nom du calque Olives et le soulignement du nom du calque de texte indiquent que le masque d'écrêtage est appliqué. Vous allez ajouter une ombre portée pour donner du relief aux lettres.

10. Sélectionnez le calque OLIO pour l'activer, puis cliquez sur le bouton Ajouter un style de calque (*fx*) au bas du panneau Calques. Choisissez ensuite Ombre portée dans le menu contextuel.

11. Dans la boîte de dialogue Style de calque, donnez au paramètre Opacité une valeur de **35 %**, conservez les valeurs par défaut de tous les autres paramètres, puis cliquez sur OK.

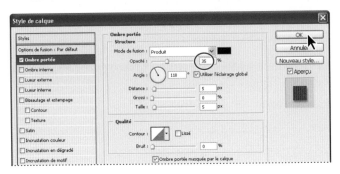

12. Choisissez Fichier > Enregistrer pour sauvegarder votre travail.

Création d'un élément de conception à partir du texte

Vous allez à présent appliquer une astuce de conception pour ajouter des barres verticales en haut de l'étiquette. Ces barres verticales doivent être parfaitement alignées. Vous allez donc utiliser la majuscule "I" d'une police sans serif au lieu de créer, de copier et de déplacer des lignes individuelles. Vous réglerez facilement la taille et l'espacement entre les "barres" au moyen du panneau Caractère.

1. Cliquez dans une zone vierge du panneau Calques pour désélectionner tous les calques. Si nécessaire, agrandissez la taille du panneau Calques pour qu'une zone vierge s'affiche au-dessous des calques.

2. Activez l'outil Texte horizontal (T). Dans la barre d'options, définissez les options suivantes :

   • Choisissez une police de caractères sans serif, comme Myriad Pro.

   • Sélectionnez l'option Condensed dans le menu Définir le style de la police, si elle est disponible.

   • Entrez une valeur de **36 pt** dans le champ Définir le corps de la police et appuyez sur Entrée (Windows) ou Retour (Mac OS).

   • Conservez l'option Nette dans le menu Définir la méthode de lissage.

   • Cliquez sur le bouton Texte aligné à gauche.

   • Cliquez sur l'échantillon de couleur Définir la couleur du texte pour ouvrir la boîte de dialogue Couleur du texte. Placez le pointeur en forme de pipette sur les olives qui apparaissent à travers les lettres "OLIO" et sélectionnez un vert foncé dans l'image. Cliquez ensuite sur OK.

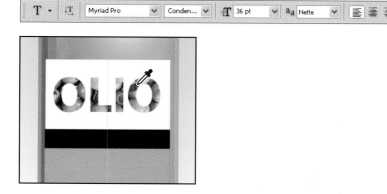

3. Cliquez dans le coin supérieur gauche de la zone blanche de l'étiquette et, en maintenant la touche Maj enfoncée, entrez douze fois la lettre **I**.

Vous créez ainsi un nouveau calque de texte dans le panneau Calques.

4. Activez l'outil Déplacement (▸⊕), placez-le sur la zone blanche de l'étiquette et faites glisser les lettres de sorte qu'elles viennent toucher la limite supérieure de la zone blanche.

Note : Après avoir saisi du texte, vous devez valider vos modifications dans le calque en cliquant sur le bouton Valider toutes les modifications en cours ou en sélectionnant un autre outil ou un autre calque. Vous ne pouvez pas valider les modifications en appuyant sur Entrée ou Retour, cette action créant simplement une nouvelle ligne pour la saisie.

Julieanne Kost est une porte-parole officielle d'Adobe Photoshop.

Les astuces d'une porte-parole de Photoshop

Les outils Texte

- Pour créer un nouveau calque de texte, cliquez dans la fenêtre de document au moyen de l'outil Texte horizontal (T) tout en maintenant la touche Maj enfoncée (au cas où le pointeur se trouve près d'un autre bloc de texte et que Photoshop essaie de le sélectionner automatiquement).

- Double-cliquez sur l'icône T de tout calque de texte pour sélectionner tout le texte présent sur ce calque.

- Un segment quelconque de texte étant sélectionné, accédez à son menu contextuel (clic droit [Windows] ou Ctrl+clic [Mac OS]). Choisissez Orthographe pour procéder à une vérification orthographique.

Vous allez maintenant espacer un peu les "barres".

5. Cliquez sur Fenêtre > Caractère pour ouvrir le panneau du même nom.

6. Entrez **40** dans le champ Définir l'approche des caractères sélectionnés, puis appuyez sur la touche Entrée ou Retour. Vous pouvez également faire glisser le pointeur sur l'étiquette de ce champ.

À présent, vous devez ajuster la position des lettres "OLIO" afin qu'elles ne soient pas trop proches des barres verticales. Pour cela, vous devez lier le calque de texte OLIO au calque d'écrêtage Olives et les déplacer comme une entité indivisible.

7. Maintenez la touche Maj enfoncée et cliquez sur le calque Olives puis sur le calque de texte OLIO pour les sélectionner. Choisissez Lier les calques dans le menu du panneau. Une icône de lien apparaît à proximité des noms des deux calques.

8. Sélectionnez l'outil Déplacement (⯈₊) et faites glisser le texte vers le bas.

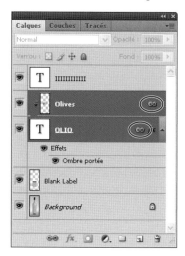 

9. Choisissez Fichier > Enregistrer pour sauvegarder votre travail.

Utilisation des contrôles de mise en forme interactifs

Le panneau Caractère de Photoshop contient de nombreuses options destinées à vous aider à améliorer l'apparence de votre texte – comme l'astuce consistant à faire glisser le pointeur sur les icônes des menus et des champs pour choisir une valeur –, mais tous les choix ne sont pas évidents. Dans cet exercice, vous allez sélectionner du texte en utilisant une autre astuce avancée pour le prévisualiser dans le panneau Caractère.

1. Cliquez dans une zone vierge du panneau Calques pour désélectionner tous les calques.

2. Activez l'outil Texte horizontal (T). Dans la barre d'options, définissez les options suivantes :

- Cliquez sur le bouton Centrer le texte.
- Cliquez sur la case de couleur et sélectionnez un rouge vif. Cliquez sur OK pour fermer la boîte de dialogue Couleur du texte.

Pour le moment, ne vous souciez pas de la police ou de la taille du texte.

3. Cliquez sur le repère central dans la bande noire de l'étiquette. Pour être sûr de ne pas commencer à modifier accidentellement le texte "OLIO", veillez à ce que le pointeur soit entouré d'une ligne en pointillés (⌶). Vous savez ainsi que vous allez créer un nouveau calque de texte lors de votre saisie.

4. Saisissez **EXTRA VIRGIN** en lettres majuscules.

Photoshop ajoute le texte dans la police et à la taille précédemment définies. Mais qu'en est-il si vous souhaitez utiliser une police différente ? Et si vous n'êtes pas sûr de la police à employer ?

5. Sélectionnez le texte "EXTRA VIRGIN" dans la fenêtre de document, puis cliquez sur le nom de la police dans le menu déroulant Définir la famille de polices du panneau Caractère. Le nom apparaît en surbrillance.

6. Appuyez sur les touches Haut ou Bas du clavier pour parcourir les polices disponibles et observez les lettres "EXTRA VIRGIN" à l'écran. Photoshop affiche un aperçu de chaque police de façon interactive.

7. Après ce test, choisissez la police sans serif que vous avez utilisée pour les lettres "OLIO" – Myriad Pro dans notre exemple – puis appuyez sur la touche Tab pour passer au champ Définir le style de la police.

8. De nouveau, utilisez les touches directionnelles Haut et Bas pour parcourir les styles disponibles, en choisir un (nous avons choisi le style Bold) et observer la prévisualisation interactive dans la fenêtre de document.

▶ **Astuce :** Maintenez la touche Maj enfoncée tout en appuyant sur les touches Haut et Bas pour changer la taille du texte par incréments de 10 points.

9. Passez au champ Définir le corps de la police à l'aide de la touche Tab et servez-vous des touches directionnelles Haut et Bas pour définir une taille de **11 points**.

10. Appuyez sur Tab pour passer au champ Définir l'approche des caractères sélectionnés et entrez une valeur de **280**. Pour cela, plusieurs méthodes s'offrent à vous : saisir directement la valeur, utiliser la touche directionnelle Haut (maintenez la touche Maj enfoncée en appuyant sur la touche Haut pour augmenter la valeur par incréments de 100) ou faire glisser le pointeur sur l'icône en regard de ce champ pour définir cette valeur.

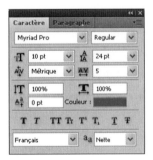

11. Sélectionnez l'outil Déplacement (▸⊕) et centrez le texte "EXTRA VIRGIN" dans la bande noire de l'étiquette.

12. Enregistrez votre travail.

Déformation du texte de point

Vous allez maintenant ajouter les termes "Olive Oil" à l'étiquette puis les déformer pour les rendre plus vivants. La *déformation* permet d'appliquer une variété de formes au texte, telles qu'un arc ou une onde. Le style de déformation sélectionné est un attribut du calque de texte ; vous pouvez le changer à tout moment. Les options de déformation offrent un contrôle précis de l'orientation et de la perspective d'un effet.

1. Faites glisser la barre de défilement ou utilisez l'outil Main (🖐) pour positionner la partie orange de l'étiquette au centre de l'écran.

2. Cliquez dans une zone vierge du panneau Calques pour désélectionner tous les calques.

3. Activez l'outil Texte horizontal (T). Dans le panneau Caractère, définissez les options suivantes :

   • Choisissez une police sans serif traditionnelle comme Garamond.

   • Sélectionnez Regular dans le champ Définir le style de la police.

   • Appliquez-lui une taille de **40 points**.

   • Sélectionnez une approche entre les caractères de **0**.

   • Donnez au texte une couleur blanche.

4. Cliquez et faites glisser le pointeur pour créer un champ de texte dans la partie supérieure de la zone orange. Entrez le texte **Olive Oil**. Cliquez ensuite sur le bouton Valider toutes les modifications en cours (✔) dans la barre d'options.

Le terme apparaît sur l'étiquette et un nouveau calque, Olive Oil, est créé dans le panneau Calques.

5. Ouvrez le menu contextuel du calque Olive Oil dans le panneau Calques (clic droit [Windows] ou Ctrl+clic [Mac OS]) et choisissez Déformer le texte.

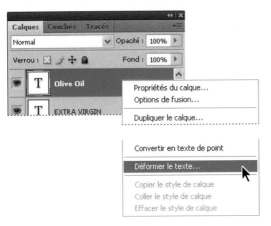

6. Dans le menu Style de la boîte de dialogue Déformer le texte, choisissez l'option Onde, puis activez l'option Horizontal. Définissez Inflexion à **+77 %**, Déformation horizontale à **–7 %** et Déformation verticale à **–24 %**. Cliquez ensuite sur OK.

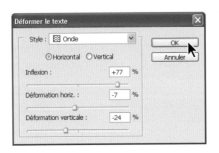

Les termes "Olive Oil" semblent flotter sur l'étiquette.

Conception d'un texte de paragraphe

Jusqu'à présent, tout le texte écrit sur cette étiquette n'a pas dépassé quelques mots ou quelques lignes. Il s'agit d'un texte de point. De nombreuses conceptions requièrent cependant l'insertion de paragraphes entiers. Photoshop permet de créer ces paragraphes et vous n'avez donc pas à basculer sur un logiciel de PAO pour accéder à des contrôles de texte sophistiqués.

Utiliser les repères pour le positionnement

Vous allez inclure un paragraphe descriptif dans l'étiquette. Vous commencerez par ajouter des repères à la zone de travail pour vous aider à positionner le paragraphe.

1. Faites glisser deux repères depuis la règle verticale, en plaçant le premier à 6,4 cm et le second à 11,4 cm du bord gauche de l'image.

2. Faites glisser deux repères depuis la règle horizontale, en plaçant le premier à 27,3 cm et le second à 33 cm du bord supérieur de l'image.

Ajouter un texte de paragraphe à partir d'une annotation

Vous êtes maintenant prêt à ajouter le texte. Dans une situation réelle, ce texte pourrait vous être fourni sous la forme d'un document de traitement de texte ou peut-être dans le corps d'un message électronique. Il vous faudrait alors le copier et le coller dans Photoshop. Vous pourriez également être amené à le saisir directement. Une autre méthode consiste à lier le texte au fichier d'image dans une annotation.

1. Double-cliquez sur l'icône d'annotation jaune située dans le coin inférieur droit de l'image pour ouvrir le panneau Annotations. Si nécessaire, agrandissez la taille de ce panneau pour afficher la totalité du texte.

2. Sélectionnez tout le texte de l'annotation, puis appuyez sur Ctrl+C (Windows) ou Cmd+C (Mac OS) pour le copier dans le Presse-papiers. Fermez ensuite le panneau Annotations.

Note : Vous pouvez avoir à modifier la taille d'affichage ou à faire défiler l'image pour visualiser la note ouverte à l'écran.

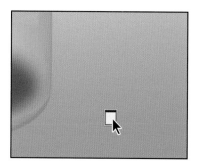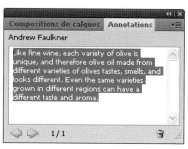

Avant de coller le texte, vous devez définir ses options.

3. Cliquez sur Sélection > Désélectionner les calques afin de vous assurer qu'aucun calque n'est sélectionné.

4. Activez l'outil Texte horizontal (T). Dans le panneau Caractère, définissez les options suivantes :

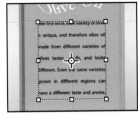

- Choisissez une police sans serif telle que Myriad Pro.

- Sélectionnez le style de police Regular, s'il est disponible.

- Appliquez-lui une taille de **10 points**.

- Sélectionnez un interligne de **24 points**.

- Définissez une approche entre les caractères de **5**.

- Sélectionnez une couleur noire.

5. Cliquez sur l'onglet Paragraphe pour ouvrir ce panneau et cliquez sur le bouton Tout justifier (▤).

6. Faites glisser le pointeur de l'outil Texte pour créer une zone de texte correspondant aux repères placés dans l'exercice précédent, puis appuyez sur les touches Ctrl+V (Windows) ou Cmd+V (Mac OS) pour coller le texte du Presse-papiers dans ce cadre.

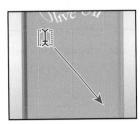
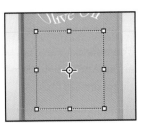
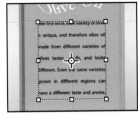

▶ **Astuce :** Si vous redimensionnez le cadre de texte, le texte se repositionne à l'intérieur de ce rectangle.

Le texte apparaît dans la fenêtre de document avec les styles spécifiés, et il s'adapte aux dimensions du rectangle de sélection. Des espaces disgracieux entre les caractères apparaissent sur certaines lignes. Vous allez corriger cela.

7. Placez le pointeur de l'outil Texte horizontal (T) sur la quatrième ligne du texte, puis triple-cliquez dessus pour la sélectionner.

8. Cliquez sur l'onglet du panneau Caractère pour l'ouvrir et définissez l'approche entre les caractères à **60**.

9. Dans la barre d'options, cliquez sur le bouton Valider toutes les modifications en cours (✔). Le texte de paragraphe apparaît maintenant sous la forme d'un calque nommé "Like fine wine…".

10. Enregistrez votre travail.

Les polices OpenType dans Photoshop

La norme de police OpenType résulte d'une collaboration entre Adobe et Microsoft. Les polices OpenType utilisent un fichier de police unique commun à Windows et à Macintosh, permettant de déplacer des fichiers d'une plate-forme à une autre sans se soucier de la substitution des polices et de la redistribution du texte. Prises en charge dans Photoshop CS4, les polices OpenType peuvent inclure un grand choix de jeux de caractères et de fonctions de mise en page comme les ornements et les ligatures conditionnelles qui ne sont pas disponibles dans les polices PostScript et TrueType. Cela permet de disposer d'une gestion linguistique et d'un contrôle typographique amélioré.

Le menu OpenType. Le menu du panneau Caractère inclut un sous-menu OpenType qui contient toutes les fonctionnalités disponibles pour ces polices, dont les ligatures, les variantes et les fractions. Les fonctionnalités qui apparaissent en grisé sont indisponibles, tandis que celles qui sont appliquées sont cochées.

Les ligatures conditionnelles. Pour ajouter une ligature conditionnelle à deux lettres OpenType, telles que "th" dans la police Bickham Script Standard, sélectionnez-les dans la fenêtre de document et choisissez OpenType > Ligatures conditionnelles dans le menu du panneau Caractère.

Les ornements. Le processus est le même pour l'ajout d'ornements ou de caractères alternatifs : sélectionnez la lettre, telle qu'un "T" majuscule en Bickham Script, et choisissez OpenType > Ornements pour transformer la majuscule ordinaire en un T spectaculairement orné.

Les fractions. Saisissez les fractions comme d'ordinaire – 1/2, par exemple – puis sélectionnez ces caractères. Dans le menu du panneau Caractère, choisissez alors OpenType > Fractions. Photoshop applique la mise en forme automatique de la fraction. Notre 1/2 sera converti en ½.

▶ **Astuce :** Utilisez le panneau Glyphes d'Adobe Illustrator CS4 pour afficher un aperçu des options OpenType. Copiez votre texte dans Photoshop et collez-le dans un document Illustrator. Cliquez ensuite sur Fenêtre > Texte > Glyphes. Sélectionnez le texte à modifier et choisissez Afficher > Variante pour la sélection. Double-cliquez sur un glyphe pour l'appliquer. Une fois cette opération terminée, copiez et collez la nouvelle police dans votre fichier Photoshop.

Ajouter les deux dernières lignes de texte

Vous avez presque terminé l'ajout de texte à l'étiquette. Il vous reste à insérer deux lignes supplémentaires.

1. Le calque Like fine wine... étant sélectionné, cliquez dans le paragraphe de texte, puis faites glisser la poignée située au milieu du bord inférieur de la zone de texte vers le bas de l'étiquette.

2. Cliquez à la fin du paragraphe de texte pour insérer un point d'insertion, puis appuyez sur Entrée (Windows) ou Retour (Mac OS).

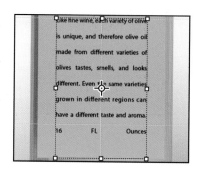

3. Entrez **16 FL Ounces**.

4. Triple-cliquez pour sélectionner cette ligne de texte. Dans le panneau Caractère, donnez au texte une taille de **13 points**, puis définissez une valeur de **–10** dans le champ Définir le décalage vertical. Cette option déplace les caractères sélectionnés vers le haut ou vers le bas en fonction de la ligne de base du texte qui les entoure.

5. Dans le panneau Outils, cliquez sur le bouton Permuter les couleurs de premier plan et d'arrière-plan pour que le blanc devienne la couleur de premier plan.

6. Dans le panneau Paragraphe, cliquez sur le bouton Centrer le texte (≡), puis activez le bouton Valider toutes les modifications en cours (✔) dans la barre d'options.

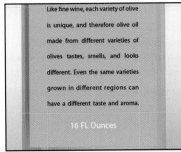

Ajouter du texte vertical

La dernière ligne de texte sera verticale.

1. Cliquez sur Sélection > Désélectionnez les calques. Activez ensuite l'outil Texte vertical (↓T) caché sous l'outil Texte horizontal.

2. Faites glisser le pointeur sur la droite du texte descriptif dans la partie orange de l'étiquette pour y créer une zone de texte longue et étroite. Commencez à tracer ce cadre de texte par le coin supérieur ou inférieur droit afin de ne pas sélectionner accidentellement le texte de paragraphe.

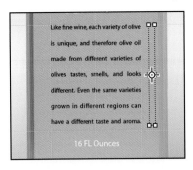
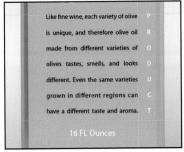

3. Entrez **PRODUCT OF ITALY** en majuscules.

4. Sélectionnez les lettres, soit en faisant glisser le pointeur soit en triple-cliquant dessus, puis définissez les options suivantes dans le panneau Caractère :

- Choisissez une police sans serif telle que Garamond.

- Donnez au texte une taille de **8 points**.

- Définissez une approche des caractères sélectionnés de **300**.

- Choisissez du rouge pour le texte.

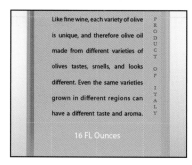 

5. Cliquez sur le bouton Valider toutes les modifications en cours (✔) dans la barre d'options. Votre texte vertical apparaît sous la forme d'un calque nommé PRODUCT OF ITALY. Si nécessaire, utilisez l'outil Déplacement (▸⊕) pour le centrer entre le paragraphe de texte et le bord droit de l'étiquette.

Vous allez maintenant procéder à un peu de nettoyage.

6. Ouvrez le menu contextuel de l'icône de l'annotation (clic droit [Windows] ou Ctrl+clic [Mac OS]) et choisissez Supprimer l'annotation. Cliquez sur Oui dans la boîte de message qui s'affiche.

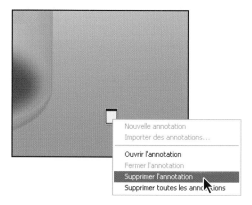

7. Activez l'outil Main () et appuyez sur les touches Ctrl+: (Windows) ou Cmd+: (Mac OS) pour masquer les repères. Puis réduisez la taille d'affichage du document afin d'obtenir un bon aperçu de votre travail.

8. Cliquez sur Fichier > Enregistrer pour sauvegarder votre travail.

Déformation d'un calque

Tout le texte se situe maintenant sur l'étiquette, mais il y a un problème : la bouteille apparaît en trois dimensions alors que la surface de l'étiquette est plate, ce qui manque de réalisme. Notre effet final sera donc la déformation du calque et de son contenu pour les adapter à la forme de la bouteille.

Précédemment, vous avez déformé les termes "Olive Oil" pour faire onduler les lettres. Dans cet exercice, vous appliquerez une déformation à un calque et non plus à des lettres individuelles. Pour ce faire, vous convertirez l'étiquette et les calques de texte en un objet dynamique que vous transformerez ensuite. Les objets dynamiques vous permettent de continuer à modifier à la fois la déformation et le contenu du calque (le texte) après l'application de la transformation.

Associer les calques en un objet dynamique

La création d'un objet dynamique est un processus en deux étapes. Vous devez d'abord fusionner le calque OLIO et son masque d'écrêtage, puis convertir tous les calques de l'étiquette en un objet dynamique.

1. Dans le panneau Calques, sélectionnez les calques OLIO et Olives (cliquez sur les deux en maintenant la touche Maj enfoncée). Choisissez ensuite Fusionner les calques dans le menu du panneau. Photoshop les combine en un seul calque, nommé Olives.

2. Sélectionnez le calque Blank Label dans le panneau Calques, puis cliquez en maintenant la touche Maj enfoncée sur le calque supérieur de la liste, PRODUCT OF ITALY pour sélectionner ces deux calques et tous les calques intermédiaires. Dans le menu du panneau, choisissez ensuite l'option Convertir en objet dynamique.

▶ **Astuce :** Ouvrez le menu contextuel des calques sélectionnés (clic droit [Windows] ou Ctrl+clic [Mac OS]) : il contient les commandes Fusionner les calques et Convertir en objet dynamique.

Photoshop groupe les calques sélectionnés en un calque d'objet dynamique qui reprend le nom du calque supérieur de l'ancienne pile des calques, PRODUCT OF ITALY.

Déformer des objets dynamiques

Vous allez maintenant déformer l'objet dynamique afin de l'adapter à la forme de la bouteille. Pour cela, affichez vos repères.

1. Choisissez Affichage > Afficher > Repères pour afficher de nouveau les repères que vous avez créés plus tôt, puis zoomez sur l'étiquette.

2. Le calque PRODUCT OF ITALY étant sélectionné, choisissez Édition > Transformation > Déformation.

Photoshop applique une grille de 3 × 3 sur le calque dans la fenêtre de document. Cette grille contient des poignées et des lignes que vous pouvez faire glisser pour déformer le calque.

3. Pour vous aider à appliquer la déformation, vous allez ajouter quatre repères horizontaux dans la fenêtre de document de la manière suivante : placez un premier repère sur le bord supérieur de l'étiquette, puis un deuxième sur le bord inférieur de l'étiquette. Ajoutez ensuite deux repères supplémentaires 3 mm au-dessous des lignes horizontales de la grille de déformation.

4. Cliquez au centre de chaque ligne horizontale de la grille et faites-la glisser de 3 mm vers le bas pour incurver l'étiquette.

5. Une fois cette opération terminée, appuyez sur Entrée (Windows) ou Retour (Mac OS) pour valider la déformation.

6. Cliquez sur Affichage > Afficher > Repères pour masquer les repères. Cliquez ensuite sur le bouton Adapter à l'écran dans la barre d'options pour afficher toute la composition à l'écran.

7. Cliquez sur Fichier > Enregistrer pour sauvegarder votre travail.

Félicitations ! Vous avez ajouté et mis en forme tout le texte de la bouteille d'huile d'olive OLIO. Si vous souhaitez en savoir plus sur les possibilités des objets dynamiques, reportez-vous à l'encadré "Infos plus" à la fin de cette leçon. Pour un travail réel, vous aplatiriez et enregistreriez ce fichier pour l'impression.

8. Choisissez Fichier > Enregistrer sous, renommez le fichier **07Retouche_Aplati**. Cliquez sur OK dans la boîte de dialogue Options de format Photoshop si celle-ci s'affiche.

En conservant une version composée de plusieurs calques, vous pourrez retoucher cette composition ultérieurement, comme vous avez la possibilité de le faire dans l'encadré "Infos plus".

9. Choisissez Calque > Aplatir l'image.

10. Cliquez sur Fichier > Enregistrer, puis fermez la fenêtre de document.

Infos plus

Tirez pleinement profit de votre objet dynamique en modifiant le contenu de l'étiquette et en laissant Photoshop mettre automatiquement à jour la composition.

1. Double-cliquez sur la vignette de l'objet dynamique PRODUCT OF ITALY dans le panneau Calques. (Si vous obtenez une boîte de dialogue d'avertissement, cliquez sur OK.) Photoshop ouvre l'objet dynamique dans sa propre fenêtre.

2. Activez l'outil Texte horizontal et changez le texte "16 FL Ounces" en **32 FL Ounces** dans la fenêtre de l'objet dynamique. Cliquez ensuite sur le bouton Valider toutes les modifications en cours.

3. Fermez la fenêtre PRODUCT OF ITALY et enregistrez les modifications apportées lorsque vous y êtes invité.

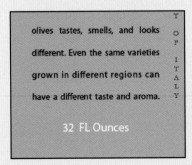

Photoshop revient au fichier de l'image 07Retouche.psd, et les modifications apportées à l'objet dynamique sont appliquées à l'étiquette. Vous pouvez répéter ce processus aussi souvent que vous le souhaitez sans compromettre la qualité de l'image ou la transformation. Pour modifier à tout moment et de façon non destructive un effet de déformation, choisissez Édition > Transformation > Déformation dans le fichier 07Retouche.psd.

Questions

1. Comment Photoshop traite-t-il le texte ?

2. Quelles sont les similitudes et les différences entre un calque de texte et les autres calques de Photoshop ?

3. Qu'est-ce qu'un masque d'écrêtage et comment peut-on en créer un à partir d'un texte ?

4. Décrivez deux méthodes peu connues de contrôle de la mise en forme du texte dans Photoshop.

Réponses

1. Le texte dans Photoshop est composé de formes calculées pour décrire les lettres, les chiffres et les symboles d'une police de caractères. Lorsqu'on ajoute du texte à une image Photoshop, les caractères sont composés de pixels et leur résolution est identique à celle du fichier d'image. Toutefois, Photoshop conserve les contours vectoriels du texte et les utilise lors de la mise à l'échelle ou du redimensionnement du texte, de l'enregistrement d'un fichier PDF ou EPS ou de l'impression d'une image sur une imprimante PostScript.

2. Le texte qui est ajouté à une image apparaît dans le panneau Calques sous la forme d'un calque de texte susceptible d'être modifié et géré de la même façon que tout autre type de calque. Il est possible d'ajouter, de modifier ou de changer l'orientation du texte et d'appliquer un lissage. On peut également déplacer, copier et modifier les options du calque.

3. Un masque d'écrêtage est un objet ou un groupe d'objets dont la forme masque d'autres images. Seules les zones se trouvant à l'intérieur de la forme de l'objet "masquant" demeurent visibles. Les lettres de tout calque de texte peuvent être converties en un masque d'écrêtage : il suffit de sélectionner à la fois le calque de texte et le calque qui devra apparaître au travers des lettres, puis de choisir Créer un masque d'écrêtage dans le menu du panneau Calques.

4. Après avoir sélectionné le texte dans la fenêtre de document, il faut réaliser les opérations suivantes dans le panneau Caractère ou dans la barre d'options :

   • Faire glisser le pointeur sur les icônes Définir le corps, Définir le crénage entre deux caractères, Définir l'interligne, Définir l'approche des caractères sélectionnés, Échelle verticale, Échelle horizontale et Définir le décalage sur la ligne de base pour faire défiler les valeurs dans ces champs.

   • Sélectionner une partie du texte dans la fenêtre de document, cliquer sur la police affichée dans le menu Définir la famille de polices et appuyer sur les touches direction-nelles Haut ou Bas pour parcourir les polices disponibles et les prévisualiser de façon interactive dans la fenêtre de document.

À la différence des images bitmap, les éléments vectoriels conservent leur netteté quelle que soit leur taille d'affichage. Vous pouvez dessiner des formes vectorielles et des tracés dans Photoshop et ajouter des masques vectoriels pour contrôler les parties visibles d'une image.

Les techniques de tracés vectoriels

8

Au cours de cette leçon, vous apprendrez à :

- distinguer les images bitmap des images vectorielles ;

- créer des droites et des courbes avec l'outil Plume ;

- convertir un tracé en sélection et une sélection en tracé ;

- enregistrer les tracés ;

- créer et modifier des calques de formes ;

- créer des calques de formes personnalisés ;

- importer et modifier un objet dynamique depuis Adobe Illustrator.

 Cette leçon vous prendra une heure et demie. Copiez le dossier Lesson08 sur votre disque dur si vous ne l'avez pas encore fait. Au cours de cette leçon, vous conserverez les fichiers de départ. Si vous devez néanmoins les restaurer, copiez-les de nouveau depuis le CD-ROM *Adobe Photoshop CS4 Classroom in a Book*.

À propos des images bitmap et des graphismes vectoriels

Avant d'aborder cette leçon, vous devez savoir ce qui distingue les *images bitmap* des formes et tracés *vectoriels*. Tous les graphismes numériques appartiennent à l'un ou à l'autre de ces deux types. Dans Photoshop, on peut travailler avec les deux : un fichier peut contenir des données bitmap et des données vectorielles.

D'un point de vue technique, les images bitmap sont constituées d'un ensemble de points, appelés *pixels*, auxquels sont attribuées des valeurs de couleurs et une position dans l'image. Retoucher une image bitmap, c'est modifier des groupes de pixels plutôt que des formes ou des objets. Parce que les images bitmap permettent de représenter des transitions subtiles de formes et de couleurs, elles sont le support des photographies numérisées et des travaux de "peinture" numérique. Conçues pour une résolution donnée, c'est-à-dire avec un certain nombre de pixels, dont elles restent dépendantes, elles présentent l'inconvénient de se dégrader si on tente de les redimensionner et de les afficher ou de les imprimer avec une résolution inférieure à celle pour laquelle elles ont été créées.

Les illustrations vectorielles sont constituées de courbes et de lignes, définies par des formules mathématiques – des *vecteurs*. Indépendantes de la résolution (mais représentées à l'écran par des pixels), les formes vectorielles peuvent être affichées à n'importe quelle échelle ou redimensionnées sans perte de qualité. Elles sont donc particulièrement adaptées aux graphismes précis susceptibles d'être redimensionnés, tels les logos et les graphiques.

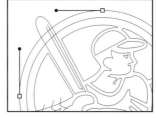

Un logo vectoriel

Le même logo, converti en image bitmap

À propos des tracés et de l'outil Plume

Un *tracé* est une ligne droite, une courbe ou une forme dessinée avec un des outils suivants : la Plume, la Plume magnétique ou la Plume libre. Des trois outils, c'est la Plume qui produit le tracé le plus précis ; la Plume magnétique et la Plume libre permettent de dessiner à main levée.

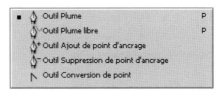

Julieanne Kost est une porte-parole officielle d'Adobe Photoshop.

Les astuces d'une porte-parole de Photoshop

Les raccourcis clavier des outils Plume

Chaque outil peut être sélectionné en appuyant sur une touche du clavier. Par exemple, avec la touche P, vous sélectionnez la Plume tandis qu'avec les touches Maj+P, vous accédez aux autres outils cachés par la Plume.

On distingue deux types de tracés : ouvert ou fermé. Un tracé ouvert comprend deux extrémités distinctes, tandis qu'un tracé fermé est continu (un cercle, par exemple, est un tracé continu). Le type du tracé détermine la manière dont il sera sélectionné et modifié.

Les tracés qui n'ont pas été remplis ou peints ne sont pas visibles à l'impression. Il s'agit en fait d'objets vectoriels ne contenant aucun pixel, contrairement aux formes bitmap réalisées avec l'outil Crayon ou tout autre outil de dessin.

Préparatifs

Avant de commencer, vous allez ouvrir la version finale d'une copie de l'image que vous allez créer, à savoir le poster d'une entreprise de jouets fictive.

1. Lancez Adobe Photoshop et appuyez aussitôt sur les touches Ctrl+Alt+Maj (Windows) ou Cmd+Option+Maj (Mac OS) pour restaurer les préférences par défaut du logiciel (pour en savoir plus, reportez-vous à la section "Rétablissement des préférences par défaut" de l'Introduction).

2. Lorsque vous y êtes invité, cliquez sur Oui pour confirmer la suppression du fichier de paramètres.

3. Dans la barre d'application, cliquez sur le bouton Passer à Bridge (Br).

4. Dans le volet Favoris, cliquez sur le dossier Lessons, puis double-cliquez sur le dossier Lesson08 dans le volet Contenu.

5. Affichez le fichier 08End.psd. Pour agrandir la taille de la vignette, utilisez le curseur situé au bas de la fenêtre de Bridge.

Pour créer ce poster, vous allez ouvrir l'image de la navette spatiale et réaliser des tracés et des sélections au moyen de l'outil Plume. Tout au long de ce processus, vous découvrirez des utilisations avancées des tracés et des masques vectoriels ainsi que les techniques d'utilisation des objets dynamiques.

6. Lorsque vous avez terminé l'observation du fichier 08End.psd, double-cliquez sur le fichier Saucer.psd pour l'ouvrir dans Photoshop.

7. Choisissez Fichier > Enregistrer sous, renommez le fichier **08Retouche.psd** par exemple, puis cliquez sur Enregistrer. Cliquez sur OK dans la boîte de dialogue Options de format Photoshop.

Utilisation des tracés dans les images

Vous allez vous servir de l'outil Plume pour sélectionner la soucoupe volante, dont les formes tout en courbes et en rondeurs seraient très difficiles à sélectionner d'une autre manière.

Vous créerez un tracé autour de la soucoupe volante et deux tracés à l'intérieur de celle-ci, les convertirez en sélections, puis soustrairez une sélection de l'autre, afin que seule la soucoupe soit sélectionnée. Vous créerez ensuite un calque à partir de la soucoupe et modifierez l'arrière-plan.

Pour dessiner un tracé à main levée avec l'outil Plume, il est toujours préférable d'insérer le moins de points possible pour créer la forme. En effet, moins il y a de points, plus les courbes sont lisses.

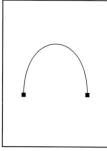
Nombre adéquat
de points

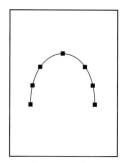
Nombre excessif
de points

Créer des tracés avec l'outil Plume

L'outil Plume permet de créer des tracés droits ou incurvés, ouverts ou fermés. Si vous ne connaissez pas cet outil, vous serez peut-être dérouté. La compréhension des éléments d'un tracé et de la façon d'employer cet outil facilite grandement la création de tracés.

Pour créer un tracé rectiligne, commencez par cliquer sur le bouton de la souris. Au premier clic, vous définissez le point de départ. À chaque nouveau clic, une ligne droite est créée entre le point précédent et le point actuel. Pour créer des tracés composés de multiples segments rectilignes avec l'outil Plume, il suffit de continuer à ajouter des points.

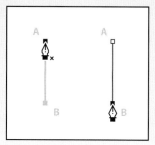

Pour créer un tracé incurvé, cliquez pour placer un point d'ancrage, puis faites glisser votre pointeur afin de créer une ligne directrice pour ce point. Chaque ligne directrice se termine par deux points directeurs. Le positionnement des lignes et des points directeurs détermine la taille et la forme du segment incurvé. Le fait de déplacer les lignes et les points directeurs modifie l'incurvation d'un tracé.

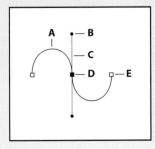

A. Segment courbe
B. Point directeur
C. Ligne directrice
D. Point d'ancrage sélectionné
E. Point d'ancrage non sélectionné

Les courbes lisses sont connectées par des points d'ancrage appelés *points d'inflexion*. Les tracés nettement incurvés sont connectés par des *sommets*. Lorsque vous déplacez une ligne directrice sur un point d'inflexion, les segments de courbe des deux côtés du point s'ajustent simultanément. En comparaison, lorsque vous placez une ligne directrice sur un sommet, seule la courbe située du même côté du point que la ligne directrice est ajustée.

Les segments de tracés et les points d'ancrage peuvent être déplacés après leur création soit individuellement, soit en groupe. Quand un tracé contient plusieurs segments, il est possible de faire glisser des points d'ancrage individuels pour ajuster des segments individuels de ce tracé ou de sélectionner tous les points d'ancrage pour modifier le tracé dans sa totalité. Faites appel à l'outil Sélection directe pour sélectionner et ajuster un point d'ancrage, un segment de tracé ou un tracé entier.

La création d'un tracé fermé diffère de celle d'un tracé ouvert dans la façon dont vous le terminez. Pour terminer un tracé ouvert, vous cliquez sur l'outil Plume dans le panneau Outils. Pour créer un tracé fermé, vous placez le pointeur de l'outil Plume sur le point de départ et vous cliquez. Le fait de fermer un tracé le termine automatiquement. Une fois le tracé fermé, le pointeur de l'outil Plume apparaît accompagné d'un petit x indiquant que le clic suivant commencera un nouveau tracé.

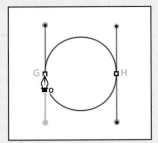

Lors de la création de tracés, une zone de stockage temporaire nommée Tracé de travail apparaît dans le panneau Tracés. Il est préférable d'enregistrer les tracés de travail, surtout si vous employez des tracés distincts dans la même image. Si vous désélectionnez un tracé de travail existant dans le panneau Tracés et recommencez un tracé, un nouveau tracé de travail viendra remplacer l'original, qui sera perdu. Pour enregistrer un tracé de travail, double-cliquez dessus dans le panneau Tracés, entrez un nom dans la boîte de dialogue Mémoriser le tracé qui apparaît et cliquez sur OK pour renommer et enregistrer le tracé. Il reste alors sélectionné dans le panneau Tracés.

Tracer le contour d'une forme

Dans cet exercice, vous allez relier tous les points de A à N avec la Plume, puis vous fermerez le tracé. Vous créerez des segments rectilignes, incurvés et quelques sommets.

Vous configurerez d'abord les options de l'outil Plume et de votre zone de travail, puis vous tracerez les contours d'une soucoupe volante en utilisant un modèle.

1. Activez l'outil Plume (✒) dans le panneau d'outils.

2. Dans la barre d'options, définissez ou vérifiez les paramètres suivants :

- Activez l'option Tracés (◨).
- Assurez-vous que l'option Afficher le déplacement est désactivée dans le menu contextuel Options de géométrie.
- Assurez-vous que l'option Ajout/Suppr. auto est activée.
- Activez l'option Étendre la zone de la forme (▣).

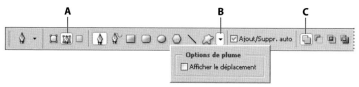

A. Option Tracés **B.** Options de Géométrie **C.** Option Étendre la zone de la forme

3. Cliquez sur l'onglet du panneau Tracés pour l'afficher au premier plan de son groupe.

Le panneau Tracés affiche une vignette des tracés de l'image. Il est vide pour le moment car vous n'avez pas encore commencé à réaliser le tracé.

4. Si nécessaire, zoomez sur l'image pour voir nettement les lettres et les points rouges. Assurez-vous que le modèle entier s'affiche dans la fenêtre de document et veillez à sélectionner de nouveau l'outil Plume après avoir zoomé.

5. Cliquez sur le point A (le point bleu) et faites glisser le pointeur sur le point rouge. Relâchez le bouton de la souris. Vous avez créé le premier point d'ancrage et défini la direction de la première courbe.

6. Cliquez sur le point B (le point bleu là encore) et faites glisser le pointeur sur le point rouge.

À la base du cockpit (point B), vous devez convertir le point d'inflexion en sommet pour créer un angle aigu entre la courbe et une droite.

7. Cliquez sur le point B en maintenant la touche Alt (Windows) ou Option (Mac OS) enfoncée pour supprimer une des lignes directrices et convertir ce point en sommet.

Définition d'un point d'inflexion
au point B

Conversion du point d'inflexion
en sommet

8. Cliquez sur le point C pour créer une droite (ne faites pas glisser le pointeur).

En cas d'erreur, cliquez sur Édition > Annuler et reprenez le dessin du tracé.

9. Cliquez sur le point D et faites glisser le pointeur jusqu'au point rouge. Procédez de la même façon sur le point E. Cliquez ensuite sur le point F.

10. Définissez des points d'inflexion sur les points G, H et I en cliquant sur chacun d'eux, puis en faisant glisser le pointeur jusqu'au point rouge qui les accompagne.

11. Cliquez sur le point J.

12. Définissez des points d'inflexion pour les points K et L.

13. Cliquez sur le point M.

14. Cliquez sur le point N et ne relâchez pas le bouton de la souris. Appuyez sur la touche Alt (Windows) ou Option (Mac OS) et faites glisser du point N sur le point rouge pour ajouter une ligne directrice au point N. Puis relâchez le bouton de la souris et la touche Alt/Option.

15. Placez le pointeur sur le point A : il doit arborer un petit cercle pour indiquer que vous allez fermer le tracé (peut-être aurez-vous du mal à voir le cercle sur un fond aussi sombre). Faites glisser le pointeur du point A au point rouge, puis relâchez le bouton de la souris pour tracer la dernière ligne courbe.

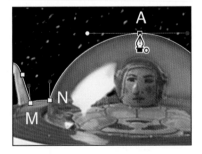

16. Dans le panneau Tracés, double-cliquez sur le tracé de travail, nommez-le **Soucoupe** dans la boîte de dialogue Mémoriser le tracé et cliquez sur OK pour l'enregistrer.

17. Cliquez sur Fichier > Enregistrer pour sauvegarder votre travail.

Convertir des sélections en tracés

Voyons une autre technique pour créer un deuxième tracé. Vous commencerez par sélectionner une zone de l'image en fonction de la similitude de couleurs, puis vous convertirez la sélection en tracé. (Toute sélection créée avec un outil de sélection peut être convertie en tracé.)

1. Cliquez sur l'onglet du panneau Calques pour l'afficher, puis faites glisser le calque Template sur la Corbeille, au bas du panneau, car vous n'en avez plus besoin.

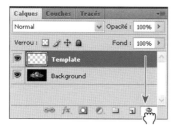 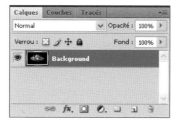

2. Sélectionnez l'outil Baguette magique (✸) dans le panneau Outils, caché sous l'outil Sélection rapide.

3. Dans la barre d'options, assurez-vous que la valeur indiquée dans le champ Tolérance est de **32**.

4. Cliquez sur le fond noir d'un des deux ailerons, de part et d'autre du cockpit.

5. Appuyez sur la touche Maj et cliquez dans le fond noir du second aileron pour l'ajouter à la sélection.

 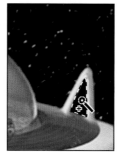

6. Affichez le panneau Tracés, puis cliquez sur le bouton Convertir une sélection en tracé (), au bas du panneau.

 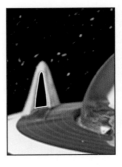 

La sélection est convertie en tracé, et un nouveau tracé de travail est ajouté dans le panneau Tracés.

7. Double-cliquez sur ce tracé de travail, nommez-le **Ailerons** et cliquez sur OK pour l'enregistrer.

8. Cliquez sur Fichier > Enregistrer pour sauvegarder votre travail.

Convertir des tracés en sélections

À l'inverse, vous pouvez aussi facilement convertir des tracés en sélections. En effet, leurs contours réguliers permettent de réaliser des sélections précises. Après avoir créé les tracés pour la soucoupe et les ailerons, vous allez les convertir en sélections et leur appliquer un filtre.

1. Dans le panneau Tracés, cliquez sur le tracé Soucoupe pour l'activer.

2. Convertissez le tracé en sélection à l'aide de l'une des méthodes suivantes :

- Choisissez Définir une sélection dans le menu du panneau et cliquez sur OK dans la boîte de dialogue.

- Ou faites glisser le tracé Masque sur le bouton Récupérer le tracé comme sélection, au bas du panneau.

▶ **Astuce :** Vous pouvez également cliquer sur le bouton Récupérer le tracé comme sélection au bas du panneau Tracés pour convertir le tracé sélectionné en sélection.

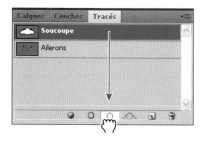

À présent, vous allez soustraire la sélection des ailerons à celle de la soucoupe afin que l'arrière-plan soit visible à travers les parties vides des ailerons.

3. Dans le panneau Tracés, cliquez sur le tracé Ailerons pour l'activer, puis choisissez Définir une sélection dans le menu du panneau.

4. Dans la section Opération de la boîte de dialogue Définir une sélection, activez l'option Soustraire de la sélection et cliquez sur OK.

Le tracé Ailerons est simultanément converti en sélection et soustrait de la sélection Soucoupe.

Ne désélectionnez rien : nous allons poursuivre avec la même sélection.

Convertir la sélection en calque

Cette dernière section est destinée à vous convaincre de l'avantage qu'il y a à créer des sélections complexes à partir de tracés. La soucoupe étant parfaitement détourée, on peut la copier et la coller dans un nouveau calque : on pourra ainsi introduire un autre élément entre ce calque et le fond de l'image.

1. Vous devez toujours voir le contour de la sélection dans la fenêtre de document. Dans le cas contraire, vous devez répéter les étapes de l'exercice précédent.

2. Cliquez sur Calque > Nouveau > Calque par copier.

3. Cliquez sur l'onglet du panneau Calques. Un nouveau calque, Calque 1, est apparu. Sa vignette montre qu'il ne contient que l'image de la soucoupe, et non l'arrière-plan comme sur le calque d'origine.

4. Dans le panneau Calques, renommez le Calque 1 **Soucoupe** et appuyez sur la touche Entrée (Windows) ou Retour (Mac OS).

5. Cliquez sur Fichier > Ouvrir pour ouvrir le fichier 08Start.psd, situé dans le dossier Lessons/Lesson08 sur votre disque dur.

Le fichier 08Start.psd contient une image de planète sur un fond bleu en dégradé. Vous allez vous servir de cette image comme arrière-plan de la soucoupe volante.

6. Cliquez sur le bouton Réorganiser les documents dans la barre d'application et sélectionnez une disposition 2 vignettes afin d'afficher simultanément les images 08Retouche.psd et 08Start.psd. Cliquez ensuite sur l'image 08Retouche.psd pour l'activer.

7. Sélectionnez l'outil Déplacement (⊹) et faites glisser la soucoupe depuis le document 08Retouche.psd dans la fenêtre de document de l'image 08Start.psd afin qu'elle semble survoler la planète.

8. Fermez l'image 08Retouche.psd sans enregistrer les modifications et laissez le fichier 08Start.psd ouvert et actif.

Vous allez maintenant positionner la soucoupe volante plus précisément dans l'arrière-plan.

9. Sélectionnez le calque Soucoupe dans le panneau Calques et choisissez Édition > Transformation manuelle.

Un rectangle de transformation apparaît autour de la soucoupe.

10. Placez le pointeur sur une poignée de contrôle dans un coin du cadre de transformation. Lorsqu'il prend l'apparence d'une double flèche incurvée (↱), faites-le glisser de façon à faire pivoter la soucoupe de 20° environ. Pour une rotation plus précise, vous pouvez entrer cette valeur dans le champ Rotation de la barre d'options. Une fois satisfait du résultat, appuyez sur Entrée (Windows) ou Retour (Mac OS).

Note : Si vous déformez accidentellement la soucoupe au lieu de la faire pivoter, appuyez sur la touche Echap et recommencez.

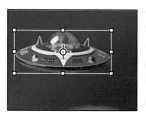

11. Assurez-vous que le calque Soucoupe est toujours sélectionné et, avec l'outil Déplacement, faites glisser la soucoupe au-dessus du pôle nord de la planète, comme le représente l'illustration suivante.

12. Cliquez sur Fichier > Enregistrer sous, renommez le fichier **08B_Retouche.psd** par exemple et cliquez sur Enregistrer. Cliquez sur OK dans la boîte de dialogue Options de format Photoshop.

Création d'objets vectoriels pour le fond du poster

Bien des posters sont destinés à être reproduits et imprimés à différentes échelles, avec la même qualité, d'où l'emploi de formes vectorielles. Ce poster sera constitué de formes vectorielles créées à partir de tracés et de masques. Ces formes pourront ainsi être redimensionnées par la suite sans perte de qualité ou de détails.

Créer une forme redimensionnable

Commençons par créer un objet de la forme d'un rein pour le fond du poster.

1. Affichez les règles verticale et horizontale (Affichage > Règles).

2. Faites glisser le panneau Tracés hors du groupe de panneaux Calques. Comme vous allez beaucoup vous servir de ces deux panneaux, autant les afficher tous les deux.

3. Masquez tous les calques à l'exception de Retro Shape Guide Layer et Background en cliquant dans les colonnes de visibilité appropriées dans le panneau Calques. Sélectionnez ensuite le calque Background.

Le calque Retro Shape Guide Layer servira de modèle lorsque vous tracerez la forme.

4. Conservez les couleurs de premier plan et d'arrière-plan par défaut (noir et blanc, respectivement) en cliquant sur le bouton Couleurs de premier plan et d'arrière-plan par défaut (◼) dans le panneau Outils (ou utilisez la touche de raccourci D). Inversez ensuite ces couleurs en cliquant sur le bouton Permuter les couleurs de premier plan et d'arrière-plan (⤵) ou en appuyant sur la touche X. À présent, la couleur de premier plan est le blanc.

5. Dans le panneau Outils, sélectionnez l'outil Plume (✒), puis activez l'option Calques de forme dans la barre d'options.

A. Bouton Couleurs de premier plan et d'arrière-plan par défaut
B. Bouton Définir la couleur de premier plan
C. Bouton Permuter les couleurs de premier plan et d'arrière-plan
D. Bouton Définir la couleur d'arrière-plan

6. Créez la forme en procédant comme suit :

- Cliquez sur le point A et faites glisser le pointeur sur le point B, puis relâchez le bouton de la souris.

- Cliquez sur le point C et faites glisser le pointeur sur le point D, puis relâchez le bouton de la souris.

Note : Si vous rencontrez des problèmes, ouvrez de nouveau l'image de la soucoupe et entraînez-vous sur son contour jusqu'à vous familiariser avec le tracé de segments incurvés. Par ailleurs, n'hésitez pas à relire l'encadré "Créer des tracés avec l'outil Plume", plus haut dans ce chapitre.

- Continuez à tracer les segments incurvés de cette façon autour de la forme jusqu'à revenir au point A, puis cliquez sur A pour fermer le tracé.

  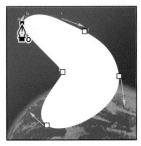

Vous remarquerez au cours du tracé que Photoshop crée automatiquement un nouveau calque nommé Forme 1 et placé au-dessus du calque actif, dans le panneau Calques.

7. Double-cliquez sur le calque Forme 1, renommez-le **Forme rétro** par exemple, et appuyez sur Entrée (Windows) ou Retour (Mac OS).

8. Rendez invisible le calque Forme rétro dans le panneau Calques.

9. Cliquez sur Fichier > Enregistrer pour sauvegarder votre travail.

Désélectionner des tracés

Lorsque vous sélectionnez un outil de dessin vectoriel, vous devez parfois désélectionner les tracés pour que la barre d'options affiche les bonnes options. Cela peut aussi être nécessaire pour voir le résultat produit par certains effets, les contours en pointillés des tracés pouvant être gênants.

Notez que la bordure entre la forme blanche et l'arrière-plan bleu apparaît granuleuse. Ce que vous voyez est en fait le tracé lui-même, qui n'est pas imprimable. C'est l'indice visuel indiquant que le calque Forme rétro est toujours sélectionné. Avant de passer à l'exercice suivant, vous allez vous assurer que tous les tracés sont désélectionnés.

1. Activez l'outil Sélection de tracé (▶), qui peut être caché sous l'outil Sélection directe (▶).

2. Dans la barre d'options, cliquez sur le bouton Exclure le tracé de destination (✔).

● **Note :** Vous pouvez également désélectionner les tracés en cliquant dans une zone vide du panneau Tracés.

À propos des calques de formes

Un calque de forme est constitué d'un fond et d'une forme. Les propriétés du fond déterminent les couleurs, le motif et la transparence du calque. La forme est un masque de fusion qui définit quelles sont les zones de remplissage visibles.

Dans le calque que vous venez de créer, le *fond* est blanc. Il est visible dans la forme que vous venez de créer et masqué dans le reste de l'image. Le ciel de l'arrière-plan apparaît donc autour de cette forme.

Dans le panneau Calques, Forme rétro se situe au-dessus du calque Background car ce dernier était sélectionné lorsque vous avez commencé le tracé. Le calque Forme rétro comprend trois éléments : deux vignettes et, entre les deux, une icône de lien en forme de chaîne.

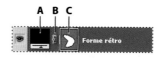

A. Remplissage de la forme
B. Icône de lien
C. Vignette du masque vectoriel

La vignette de gauche montre que le calque est entièrement rempli de blanc. Le curseur qui se trouve juste au-dessous n'est pas fonctionnel, mais il indique que le calque est modifiable.

La vignette de droite représente le masque vectoriel du calque. Le blanc correspond à la partie de l'image visible et le gris foncé à la partie masquée.

Le chaînon entre les deux vignettes indique que le calque et le masque vectoriel sont liés.

Soustraire des formes d'un calque de forme

Après avoir créé un calque de forme, on peut définir des options pour soustraire à la forme vectorielle d'autres formes. On peut aussi la déplacer, la redimensionner et la modifier avec les outils Sélection de tracé et Sélection directe. Vous allez améliorer la forme du calque Forme rétro en lui soustrayant une forme d'étoile à travers laquelle l'espace sera visible. Pour placer cette forme avec précision, vous pourrez vous aider du calque Star Guide Layer, qui est invisible pour le moment.

1. Dans le panneau Calques, rendez visible le calque Star Guide Layer, mais laissez le calque Forme rétro sélectionné. Le calque Star Guide Layer est maintenant visible dans la fenêtre de document.

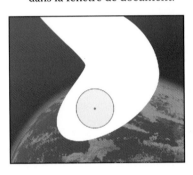 

2. Dans le panneau Tracés, sélectionnez le tracé de travail Masque vectoriel Forme rétro.

3. Dans le panneau Outils, activez l'outil Polygone (⬭), qui est caché sous l'outil Rectangle (▢).

 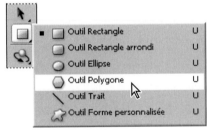

4. Dans la barre d'options, définissez les options suivantes :

- Dans le champ Côtés, entrez **11**.

- Cliquez sur la flèche Options de Géométrie (à gauche du champ Côtés) pour afficher le panneau Options de polygone. Activez l'option Étoile et tapez **50 %** dans le champ Côtés indentés de. Cliquez en dehors du panneau Options de polygone pour le fermer.

- Cliquez sur l'option Soustraire de la zone de forme (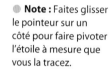) ou appuyez sur la touche Moins (–) ou Trait d'union. Le pointeur du Polygone se présente sous la forme d'une croix arborant un signe moins (+).

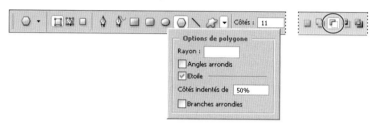

5. Cliquez sur le point orange au centre du cercle orange dans l'image, et faites glisser le pointeur vers l'extérieur jusqu'à ce que les pointes de l'étoile atteignent le contour du cercle.

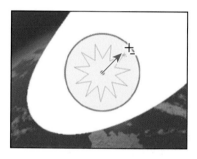 

Note : Faites glisser le pointeur sur un côté pour faire pivoter l'étoile à mesure que vous la tracez.

Lorsque vous relâchez le bouton de la souris, la forme en étoile se transforme en découpe, qui vous permet de voir la planète au travers.

Le contour de l'étoile apparaît en pointillés pour indiquer qu'elle est sélectionnée. Le cadre blanc qui entoure la vignette du masque vectoriel du calque Forme rétro dans le panneau Calques indique également que cette forme est sélectionnée.

6. Dans le panneau Calques, rendez invisible le calque Star Guide Layer.

Les vignettes ont changé dans les panneaux : dans le panneau Calques, celle de gauche correspondant au calque Forme rétro est la même, mais celles du masque, dans le panneau Calques et dans le panneau Tracés, comprennent maintenant la forme découpée de l'étoile.

7. Sélectionnez l'outil Sélection de tracé (▸) puis cliquez sur le bouton Exclure le tracé de la sélection (✔) dans la barre d'options pour désélectionner les tracés de l'étoile et de la forme.

Les tracés sont maintenant désélectionnés, et les lignes en pointillés ont disparu, laissant une bordure nette entre les zones bleues et blanches. De plus, le tracé du masque vectoriel Forme rétro n'apparaît plus en surbrillance dans le panneau Tracés.

8. Cliquez sur Fichier > Enregistrer pour sauvegarder votre travail.

Utilisation de formes personnalisées définies

Une autre façon d'utiliser les formes dans une image consiste à tracer une forme personnalisée ou prédéfinie. Pour cela, il suffit de cliquer sur l'outil Forme personnalisée, de sélectionner une forme dans le sélecteur de forme personnalisée et de réaliser le tracé dans la fenêtre de document. Vous allez le découvrir maintenant en ajoutant des carreaux à l'arrière-plan du poster.

1. Dans le panneau Calques, assurez-vous que le calque Forme rétro est sélectionné, puis cliquez sur le bouton Créer un calque (■) pour ajouter un calque au-dessus. Nommez ce nouveau calque **Motif**, par exemple. Appuyez sur Entrée (Windows) ou Retour (Mac OS).

2. Dans le panneau Outils, activez l'outil Forme personnalisée (✿), caché sous l'outil Polygone (◯).

3. Dans la barre d'options, sélectionnez l'option Pixels de remplissage.

4. Dans la barre d'options toujours, cliquez sur la flèche du menu Forme pour ouvrir le sélecteur de forme personnalisée.

5. Double-cliquez sur la forme de style damier (Carreau 4) dans le bas du sélecteur (si nécessaire, faites glisser la barre de défilement ou agrandissez le sélecteur pour afficher cette forme) pour la sélectionner et fermer le sélecteur de forme personnalisée.

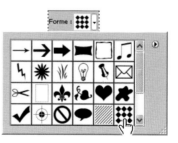

6. Assurez-vous que la couleur de premier plan dans le panneau Outils est le blanc, appuyez sur la touche Maj et faites glisser votre pointeur en diagonale dans le document pour tracer et dimensionner la forme afin qu'elle forme un carré de quatre centimètres environ. (Maintenir la touche Maj enfoncée permet de conserver les proportions initiales de la forme.)

7. Ajoutez cinq damiers supplémentaires de diverses tailles jusqu'à ce que votre poster ressemble à la figure suivante.

8. Dans le panneau Calques, réduisez l'opacité du calque Motif à **20 %**.

L'arrière-plan de votre poster est maintenant terminé.

9. Rendez visible le calque Soucoupe pour voir toute la composition.

10. Enregistrez votre travail.

Importation d'un objet dynamique

Les objets dynamiques sont des calques que vous pouvez modifier dans Photoshop de façon non destructive, ce qui signifie que les modifications apportées à l'image restent éditables et n'affectent pas les pixels de l'image. Quel que soit le nombre de fois où vous redimensionnez, faites pivoter, déformez ou modifiez un objet dynamique, il conserve des contours nets et précis.

Vous pouvez importer des objets vectoriels en tant qu'objets dynamiques depuis Illustrator. Si vous modifiez l'objet original dans Illustrator, les changements sont immédiatement répercutés dans l'objet dynamique de votre fichier image Photoshop. Vous avez déjà découvert les objets dynamiques aux leçons précédentes mais vous allez les étudier plus précisément maintenant en important du texte Illustrator dans le poster.

Ajouter le titre

Le texte a été créé dans Illustrator. Vous allez l'ajouter au poster.

1. Sélectionnez le calque Soucoupe, puis choisissez Fichier > Importer. Naviguez jusqu'au dossier Lessons/Lesson08, sélectionnez le fichier title.ai et cliquez sur Importer, puis sur OK dans la boîte de dialogue Importer un fichier PDF.

Le texte "Retro Toyz" s'affiche au milieu de la composition, dans un rectangle de transformation muni de poignées de redimensionnement. Un nouveau calque, title, apparaît dans le panneau Calques.

2. Faites glisser l'objet Retro Toyz vers le coin supérieur droit du poster, puis faites glisser un coin de l'élément tout en maintenant la touche Maj enfoncée pour agrandir le texte de façon qu'il remplisse la partie supérieure du poster, comme dans la figure suivante. Appuyez ensuite sur Entrée (Windows) ou Retour (Mac OS), ou cliquez sur le bouton Valider la transformation (✔) dans la barre d'options.

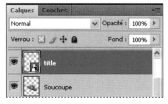

Lors de la validation de la transformation, la vignette du calque se transforme pour indiquer qu'il s'agit d'un objet dynamique.

Le titre "Retro Toyz" étant un objet dynamique, vous pouvez continuer à modifier sa taille et sa forme comme bon vous semble. Il suffit pour cela de sélectionner le calque et de choisir Édition > Transformation manuelle pour accéder aux poignées de redimensionnement et les faire glisser à votre convenance. Vous pouvez également sélectionner l'outil Déplacement (▸⊕), cocher la case Options de transf. dans la barre d'options afin d'afficher les poignées.

Ajouter un masque vectoriel à un objet dynamique

Pour créer un effet amusant, vous allez transformer le centre de chaque lettre "O" en une étoile qui correspond à la découpe que vous avez créée plus tôt. Vous utiliserez pour cela un masque vectoriel, que vous pouvez lier à un objet dynamique dans Photoshop CS4.

1. Sélectionnez le calque title, puis cliquez sur le bouton Ajouter un masque de fusion au bas du panneau Calques.

 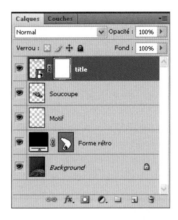

2. Sélectionnez l'outil Polygone (caché derrière l'outil Forme personnalisée). Les options que vous avez utilisées précédemment pour créer l'étoile doivent toujours être activées. L'outil Polygone conserve en effet les mêmes paramètres jusqu'à ce que vous les modifiiez. Pour rétablir les options par défaut, reportez-vous à la section "Soustraire des formes d'un calque de forme".

3. Cliquez sur le bouton Permuter les couleurs de premier plan et d'arrière-plan dans le panneau Outils, afin que le noir soit la couleur de premier plan.

4. Cliquez au centre de la lettre "O" du mot "Toyz" et faites glisser le pointeur vers l'extérieur jusqu'à ce que l'étoile couvre le centre de la lettre.

5. Répétez l'étape 3 pour ajouter une autre étoile dans le "O" du mot "Retro".

Rotation de l'affichage (OpenGL seulement)

Vous avez travaillé sur l'image en conservant les mots "Retro Toyz" en haut de la zone de travail et la planète en bas. Mais si votre carte graphique prend en charge OpenGL, vous pouvez faire pivoter la zone de travail afin de dessiner, saisir du texte ou disposer des objets depuis un point de vue différent. Vous allez faire pivoter l'affichage afin d'ajouter une indication de copyright sur le côté de l'image. (Si votre carte graphique ne prend pas en charge OpenGL, passez directement à la section suivante.)

Pour commencer, entrez le texte.

1. Ouvrez le panneau Caractère (Fenêtre > Caractère). Sélectionnez une police sans serif comme Myriad Pro, d'une taille de 10 points et sélectionnez la couleur blanche.

2. Sélectionnez l'outil Texte horizontal et cliquez dans le coin inférieur gauche de l'image. Tapez ensuite : **Copyright VOTRE NOM Productions**, en indiquant votre propre nom.

Cette indication doit s'afficher verticalement sur le côté de l'image. Vous allez donc faire pivoter la zone de travail pour vous faciliter la tâche.

3. Sélectionnez l'outil Rotation de l'affichage ( ), caché sous l'outil Main ( ).

4. Appuyez sur la touche Maj et faites glisser l'outil de façon circulaire pour faire pivoter la zone de travail de 90° dans le sens horaire. Avec la touche Maj enfoncée, la rotation s'effectue par incréments de 45°.

Astuce : Vous pouvez également entrer une valeur dans le champ Angle de rotation de la barre d'options.

5. Sélectionnez le calque de texte Copyright et choisissez Édition > Transformation > Rotation 90° antihoraire.

6. Utilisez l'outil Déplacement pour aligner le texte le long du bord supérieur de l'image, qui sera donc le côté gauche lorsqu'elle sera affichée dans sa disposition normale.

7. Sélectionnez de nouveau l'outil Rotation de l'affichage, puis cliquez sur le bouton Réinitialiser la vue dans la barre d'options.

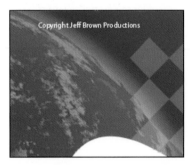

8. Cliquez sur Fichier > Enregistrer pour sauvegarder votre travail.

Finitions

Pour finir, vous allez nettoyer le panneau Calques en supprimant les calques qui vous ont servi de guide.

1. Assurez-vous que les calques Copyright, title, Soucoupe, Motif, Forme rétro et Background sont les seuls calques visibles dans le panneau Calques.

2. Dans le menu du panneau Calques, choisissez Supprimer les calques masqués, puis cliquez sur Oui pour confirmer la suppression.

3. Enregistrez votre travail.

Félicitations ! Vous avez terminé le poster. Il doit ressembler à l'image suivante. (Pour ajouter un contour au texte, suivez les opérations proposées dans l'encadré "Infos plus" suivant.)

Infos plus

Si vous disposez d'Adobe Illustrator CS ou ultérieur, vous pouvez alors modifier l'objet dynamique Retro Toyz dans Illustrator pour qu'il soit automatiquement mis à jour dans Photoshop. Essayez ceci :

1. Double-cliquez sur la vignette de l'objet dynamique dans le calque title. Si une boîte de dialogue d'avertissement apparaît, cliquez sur OK. L'objet dynamique Retro Toyz s'ouvre alors dans la fenêtre de document d'Illustrator.

2. À l'aide de l'outil Sélection directe, tracez un rectangle autour du texte afin d'en sélectionner toutes les lettres.

3. Double-cliquez sur le bouton Contour dans le panneau Outils pour ouvrir le sélecteur de couleurs. Choisissez le noir et cliquez sur OK.

4. Dans Illustrator CS3 ou supérieur, choisissez 0,5 pt dans le menu Contour de la barre d'options. Si vous utilisez une version antérieure d'Illustrator, ouvrez le panneau Contour et sélectionnez une largeur de 0,5 point.

Un contour noir de 0,5 point apparaît autour du texte Retro Toyz.

5. Fermez le document et cliquez sur Oui lorsque vous êtes invité à enregistrer vos modifications. Cliquez sur OK si un message d'alerte s'affiche.

6. Revenez à Photoshop. Le poster Retro Toyz se met à jour et un contour apparaît autour du texte.

Questions

1. Quelle est l'utilité d'employer l'outil Plume pour créer une sélection ?
2. Quelle est la différence entre une image bitmap et un graphisme vectoriel ?
3. Qu'est-ce qu'un calque de forme ?
4. Quels outils emploie-t-on pour déplacer et redimensionner les tracés et les formes ?
5. Que sont les objets dynamiques et quels bénéfices peut-on tirer de leur emploi ?

Réponses

1. Dans le cas d'une sélection de forme complexe, il est souvent plus facile de dessiner un tracé avec la Plume, puis de le convertir en sélection.

2. Les images bitmap sont constituées d'un ensemble de points appelés *pixels*. Parce qu'elles permettent de représenter des transitions subtiles de formes et de couleurs, ces images sont le support des photographies numérisées et des travaux de "peinture" numérique. Les illustrations vectorielles sont constituées de courbes et de lignes, définies par des formules mathématiques. Elles peuvent être affichées à n'importe quelle échelle ou redimensionnées sans perte de qualité. Elles sont donc particulièrement adaptées aux graphismes précis susceptibles d'être redimensionnés, tels les logos et les graphiques.

3. Un calque de forme sert à stocker le contour d'une forme dans le panneau Tracés. On peut modifier cette forme en modifiant le tracé correspondant.

4. Les outils Sélection d'élément de tracé et Sélection directe permettent de redimensionner et de déplacer les tracés et les formes. On peut également cliquer sur Édition > Transformation manuelle.

5. Les objets dynamiques sont des objets vectoriels qui peuvent être importés et modifiés dans Photoshop sans perte de qualité. On peut mettre à l'échelle, faire pivoter, pencher et modifier un objet dynamique à souhait sans pour autant que les données de l'image d'origine soient perdues. Les objets dynamiques présentent l'avantage d'être modifiables dans l'application où ils ont été créés, comme Illustrator ; les changements sont alors immédiatement répercutés dans l'objet dynamique importé dans le fichier image de Photoshop.

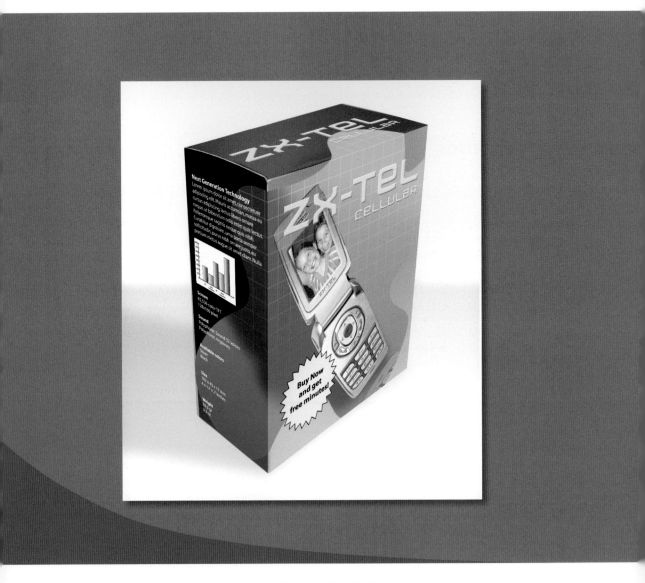

La maîtrise des techniques de base pour l'emploi des calques doit vous amener à créer des effets plus complexes avec les masques de fusion, les groupes de détourage et les styles de calque. Vous pouvez également ajouter des calques à d'autres documents.

Les calques : techniques avancées

9

Au cours de cette leçon, vous apprendrez à :

• importer un calque d'un autre fichier ;

• créer un masque d'écrêtage ;

• créer et modifier un calque de réglage ;

• employer les effets de point de fuite 3D sur des calques ;

• créer des compositions de calques pour présenter vos travaux ;

• gérer les calques ;

• aplatir et enregistrer des fichiers multicalques ;

• fusionner des calques et les fusionner par duplication.

 Cette leçon vous prendra environ une heure. Copiez le dossier Lesson09 sur votre disque dur si vous ne l'avez pas encore fait. Au cours de cette leçon, vous conserverez les fichiers de départ. Si vous devez néanmoins les restaurer, copiez-les de nouveau depuis le CD-ROM *Adobe Photoshop CS4 Classroom in a Book*.

Préparatifs

Dans cette leçon, vous combinerez plusieurs images afin de créer une boîte pour l'emballage d'un téléphone portable. Vous créerez trois compositions multicalques différentes que vous afficherez à tour de rôle à l'aide des compositions de calques. Une fois que vous aurez terminé cette leçon, vous pourrez aller plus loin en expérimentant par vous-même différentes combinaisons de filtres, d'effets de masques et de propriétés des calques.

1. Lancez Photoshop et appuyez aussitôt sur les touches Ctrl+Alt+Maj (Windows) ou Cmd+Option+Maj (Mac OS) pour restaurer les préférences par défaut du logiciel (pour en savoir plus, reportez-vous à la section "Rétablissement des préférences par défaut" de l'Introduction).

2. Dans la boîte de message qui apparaît, cliquez sur Oui pour confirmer que vous voulez supprimer le fichier de paramètres.

3. Dans la barre d'options, cliquez sur le bouton Lancer Bridge (Br).

4. Dans le volet Favoris d'Adobe Bridge, cliquez sur le dossier Lessons, puis double-cliquez sur le dossier Lesson09 dans le volet Contenu.

5. Étudiez la vignette du fichier 09End.psd. Si nécessaire, utilisez le curseur au bas de la fenêtre de Bridge pour agrandir sa taille.

Au cours de cette leçon, vous allez créer le prototype d'un emballage. Pour cela, vous assemblerez des éléments de plusieurs images, vous les disposerez sur des calques, vous ajouterez de la perspective, puis vous affinerez la conception d'ensemble. Vous créerez plusieurs compositions de calques en vue de présenter cette illustration à un client.

6. Double-cliquez sur la vignette du fichier 09Start.psd pour l'ouvrir dans Photoshop. Cliquez sur Fichier > Enregistrer sous, renommez le fichier **09Retouche.psd**, puis cliquez sur Enregistrer. Cliquez sur OK dans la boîte de dialogue Options de format Photoshop.

7. Faites glisser le panneau Calques par son onglet en haut de la zone de travail. Agrandissez sa taille de façon à pouvoir afficher une dizaine de calques en même temps.

Pour l'instant, le panneau Calques ne contient que trois calques, dont deux sont visibles : la boîte grise en trois dimensions et un calque de fond. Le calque Full Art est, lui, invisible.

8. Sélectionnez le calque Full Art dans le panneau Calques. Vous pouvez constater que son contenu reste invisible.

Création d'un masque d'écrêtage

Pour commencer à construire l'image composite, vous allez ajouter certains éléments que vous utiliserez ensuite pour créer le design de la boîte.

1. Cliquez sur le bouton Lancer Bridge () dans la barre d'application pour revenir à Bridge.

2. Dans le volet Contenu, double-cliquez sur le fichier phone_art.psd pour l'ouvrir.

Ce fichier est composé de deux calques, Phone Art et Mask. Vous allez créer un masque d'écrêtage afin que l'image du téléphone soit contenue dans la forme du masque du calque Mask.

3. Assurez-vous que le calque Mask soit au-dessous du calque Phone Art dans le panneau Calques. Un masque d'écrêtage doit en effet être au-dessous de l'image sur laquelle il agit.

4. Sélectionnez le calque Phone Art. Maintenez la touche Alt (Windows) ou Option (Mac OS) enfoncée et placez le pointeur entre les deux calques. Cliquez lorsque l'icône du pointeur prend l'apparence d'un double cercle (⊶).

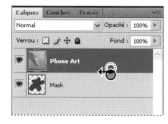

La vignette du calque Phone Art est alors décalée vers la droite et précédée d'une flèche pointant vers le calque situé au-dessous, dont le nom est souligné.

Vous allez importer cette nouvelle image dans le fichier 09Retouche.psd. Mais avant, vous devez fusionner les calques en un seul.

5. Dans le menu du panneau Calques, choisissez Fusionner les calques visibles.

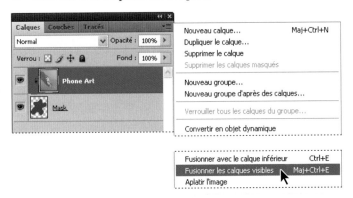

Vous pouvez fusionner les calques de différentes façons, mais n'utilisez pas la commande Aplatir l'image car les zones transparentes de l'image seraient alors supprimées.

Vous allez maintenant ajouter une illustration à un autre fichier, par simple glisser-déposer.

6. Dans la barre d'application, cliquez sur le bouton Réorganiser les documents, puis sélectionnez une disposition 2 vignettes afin d'afficher les deux images simultanément.

7. Faites glisser le calque fusionné Phone Art depuis le panneau Calques dans l'image 09Retouche.psd. Le calque apparaît au-dessus du calque actif (le calque Full Art), c'est-à-dire au sommet de la pile des calques. L'illustration recouvre la boîte.

8. Dans le panneau Calques du fichier 09retouche.psd, double-cliquez sur le nom du calque Phone Art et renommez-le **Forme**, par exemple. Appuyez ensuite sur la touche Entrée ou Retour pour valider.

9. Cliquez sur Fichier > Enregistrer pour sauvegarder votre travail.

10. Fermez le fichier phone_art.psd sans enregistrer les modifications apportées.

Création d'un plan de perspective

L'illustration que vous avez ajoutée s'affiche au-dessus de la boîte, ce qui n'est pas exactement l'effet recherché. Vous allez corriger cela en lui donnant une perspective afin qu'elle semble plaquée sur la boîte.

1. Le calque Forme sélectionné dans le panneau Calques, sélectionnez-en tout le contenu (Ctrl+A [Windows] ou Cmd+A [Mac OS]).

2. Coupez ce contenu (Ctrl+X [Windows] ou Cmd+X [Mac OS]) et placez-le dans le Presse-papiers. Seule la boîte est encore visible.

3. Cliquez sur Filtre > Point de fuite. Vous allez utiliser le filtre Point de fuite pour dessiner un plan en perspective de mêmes dimensions que la boîte.

4. Avec l'outil Création de plan ( ), qui est sélectionné par défaut, cliquez dans le coin supérieur droit de la face avant de la boîte pour commencer à définir le plan. Il est plus simple de définir des plans lorsque vous pouvez utiliser un élément rectangulaire comme guide.

5. Continuez à tracer le plan en cliquant sur chaque angle de la face avant de la boîte. Lorsque vous cliquez sur le dernier angle et complétez le plan, une grille s'affiche sur cette face et l'outil Modification du plan (✎) est automatiquement sélectionné pour vous permettre d'en ajuster la taille.

  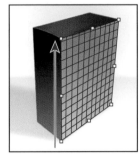

6. Si nécessaire, modifiez la position des points d'angle de la grille avec l'outil Modification du plan.

Vous allez maintenant étendre la grille aux deux autres faces de la boîte afin de compléter la perspective.

7. L'outil Modification du plan sélectionné, appuyez sur la touche Ctrl (Windows) ou Cmd (Mac OS) et faites glisser le point situé au centre du côté gauche de la face avant, pour étendre le plan de fuite à la tranche de la boîte, tandis que la grille de la face avant disparaît et que seuls ses contours bleus restent affichés.

8. Utilisez l'outil Modification du plan pour ajuster l'emplacement des points d'angle sur la face gauche de la boîte, afin qu'elle suive au plus près la forme de la boîte.

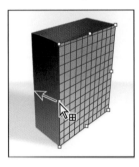 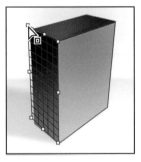 

● **Note :** Il n'est pas nécessaire que la grille finie ait exactement les mêmes dimensions que la boîte.

9. Lorsque vous êtes satisfait de l'emplacement des points d'angle, répétez les étapes 7 et 8 pour étendre la grille sur la face supérieure de la boîte.

Si vous appliquiez une perspective différente à chaque plan, vous pourriez créer un calque différent pour chacun des plans. En utilisant la fonctionnalité Point de fuite sur un calque distinct, vous conservez intacte l'image originale, et cela vous permet de contrôler l'opacité, le style et les modes de fusion du calque.

Vous êtes prêt à ajouter l'illustration et à lui donner une perspective.

10. Collez le contenu du Presse-papiers sur la grille (Ctrl+V [Windows] ou Cmd+V [Mac OS]). Cette action active automatiquement l'outil Rectangle de sélection de la boîte de dialogue Point de fuite.

11. À l'aide de l'outil Rectangle de sélection (⬚), sélectionnez le contenu, puis faites-le glisser au centre de la face avant de la boîte afin que la plus grande partie de l'illustration apparaisse sur cette face mais s'enroule autour des deux autres faces. Il est important de placer l'illustration sur la face avant de la boîte pour que la mise en perspective se déroule correctement.

12. Lorsque le résultat vous convient, cliquez sur OK.

13. Cliquez sur Fichier > Enregistrer pour sauvegarder votre travail.

Création de raccourcis clavier personnalisés

Photoshop propose des raccourcis clavier pour la plupart des outils et des commandes les plus fréquemment employés. Mais vous pouvez aussi personnaliser ces raccourcis. Pour créer l'image composite, vous allez importer plusieurs illustrations conçues dans Adobe Illustrator. Pour être plus efficace, vous allez créer un raccourci clavier pour la fonction Importer.

1. Cliquez sur Édition > Raccourcis clavier pour ouvrir la boîte de dialogue Raccourcis clavier et menus.

2. Dans la liste Menu de commande de l'application, cliquez sur le triangle situé à gauche de Fichier pour afficher son contenu. Faites défiler la liste et sélectionnez la commande Importer.

3. Appuyez sur la touche F7 pour la définir comme nouveau raccourci clavier. Un message d'avertissement s'affiche alors pour vous indiquer que la touche F7 est déjà utilisée et correspond à la commande Fenêtre > Calques, qui affiche le panneau Calques.

4. Cliquez sur Accepter et aller au conflit, puis sur OK.

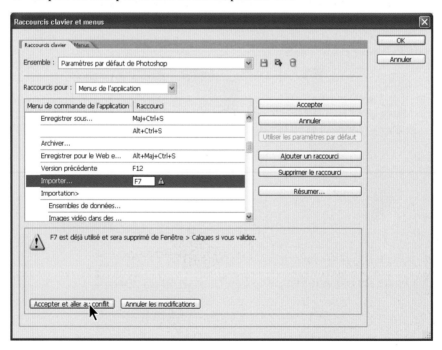

Importation d'une illustration

Vous allez maintenant tirer parti de ce nouveau raccourci clavier pour ajouter une illustration à votre composition. Cette illustration, créée avec l'outil Texte dans Illustrator puis convertie en image, comprend les mots "ZX-Tel Cellular". Vous ne pouvez donc plus modifier le texte avec l'outil Texte. En revanche, vous n'avez pas à vous soucier de l'aspect qu'il présentera sur les ordinateurs où la police de caractères utilisée n'est pas installée.

1. Appuyez sur la touche F7 pour ouvrir la boîte de dialogue Importer.

2. Sélectionnez le fichier ZX-Tel logo.ai situé dans le dossier Lesson09 et cliquez sur Importer.

3. Dans la boîte de dialogue Importer un fichier PDF qui s'affiche, cliquez sur OK pour conserver les paramètres d'importation par défaut. L'image importée s'affiche en mode transformation manuelle et vous pouvez donc la modifier.

La commande Importer ajoute une photographie, une illustration ou tout format de fichier pris en charge par Photoshop en tant qu'objet dynamique dans le document.

Comme nous l'avons vu précédemment, les objets dynamiques préservent les caractéristiques d'origine de l'image source, ce qui permet d'apporter des modifications non destructrices au calque. En revanche, certains filtre et effets ne sont pas disponibles pour les objets dynamiques.

4. Utilisez les poignées de redimensionnement du logo pour lui donner à peu près la largeur de la face avant de la boîte, puis faites-le glisser sur cette même face avant. Ne vous inquiétez pas si ses dimensions ne sont pas précises, vous allez employer le filtre Point de fuite pour le placer en perspective.

5. Lorsque la position du logo vous satisfait, appuyez sur la touche Entrée (Windows) ou Retour (Mac OS) pour valider.

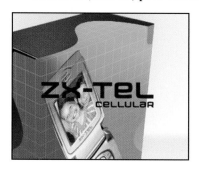
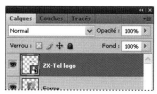

L'image importée apparaît sur le calque ZX-Tel logo au sommet de la pile des calques. L'icône située dans le coin inférieur droit de la vignette du calque indique qu'il s'agit d'un objet dynamique.

6. Enregistrez votre travail.

Ajout d'une illustration en perspective

Continuez en plaquant le texte que vous venez d'importer sur la boîte en trois dimensions, avant de le transformer en lui donnant une perspective afin d'obtenir un effet réaliste. Étant donné que les objets dynamiques ne prennent pas en charge le filtre Point de fuite, vous devez commencer par convertir les données vectorielles du calque de l'objet dynamique en pixels.

1. Dans le panneau Calques, ouvrez le menu contextuel du calque ZX-Tel logo (clic droit sur son nom [Windows] ou Ctrl+clic [Mac OS]) et choisissez Pixelliser le calque. L'objet dynamique est alors converti en calque bitmap.

2. Cliquez sur Image > Réglages > Négatif pour inverser les couleurs du texte. Le texte du logo sera ainsi plus lisible lorsqu'il sera ajouté à la boîte.

3. Le calque ZX-Tel logo toujours sélectionné dans le panneau Calques, cliquez sur Sélection > Tout sélectionner pour sélectionner tout son contenu.

4. Allez dans Édition > Couper.

5. Cliquez sur Filtre > Point de fuite pour afficher la boîte en 3D et l'illustration du téléphone dans la boîte de dialogue Point de fuite.

6. Collez le logo sur le plan en perspective (Ctrl+V [Windows] ou Cmd+V [Mac OS]), puis faites-le glisser sur la face avant de la boîte.

7. Activez les poignées de transformation libre (Ctrl+T [Windows] ou Cmd+T [Mac OS]). Faites-les glisser pour ajuster le logo afin qu'il adopte la perspective de la boîte. Vous devrez peut-être faire pivoter le logo.

8. Appuyez sur les touches Alt (Windows) ou Option (Mac OS), puis faites glisser une copie du logo sur le sommet de la boîte. Lorsque sa position vous satisfait, cliquez sur OK.

9. Enregistrez votre travail.

Ajout d'un style de calque

Vous allez à présent ajouter un style de calque pour donner de la profondeur au logo. Les styles de calque sont des effets automatiques qui s'appliquent aux calques.

1. Sélectionnez le calque ZX-Tel logo dans le panneau Calques.

2. Cliquez sur Calque > Style de calque > Biseautage et estampage. Conservez les paramètres par défaut et cliquez sur OK.

 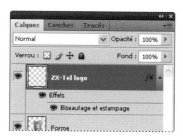

Les contours du logo sont maintenant plus nets et donnent l'impression d'être en relief.

Importation de l'illustration de la tranche

Pour compléter l'emballage, vous allez ajouter une copie du produit sur la tranche de la boîte.

1. Appuyez sur la touche F7, sélectionnez le fichier side box copy.ai et cliquez sur Importer. Dans la boîte de dialogue Importer un fichier PDF qui s'affiche alors, cliquez sur OK pour conserver les paramètres d'importation par défaut.

2. Maintenez la touche Maj enfoncée et utilisez les poignées de redimensionnement autour de l'illustration importée afin de lui donner à peu près la largeur de la tranche de la boîte. Appuyez ensuite sur la touche Entrée (Windows) ou Retour (Mac OS) pour valider.

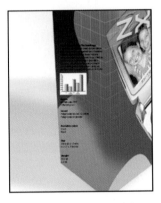

3. Dans le panneau Calques, ouvrez le menu contextuel du calque side box copy (clic droit sur son nom [Windows] ou Ctrl+clic [Mac OS]) et choisissez Pixelliser le calque.

Vous allez sélectionner le texte et modifier sa couleur pour le rendre plus lisible.

4. Sélectionnez l'outil Lasso polygonal (⊬) caché sous l'outil Lasso (⌀) dans le panneau Outils.

5. Tracez un rectangle de sélection autour du bloc de texte situé au-dessus du graphique. Maintenez ensuite la touche Maj enfoncée et tracez un autre cadre de sélection autour du bloc de texte situé au-dessous du graphique pour l'ajouter à la sélection. Vous ne devez pas inclure le graphique dans la sélection.

Vous avez utilisé l'outil Lasso polygonal car les blocs de texte forment un contour légèrement irrégulier. Mais vous auriez également pu vous servir de l'outil Rectangle de sélection.

6. Inversez les couleurs du texte (Ctrl+I [Windows] ou Cmd+I [Mac OS]) de façon qu'il s'affiche en blanc. Cliquez ensuite sur Sélection > Désélectionner.

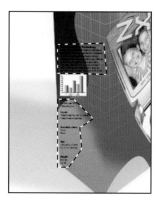 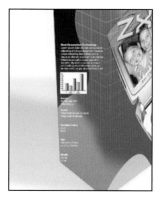

Mise en perspective de la seconde illustration

Vous allez ajouter cette seconde illustration en perspective sur la boîte.

1. Sélectionnez le calque side box copy et cliquez sur Sélection > Tout sélectionner.

2. Coupez le contenu du calque (Ctrl+X [Windows] ou Cmd+X [Mac OS]) et placez-le dans le Presse-papiers.

3. Cliquez sur Filtre > Point de fuite.

4. Collez l'illustration (Ctrl+V [Windows] ou Cmd+V [Mac OS]) sur le plan en perspective.

5. Faites ensuite glisser l'illustration sur la tranche de la boîte. Si nécessaire, appuyez sur les touches Ctrl+T (Windows) ou Cmd+T (Mac OS) et utilisez les poignées de transformation libre pour ajuster la taille et la position de l'illustration.

6. Lorsque la position du logo vous satisfait, cliquez sur OK.

Vous allez répéter cette procédure pour importer le dernier élément et le disposer sur la boîte en perspective.

7. Appuyez sur F7, double-cliquez sur le fichier special offer.ai et cliquez sur Importer. Cliquez sur OK pour fermer la boîte de dialogue Importer un fichier PDF. Réduisez les dimensions de l'illustration afin qu'elle occupe l'espace situé entre le téléphone et le coin inférieur gauche de la face avant de la boîte, puis appuyez sur la touche Entrée (Windows) ou Retour (Mac OS) pour valider.

8. Dans le panneau Calques, ouvrez le menu contextuel du calque special offer (clic droit sur son nom [Windows] ou Ctrl+clic [Mac OS]) et choisissez Pixelliser le calque. Ce calque n'est alors plus un objet dynamique.

9. Pour placer le calque special offer sur la boîte en perspective, suivez la même procédure que pour les autres illustrations importées :

- Sélectionnez-le, puis cliquez sur Sélection > Tout sélectionner.

- Coupez le contenu du calque (Ctrl+X [Windows] ou Cmd+X [Mac OS]) et placez-le dans le Presse-papiers.

- Cliquez sur Filtre > Point de fuite.

- Collez le logo (Ctrl+V [Windows] ou Cmd+V [Mac OS]) dans la boîte de dialogue.

- Placez l'illustration dans le coin inférieur gauche de la face avant de la boîte, puis cliquez sur OK.

10. Enregistrez votre travail.

Création d'un calque de réglage

Pour rendre l'emballage encore plus réaliste, vous allez employer un calque de réglage et ajouter une ombre sur la tranche de la boîte.

Les calques de réglage peuvent être utilisés sur une image pour appliquer une couleur ou pour procéder à des corrections de tons sans modifier les valeurs des pixels de l'image. Vous pouvez, par exemple, expérimenter différentes couleurs successivement car les modifications ne portent que sur le calque de réglage. Pour retrouver les valeurs originales des pixels, il vous suffit de masquer ou de supprimer le calque de réglage.

Vous avez déjà eu recours aux calques de réglage au cours des leçons précédentes. Vous allez maintenant vous servir d'un calque de réglage Niveaux pour augmenter la profondeur des tons de la sélection, ce qui aura pour effet d'augmenter le contraste général. Un calque de réglage affecte tous les calques situés au-dessous de lui dans la pile des calques, à mois qu'une sélection ne soit active lorsque vous le créez.

1. Dans le panneau Calques, sélectionnez le calque side box copy.

2. Dans le panneau Outils, activez l'outil Lasso polygonal (⋎) pour tracer un cadre de sélection rectangulaire autour de la tranche de la boîte.

3. Dans le panneau Réglages, cliquez sur le bouton Niveaux pour créer un calque de réglage.

4. Double-cliquez sur ce calque de réglage, nommez-le **Ombre**, puis appuyez sur la touche Entrée ou Retour pour valider.

5. Dans le panneau Réglages, faites glisser le curseur blanc de la section Niveaux de sortie vers la gauche pour abaisser la luminosité jusqu'à ce que la valeur indiquée soit de **210** environ. Cliquez ensuite sur le bouton Revenir à la liste de réglages situé au bas du panneau.

6. Enregistrez votre travail.

7. Cliquez sur l'icône de visibilité du calque de réglage Ombre pour visualiser son effet. Comme vous avez effectué une sélection avant de créer le calque de réglage, ce dernier n'agit que sur la zone sélectionnée. Lorsque vous avez fini, assurez-vous que tous les calques sauf Full Art sont visibles.

Utilisation des compositions de calques

Vous allez sauvegarder cette configuration comme composition de calques. Les compositions de calques permettent d'afficher facilement plusieurs combinaisons de calques et d'effets dans le même fichier Photoshop. Une composition de calques est un instantané d'un état du panneau Calques.

1. Allez dans Fenêtre > Compositions de calques.

2. Au bas du panneau Compositions de calques, cliquez sur le bouton Créer une composition de calques. Nommez cette nouvelle composition de calques **Boîte noire** et saisissez une description de son apparence dans le champ Commentaire : **Boîte 3D, sommet noir et illustration couleur sur la tranche**. Cliquez ensuite sur OK.

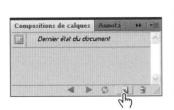
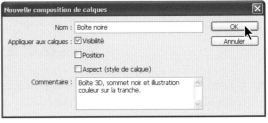

Vous allez maintenant procéder à quelques modifications, puis vous sauvegarderez le nouvel aspect de l'image dans une composition de calques différente.

3. Dans le panneau Calques, rendez invisibles les calques Black Box et Forme, puis rendez visible le calque Full Art.

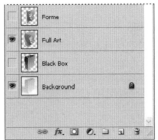

Enregistrez cette version comme nouvelle composition de calques.

4. Au bas du panneau Compositions de calques, cliquez sur le bouton Créer une composition de calques. Nommez cette composition **Image complète**, puis entrez la description suivante : **Boîte 3D, sommet bleu et illustration couleur**. Cliquez ensuite sur OK.

5. Dans le panneau Compositions de calques, cliquez alternativement sur les icônes de visibilité des deux compositions de calques pour les afficher et les masquer et ainsi visualiser les différences entre les deux versions de l'image.

Vous pouvez également utiliser les compositions de calques pour enregistrer la position ou l'aspect d'un calque dans un document, y compris les styles de calque et les modes de fusion.

6. Cliquez sur Fichier > Enregistrer pour sauvegarder votre travail.

Gestion des calques

Avec les compositions de calques, vous avez appris à présenter différentes versions d'une même image. Mais il est également pratique de regrouper les calques en fonction de leur contenu. Vous allez organiser les éléments textuels et les illustrations en créant pour chacun un groupe de calques.

1. Dans le panneau Calques, cliquez sur les calques special offer, side box copy et ZX-Tel logo tout en appuyant sur la touche Ctrl (Windows) ou Cmd (Mac OS) pour les sélectionner.

2. Ouvrez le menu du panneau Calques et choisissez Nouveau groupe d'après des calques. Nommez le groupe **Texte de la boîte**, puis cliquez sur OK.

3. Sélectionnez le calque de réglage Ombre, puis appuyez sur la touche Maj et cliquez sur le calque Full Art pour le sélectionner ainsi que le calque Forme. Choisissez ensuite Nouveau groupe d'après des calques dans le menu du panneau Calques, et nommez ce groupe de calques **Illustrations de la boîte**, puis cliquez sur OK.

Les groupes de calques permettent d'organiser et de gérer le contenu du panneau Calques. Vous pouvez afficher le contenu d'un groupe de calques afin de voir chaque calque individuellement ou au contraire réduire le groupe à un dossier pour simplifier l'affichage du panneau. Vous pouvez également changer l'ordre d'empilement des calques à l'intérieur du groupe.

4. Rendez invisibles les groupes de calques pour visualiser la manière dont les calques sont regroupés. Affichez ensuite les deux groupes de calques de nouveau.

Les groupes de calques fonctionnent de la même façon que les calques sur bien des aspects. Vous pouvez sélectionner, dupliquer et déplacer des groupes entiers, leur appliquer des attributs et les masquer. Toutes les modifications que vous apportez à un groupe de calques s'appliquent à tous les calques qu'il contient.

Aplatissement d'une image multicalque

Comme vous l'avez fait lors des précédentes leçons de cet ouvrage, vous allez maintenant aplatir l'image multicalque. Lors de cette opération, tous les calques fusionnent en un seul, ce qui réduit considérablement le poids du fichier. Si vous destinez un fichier à l'impression, nous vous conseillons de conserver deux versions : celle contenant tous les calques afin de pouvoir encore les modifier et la version aplatie destinée à l'impression.

1. Avant de procéder à cette opération, notez la taille du fichier indiquée dans le coin inférieur gauche de l'image ou de la fenêtre de document. Si elle n'apparaît pas sous la forme (Doc : 5,01 Mo/43,6 Mo), cliquez sur la flèche et choisissez Afficher > Tailles du document dans le menu.

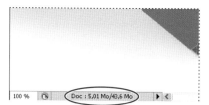

Le nombre de gauche donne une indication de la taille d'impression du fichier, c'est-à-dire de l'image aplatie et enregistrée au format Photoshop. Celui de droite correspond à la taille actuelle du fichier, avec calques et couches.

2. Cliquez sur Image > Dupliquer, nommez la copie **09Final.psd** et validez en cliquant sur OK.

3. Choisissez Aplatir l'image dans le menu du panneau Calques. Cliquez sur OK dans la boîte de message qui s'affiche pour supprimer les calques masqués.

Les calques de l'image 09Final.psd fusionnent en un seul calque d'arrière-plan. Comme vous pouvez le constater, la taille du fichier a considérablement diminué et se rapproche du chiffre le plus faible indiqué précédemment. Notez également que les zones transparentes de l'image ont été remplies de blanc.

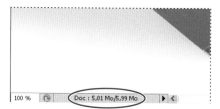

4. Cliquez sur Édition > Annuler Aplatir l'image.

Vous allez essayer une autre méthode de fusion des calques pour réduire la taille du fichier.

Fusion de calques et de groupes de calques

Contrairement à l'aplatissement de l'image, la fusion des calques permet de sélectionner les calques que vous voulez conserver.

Vous allez fusionner tous les éléments de la boîte mais en conservant le groupe de calques Texte de la boîte et le calque Black Box. De cette façon, vous pourrez réutiliser leur contenu à tout moment.

1. Dans le panneau Calques, rendez invisible le groupe de calques Texte de la boîte pour masquer tous les calques qu'il contient.

2. Dans le panneau Calques, sélectionnez le groupe de calques Illustrations de la boîte.

3. Cliquez sur Calque > Fusionner les calques visibles. Tous les calques dont le contenu est invisible dans le groupe de calques ne sont pas fusionnés avec les autres.

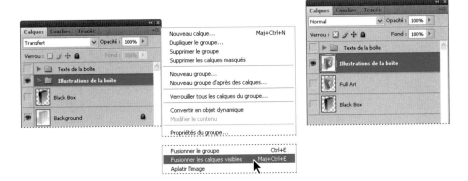

4. Cliquez sur Édition > Annuler Fusionner les calques visibles.

Vous allez essayer une troisième méthode pour fusionner les calques et réduire la taille du fichier.

Fusion par duplication

Vous pouvez combiner les avantages de l'aplatissement de l'image tout en conservant certains calques en fusionnant les groupes de calques. Les calques sélectionnés fusionnent alors en un seul mais l'image aplatie est placée sur un nouveau calque, sans modifier les autres calques. Ce qui est particulièrement utile si vous devez employer une image aplatie tout en conservant certains calques pour des retouches ultérieures.

1. Dans le panneau Calques, sélectionnez le groupe de calques Illustrations de la boîte.

2. Maintenez la touche Alt (Windows) ou Option (Mac OS) enfoncée et cliquez sur Calque > Fusionner le groupe. Un nouveau calque contenant les éléments fusionnés apparaît alors dans le panneau Calques. Pour réduire le poids du fichier, vous pouvez supprimer les calques originaux du fichier.

Groupe de calques

Calque fusionné

3. Cliquez sur Fichier > Enregistrer, puis sur Enregistrer dans la boîte de dialogue Enregistrer sous pour sauvegarder le fichier au format Photoshop. Cliquez sur OK si la boîte de dialogue Options de format Photoshop s'affiche.

À cette leçon, vous avez créé une image composite en trois dimensions et découvert différentes façons d'enregistrer l'illustration finale.

Questions

1. Quelle est l'utilité des groupes de calques ?

2. Comment créer un masque d'écrêtage sur une forme ?

3. Qu'est-ce qu'un calque de réglage ? Quels avantages y a-t-il à utiliser un calque de réglage ?

4. Qu'est-ce qu'un style de calque ?

5. Quelles sont les différences entre l'aplatissement et la fusion des calques ?

Réponses

1. Les groupes de calques permettent d'organiser et de gérer les calques. Par exemple, on peut déplacer tous les calques d'un groupe à la fois, puis leur appliquer les mêmes attributs ou un même masque.

2. On place le calque à écrêter au-dessus du calque qui doit servir de masque, on sélectionne le premier calque et on appuie sur la touche Alt ou Option, puis on place le pointeur entre les deux calques et on clique. Le calque d'écrêtage est alors indenté et une flèche pointant vers le calque sur lequel il agit s'affiche devant son nom.

3. Un calque de réglage permet de faire des essais de réglage de couleurs et de tons sur une image sans modifier de façon permanente ses pixels. Il peut être affiché ou non, modifié, supprimé ou masqué sans que ces modifications affectent définitivement l'image.

4. Un style de calque est un jeu d'effets personnalisable qui peut être appliqué à un calque. Ces effets sont dynamiques : ils peuvent être modifiés ou supprimés après application.

5. Aplatir une image fusionne tous les calques dans un seul calque de fond, ce qui réduit considérablement la taille du fichier. Quand on fusionne les calques, on peut choisir ceux qui seront aplatis (les calques sélectionnés ou visibles). La fusion par duplication combine les avantages des deux méthodes précédentes. En effet, les calques sélectionnés sont fusionnés sur un nouveau calque sans que les autres calques soient modifiés.

Les filtres disponibles dans Photoshop permettent de transformer une photographie ordinaire en œuvre d'art numérique. Choisissez des filtres qui augmentent le flou ou au contraire renforcent la netteté, qui déforment, tordent ou fragmentent les images, ou encore qui imitent les techniques classiques de peinture (aquarelle, par exemple). Vous pouvez également employer des calques de réglage et différents modes de dessin pour retravailler les images.

Composition avancée 10

Au cours de cette leçon, vous apprendrez à :

- utiliser des repères pour positionner et aligner des images avec précision ;

- enregistrer et charger des sélections en tant que masques ;

- appliquer des effets de couleurs aux parties non masquées d'une image ;

- appliquer des filtres sur une sélection pour créer divers effets ;

- appliquer des styles de calque pour créer des effets modifiables ;

- enregistrer et exécuter un script pour automatiser une série d'opérations ;

- fusionner des images pour créer un panorama.

Cette leçon vous prendra environ une heure et demie. Copiez le dossier Lesson10 sur votre disque dur si vous ne l'avez pas encore fait. Au cours de cette leçon, vous conserverez les fichiers de départ. Si vous devez néanmoins les restaurer, copiez-les de nouveau depuis le CD-ROM *Adobe Photoshop CS4 Classroom in a Book*.

Préparatifs

Dans cette leçon, vous allez créer une photo souvenir d'un voyage à Washington. Vous ferez un montage de plusieurs images afin de concevoir une carte postale, puis vous réaliserez un poster en panorama. Pour commencer, observez les versions finales de ces projets.

1. Lancez Photoshop et appuyez aussitôt sur les touches Ctrl+Alt+Maj (Windows) ou Cmd+Option+Maj (Mac OS) pour restaurer les préférences par défaut du logiciel (pour en savoir plus, reportez-vous à la section "Rétablissement des préférences par défaut" de l'Introduction).

2. Lorsque vous y êtes invité, cliquez sur Oui pour confirmer la suppression du fichier de paramètres.

3. Dans la barre d'application, cliquez sur le bouton Lancer Bridge (Br) pour ouvrir Adobe Bridge.

4. Dans le volet Favoris, cliquez sur le dossier Lessons, puis double-cliquez sur le dossier Lesson10 dans le volet Contenu.

5. Sélectionnez la vignette 10A_End.psd et examinez-la dans le volet Aperçu. Si nécessaire, utilisez le curseur situé au bas de la fenêtre de Bridge pour agrandir la taille de la vignette et ainsi mieux visualiser l'image.

Il s'agit d'une carte postale composée de quatre images. Un effet ou un filtre différent a été utilisé sur chacun de ces éléments.

6. Affichez la vignette 10B_End.psd.

Ce fichier est un poster contenant une image panoramique et du texte. Vous allez tout d'abord créer la carte postale.

7. Double-cliquez sur la vignette 10A_Start.jpg pour l'ouvrir dans Photoshop.

Assemblage de plusieurs images

La carte postale est un montage de quatre images différentes. Vous allez recadrer chacune d'entre elles, puis vous les ajouterez sur des calques distincts dans une image composite. À l'aide de repères, vous alignerez précisément et facilement ces images. Avant de retoucher les images plus en profondeur, vous ajouterez du texte et lui appliquerez des effets.

Ouvrir et recadrer les images

La taille des images que vous allez employer est, de loin, supérieure à ce dont vous avez besoin. Vous devez donc les recadrer avant de les réunir dans une composition. Le recadrage des images implique des choix esthétiques car vous devez choisir quelles parties de l'image conserver ou non. Le fichier 10A_Start.jpg étant déjà ouvert, vous allez commencer par celui-ci.

1. Sélectionnez l'outil Recadrage (⊄). Dans la barre d'options, entrez **500 px** dans le champ Largeur et **500 px** dans le champ Hauteur. Entrez ensuite **300 ppp** (pixels/pouce) dans le champ Résolution.

> **Note :** Assurez-vous de bien saisir 500 pixels et non 500 cm !

Le cadre de recadrage aura donc une taille fixe de 500 pixels par 500 pixels.

2. Tracez un cadre autour de la partie droite de l'image, afin que la Smithsonian Institution soit au centre de la zone recadrée. Vous pouvez vous servir des touches directionnelles Gauche et Droite du clavier pour positionner la sélection si nécessaire.

3. Lorsque le résultat vous satisfait, double-cliquez dans le cadre ou appuyez sur Entrée (Windows) ou Retour (Mac OS) pour valider le recadrage.

Comme vous allez travailler sur plusieurs fichiers, mieux vaut donner à chaque image un nom explicite et facilement identifiable. En outre, vous enregistrerez ce fichier au format Photoshop car chaque fois que vous retouchez et enregistrez un fichier au format JPEG, sa qualité se dégrade.

4. Cliquez sur Fichier > Enregistrer sous et enregistrez l'image recadrée sous le nom **Musée.psd** dans votre dossier Lesson10.

5. Cliquez sur Fichier > Ouvrir, parcourez votre disque dur jusqu'au dossier Lesson10, puis sélectionner les fichiers Capitol_Building.jpg et Washington_Monument.jpg (maintenez la touche Ctrl [Windows] ou Cmd [Mac OS] enfoncée pour sélectionner les deux fichiers). Cliquez ensuite sur Ouvrir.

Chaque image s'ouvre dans Photoshop, chacune sous son onglet.

6. Cliquez sur l'onglet de l'image Washington_Monument.jpg, puis sur Fichier > Enregistrer sous et sauvegardez l'image au format Photoshop sous le nom **Monument.psd**.

7. Cliquez sur l'onglet de l'image Capitol_Building.jpg, puis sur Fichier > Enregistrer sous et sauvegardez l'image au format Photoshop sous le nom **Capitole.psd**.

8. Répétez les étapes 1 à 3 pour recadrer les images Capitole.psd et Monument.psd, puis enregistrez-les.

Les versions recadrées des fichiers Musée.psd, Capitole.psd et Monument.psd

9. Cliquez sur Fichier > Ouvrir, parcourez votre disque dur jusqu'au dossier Lesson10, puis double-cliquez sur la vignette du fichier Background.jpg pour l'ouvrir dans Photoshop.

10. Cliquez sur Fichier > Enregistrer sous. Choisissez Photoshop dans le menu Format, renommez le fichier **10A_Retouche.psd**, puis cliquez sur Enregistrer.

Laissez les quatre images recadrées ouvertes pour l'exercice suivant.

Positionner les images à l'aide des repères

Les repères sont des lignes verticales ou horizontales qui ne s'affichent que dans la fenêtre de document de Photoshop et qui aident à aligner avec précision des éléments dans un document. Si l'option Magnétisme est activée, les repères se comportent comme des aimants. Lorsque vous déplacez un objet près d'un repère et relâchez le bouton de la souris, l'objet se colle automatiquement au repère. Vous allez ajouter des repères à l'image 10A_Retouche.psd qui constituera la base de votre composition.

1. Cliquez sur le bouton Afficher les extras (⬚) dans la barre d'application, puis choisissez Afficher les règles. Deux règles apparaissent, en haut et à gauche de la fenêtre de document.

2. Cliquez sur Fenêtre >Informations pour ouvrir le panneau du même nom.

● **Note :** Nous avons choisi le pouce comme unité de mesure. Si les règles affichent une autre unité de mesure, ouvrez leur menu contextuel (clic droit [Windows] ou Ctrl+clic [Mac OS]) et choisissez Pouces.

3. Cliquez sur la règle horizontale et faites glisser le pointeur dans la fenêtre de document jusqu'à ce que la coordonnée Y dans le panneau Informations marque 3,000 pouces. Un repère horizontal bleu apparaît au milieu de l'image.

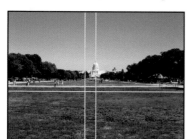
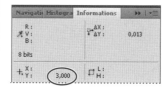

4. Faites glisser un deuxième repère à partir de la règle verticale jusqu'au centre de l'image (X = 3,000).

5. Cliquez sur Affichage > Magnétisme et vérifiez que Repères est activé.

▶ **Astuce :** Si vous devez repositionner un repère, utilisez l'outil Déplacement.

6. Faites glisser un autre repère à partir de la règle verticale jusqu'au centre de l'image. Bien que vous puissiez le déplacer plus loin, il se fixe exactement au centre de l'image.

7. Cliquez sur le bouton Réorganiser les documents (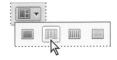) dans la barre d'application, puis sélectionnez l'option Tout disposer en grille. Les fenêtres de document des quatre images sont à présent visibles.

8. Sélectionnez l'outil Déplacement (▶✛) et faites glisser l'image Musée.psd dans la fenêtre du document 10A_Retouche.psd. Photoshop place cette image sur son propre calque.

9. Faites glisser les images Monument.psd et Capitole.psd dans la fenêtre du document 10A_Retouche.psd.

10. Fermez les fichiers Musée.psd, Monument.psd et Capitole.psd sans les enregistrer.

11. Renommez les calques dans le panneau Calques afin qu'ils correspondent à leur contenu (**Musée**, **Monument** et **Capitole**). Si vous les avez déplacés dans l'ordre indiqué, renommez le Calque 1 **Musée**, le Calque 2 **Monument** et le Calque 3 **Capitole**.

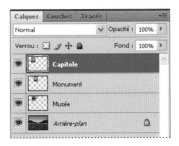

12. Sélectionnez le calque Monument, puis activez l'outil Déplacement (▶✛) dans le panneau Outils. Déplacez ensuite ce calque au centre de la zone de travail, en alignant son bord supérieur sur le repère horizontal.

13. Sélectionnez le calque Capitole et faites-le glisser à gauche du monument afin que le bord supérieur de l'image s'aligne sur le repère horizontal. Placez l'image de façon que l'espace qui sépare son bord gauche du bord de la composition soit égal à l'espace qui sépare son bord droit de l'image du monument. Faites de même avec l'image du musée, en la plaçant à droite de l'image de l'obélisque.

14. Cliquez sur Affichage > Afficher > Repères pour masquer les repères, puis sur Affichage > Règles pour les masquer également.

15. Cliquez sur Fichier > Enregistrer pour sauvegarder votre travail. Cliquez sur OK si la boîte de dialogue options de format Photoshop s'affiche.

Infos plus

Vous avez facilement aligné les quatre images grâce aux repères centrés, mais vous pouvez également vous servir des Repères commentés pour aligner les photos et les objets encore plus précisément. En reprenant votre fichier de travail tel qu'il se trouve après l'exercice précédent, testez cette autre méthode pour aligner les images ou poursuivez cette leçon et testez cette technique plus tard.

1. Sélectionnez le calque Musée dans le panneau Calques. Utilisez ensuite l'outil Déplacement pour faire glisser cette image dans la fenêtre de document et rompre son alignement sur le repère.

2. Choisissez Affichage > Afficher > Repères commentés.

3. Faites glisser le calque Musée afin d'aligner son bord supérieur avec le bord supérieur du calque Monument.

4. Choisissez Affichage > Afficher > Repères commentés pour désactiver les repères commentés.

Ajouter du texte au montage

Vous allez maintenant ajouter du texte à cette carte postale, puis vous lui appliquerez certains effets.

1. Sélectionnez l'outil Texte horizontal (T). Cliquez ensuite dans le ciel et entrez **Greetings From** (souvenir de). Cliquez sur le bouton Valider toutes les modifications en cours dans la barre d'options. Photoshop créé alors un nouveau calque de texte.

2. Le calque Greetings From sélectionné, cliquez sur Fenêtre > Caractère, puis choisissez les paramètres suivants dans le panneau Caractère :

    - Police : Chaparral Pro, Regular ;
    - Corps de la police : **36 pt** ;
    - Approche des caractères : **220** ;
    - Couleur : rouge ;
    - Tout en capitales (TT) ;
    - Méthode de lissage : Légère.

3. Activez l'outil Déplacement (⊹), puis placez le texte au centre dans la partie supérieure de la zone de travail. Le texte s'aligne sur les repères même s'ils sont invisibles, car l'option Magnétisme des repères est toujours activée.

4. Sélectionnez de nouveau l'outil Texte horizontal, cliquez sur la fenêtre de document et entrez **Washington, D.C.** Cliquez ensuite sur le bouton Valider toutes les modifications en cours.

Photoshop utilise les paramètres définis dans le panneau Caractère pour ce nouveau texte.

5. Choisissez les paramètres suivants dans le panneau Caractère :

   - Police : Myriad Pro, Bold ;
   - Corps de la police : **48 pt** ;
   - Approche des caractères : **0** ;
   - Couleur : blanc.

(Laissez l'option Tout en capitales activée et la Méthode de lissage définie sur Légère).

6. À l'aide de l'outil Déplacement, déplacez le texte "Washington, D.C." au centre de la zone de travail, juste au-dessous du texte "Greetings From".

7. Sélectionnez le calque de texte Greetings From. Cliquez sur le bouton Ajouter un style de calque (*fx*) au bas du panneau Calques, puis sélectionnez Lueur externe.

8. Appliquez les paramètres suivants dans la section Lueur externe de la boîte de dialogue Style de calque :

- Mode de fusion : Superposition ;
- Opacité : **40 %** ;
- Couleur : blanc ;
- Grossi : **14 %** ;
- Taille : **40 px**.

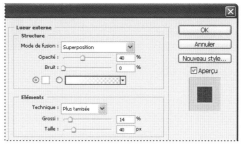

9. Cliquez sur OK pour accepter le style de calque.

10. Cliquez sur l'échantillon de couleur du premier plan dans le panneau Outils, puis sélectionnez le rouge dans la boîte de dialogue Sélecteur de couleurs. Cliquez ensuite sur OK.

Vous allez utiliser la couleur de premier plan pour créer des rayures dans le second texte.

11. Sélectionnez le calque de texte Washington, D.C, cliquez sur le bouton Ajouter un style de calque (*fx*) au bas du panneau Calques, puis sélectionnez Incrustation en dégradé.

12. Dans la section Incrustation en dégradé de la boîte de dialogue Style de calque, cliquez sur la flèche à droite de l'échantillon Dégradé et sélectionnez le dégradé Rayures transparentes dans le panneau (le dernier échantillon de dégradés). Conservez les autres paramètres par défaut.

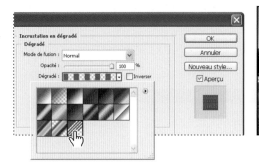 

13. Cliquez sur Ombre portée dans la liste située à gauche de la boîte de dialogue Style de calque pour ajouter un autre effet au même texte. Dans la section Ombre portée, donnez au paramètre Opacité une valeur de **45 %** et au paramètre Distance une valeur de **9 px**. Conservez les autres paramètres par défaut.

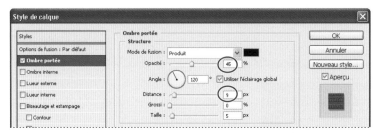

14. Cliquez sur OK pour appliquer les effets et fermer la boîte de dialogue Style de calque. Enregistrez ensuite votre travail (Fichier > Enregistrer).

Application de filtres

Photoshop dispose de nombreux filtres permettant de créer des effets spéciaux. La meilleure façon de les connaître consiste à les essayer un à un sur vos fichiers, avec différentes options. Vous pouvez utiliser la Galerie de filtres pour prévisualiser l'effet d'un filtre sur une image sans l'appliquer.

Vous avez déjà employé des filtres lors de certaines des leçons précédentes. Ici, vous allez appliquer le filtre Plume calligraphique à l'image du musée afin de lui donner un aspect dessiné au crayon.

Améliorer les performances dans l'emploi des filtres

Certains filtres consomment beaucoup de mémoire vive, en particulier s'ils sont appliqués à des images haute résolution. Pour ne pas abuser de vos ressources système, suivez ces indications :

- Essayez les filtres sur une petite portion de l'image.

- Appliquez l'effet sur les couches une à une – sur chacune des trois couches RVB, par exemple – si l'image est très grande et si vous manquez de mémoire. (Notez toutefois qu'avec certains filtres les effets varient lorsqu'ils sont appliqués à une couche séparée plutôt qu'à la couche de synthèse, en particulier si le filtre modifie les pixels de façon aléatoire).

- Utilisez la commande Purger du menu Édition avant de lancer les filtres afin de libérer la mémoire.

- Fermez toutes les autres applications afin de libérer le maximum de mémoire pour Photoshop. Sous Mac OS, allouez plus de mémoire RAM à Photoshop.

- Essayez de modifier les paramètres pour accélérer la vitesse d'exécution des filtres qui consomment le plus de mémoire, dont Éclairage, Découpage, Vitrail, Chrome, Ondulation, Effet pointilliste et Verre. Par exemple, augmentez la taille des pièces de verre dans le cas du filtre Vitrail ; augmentez la simplicité et/ou diminuez la fidélité du contour dans le cas du filtre Découpage.

- Si l'image est destinée à une impression monochrome, convertissez une copie de l'image en niveaux de gris avant d'appliquer les filtres. Sachez que l'application d'un filtre à une image en couleurs, ensuite convertie en niveaux de gris, ne produit pas forcément le même effet que l'application directe du filtre sur une image en niveaux de gris.

1. Dans le panneau Calques, sélectionnez le calque Musée.

2. Dans le panneau Outils, cliquez sur le bouton Couleurs de premier plan et d'arrière-plan par défaut pour que la couleur de premier plan soit le noir.

Le filtre Plume calligraphique utilise la couleur de premier plan.

3. Cliquez sur Filtre > Galerie de filtres.

La Galerie de filtres contient une fenêtre d'aperçu, la liste des filtres disponibles ainsi que les paramètres du filtre sélectionné. Elle est particulièrement pratique pour essayer et choisir différents réglages de filtres avant de les appliquer.

4. Cliquez sur le dossier Esquisse pour afficher son contenu. Sélectionnez ensuite Plume calligraphique. L'aperçu de l'image change immédiatement pour refléter l'application de ce filtre.

5. Dans le panneau de droite, donnez à l'option Clair/foncé une valeur de **25**. Laissez les autres options par défaut (l'option Longueur doit avoir une valeur de 15 et l'option Direction doit être définie sur Diagonale à droite). L'aperçu se met alors à jour.

6. Cliquez sur OK pour appliquer le filtre et fermer la Galerie de filtres.

7. Sauvegardez votre travail (Fichier > Enregistrer).

À propos des filtres

Pour utiliser un filtre, sélectionnez la commande de sous-menu appropriée dans le menu Filtre. Les indications suivantes devraient vous aider dans vos opérations.

- Le dernier filtre sélectionné s'affiche en haut du menu Filtre.
- Les filtres s'appliquent au calque actif et visible.
- Les filtres ne peuvent pas être appliqués sur les images en mode Bitmap ou Couleurs indexées.
- Certains filtres fonctionnent uniquement sur des images RVB.
- D'autres sont traités entièrement dans la mémoire RAM.
- Pour appliquer plus d'un filtre dans la Galerie de filtres, cliquez sur le bouton Nouveau calque d'effet situé au bas de la liste des filtres, puis sélectionnez un filtre.
- Reportez-vous à la section "Utilisation des filtres" dans l'Aide de Photoshop pour obtenir une liste des filtres pouvant être employés aussi bien sur des images 16 bits par couche que 32 bits par couche.
- Consultez l'Aide de Photoshop pour avoir de plus amples informations sur des filtres spécifiques.

Julieanne Kost est une porte-parole officielle d'Adobe Photoshop.

Les astuces d'une porte-parole de Photoshop

Les raccourcis clavier pour les filtres

Les équivalents clavier suivants permettent de gagner du temps lors de l'application de filtres :

- Pour appliquer de nouveau le dernier filtre avec les mêmes réglages, appuyez sur les touches Ctrl+F (Windows) ou Cmd+F (Mac OS).
- Pour ouvrir la boîte de dialogue du dernier filtre appliqué, appuyez sur les touches Ctrl+Alt+F (Windows) ou Cmd+Option+F (Mac OS).
- Pour réduire l'effet du dernier filtre utilisé, appuyez sur les touches Ctrl+Maj+F (Windows) ou Cmd+Maj+F (Mac OS).

Colorisation manuelle de sélections sur un calque

Avant l'apparition de la photographie couleur, de nombreux artistes peignaient en couleurs sur les images en noir et blanc. Vous pouvez créer le même effet en coloriant manuellement les sélections sur un calque. Dans cet exercice, vous allez peindre en couleurs sur l'image du musée, puis vous ajouterez des étoiles dans le ciel de l'image d'arrière-plan.

Appliquer des effets de peinture

Vous emploierez différentes formes ainsi que différentes opacités et plusieurs modes de fusion afin d'ajouter de la couleur au ciel, à la pelouse et à la façade dans l'image du monument.

1. Dans le panneau Calques, cliquez sur la vignette du calque Musée tout en maintenant la touche Ctrl (Windows) ou Cmd (Mac OS) enfoncée. Le contenu de ce calque est alors sélectionné.

Vous ne pouvez peindre qu'à l'intérieur de la sélection, si bien que vous n'avez pas à craindre de peindre sur l'image d'arrière-plan ou sur les autres images. Assurez-vous simplement que la bordure du cadre de sélection s'affiche autour de l'image avant de commencer à peindre.

▶ **Astuce :** Modifiez l'opacité de la forme en appuyant sur les touches 0 à 9 du clavier (le chiffre 1 correspond à 10 %, 9 à 90 % et 0 à 100 %).

2. Zoomez sur l'image du musée afin de mieux la visualiser.

3. Sélectionnez l'outil Pinceau (✐). Dans la barre d'options, sélectionnez une forme avec une valeur de **90 pixels** pour Diamètre et une valeur de **0** pour Dureté. Sélectionnez Obscurcir dans le menu Mode, puis définissez Opacité à **20 %**.

4. Cliquez sur l'échantillon de couleur du panneau Outils et sélectionnez un bleu clair (pas trop clair). Cette couleur vous servira pour peindre sur le ciel.

5. Peignez sur le ciel du calque Musée. Comme l'opacité de la forme est de 20 %, vous pouvez peindre plusieurs fois sur la même zone pour l'obscurcir. N'ayez pas peur de déborder de l'image, puisque rien de ce qui se trouve en dehors du cadre de sélection n'est affecté.

Vous pouvez changer le diamètre et l'opacité de l'outil Pinceau. Par exemple, si vous avez besoin d'une forme plus petite pour peindre les zones situées entre les cimes des arbres. Si vous faites une erreur, appuyez sur les touches Ctrl+Z (Windows) ou Cmd+Z (Mac OS) pour annuler cette action. Gardez à l'esprit que vous recherchez un effet de dessin à main levée et que, par conséquent, le résultat n'a pas besoin d'être parfait.

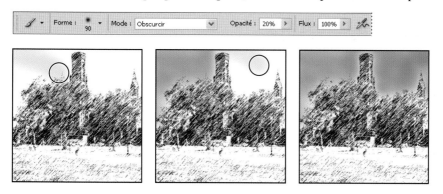

▶ **Astuce :** Pour modifier la taille de la forme tout en continuant à peindre, appuyez sur les touches : et !. Les deux-points (:) permettent de réduire le diamètre de la forme et le point d'exclamation (!) de l'augmenter.

6. Peignez les arbres et la pelouse de la même façon, en choisissant un vert comme couleur de premier plan, une forme avec une valeur de **70 pixels** pour Diamètre et une valeur de **0** pour Dureté, le Mode Obscurcir, et une Opacité de **80 %**. Vous pouvez peindre sans problème sur les zones sombres, car seules les zones les plus claires sont réellement affectées par la couleur.

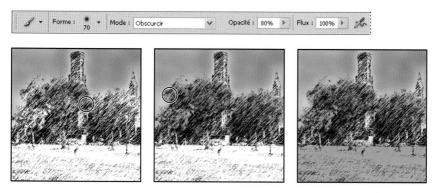

7. Peignez ensuite la façade du musée avec un rouge sombre. Commencez avec une forme de **40 pixels** de Diamètre dans le Mode Éclaircir et avec une Opacité de **80 %**.

Le mode Éclaircir affecte les lignes noires plutôt que les zones blanches.

8. Une fois satisfait du résultat, allez dans Sélection > Désélectionner, puis enregistrez votre travail.

Enregistrer des sélections

Afin d'ajouter des étoiles peintes à la main dans le ciel de l'arrière-plan, vous devez enregistrer une sélection du ciel. Pour commencer, vous allez enregistrer l'image d'arrière-plan en tant qu'objet dynamique afin de pouvoir ensuite lui appliquer des filtres dynamiques.

1. Dans le panneau Calques, ouvrez le menu contextuel du calque Arrière-plan (clic droit [Windows] ou Ctrl+clic [Mac OS]) et choisissez Convertir en objet dynamique (le calque Arrière-plan se trouve au bas de la pile des calques).

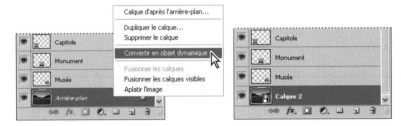

Le nom du calque change et devient Calque 2. Une icône s'affiche dans la vignette du calque pour indiquer qu'il s'agit à présent d'un calque dynamique. Les *filtres dynamiques* sont appliqués aux objets dynamiques de façon non destructrice, si bien que vous pouvez les modifier par la suite.

2. Renommez le Calque 2 **Capitole et allée**.

3. Double-cliquez sur la vignette du calque Capitole et allée, puis cliquez sur OK dans la boîte d'avertissement qui s'affiche.

L'objet dynamique s'ouvre dans sa propre fenêtre de document. Vous pouvez le modifier sans que cela n'affecte les autres objets.

4. Sélectionnez le ciel avec l'outil Sélection rapide (image). Si vous devez supprimer une zone de la sélection, cliquez sur le bouton Soustraire de la sélection dans la barre d'options, puis sur la zone que vous voulez désélectionner. Ne vous inquiétez pas si la sélection n'est pas parfaite.

Pour en savoir plus sur l'utilisation de l'outil Sélection rapide et des autres outils de sélection, reportez-vous à la Leçon 3, "Les sélections".

5. Une fois le ciel sélectionné, cliquez sur le bouton Améliorer le contour dans la barre d'options, modifiez les paramètres de la façon suivante, puis cliquez sur OK :

- Lisser : **25** ;

- Contour progressif : **30** ;

- Contracter/Dilater : **–20**.

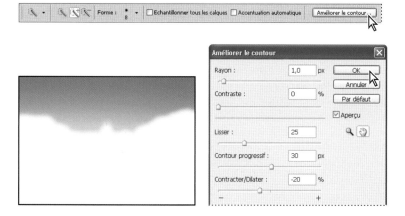

Ces paramètres adoucissent les contours du ciel si bien que celui de la sélection est moins abrupt.

6. Cliquez sur Sélection > Mémoriser la sélection, entrez **Ciel** dans le champ Nom, puis cliquez sur OK.

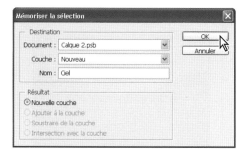

Peindre avec une forme spéciale

Vous allez ajouter des étoiles dans le ciel que vous venez de sélectionner, en vous servant d'une forme spéciale.

1. Appuyez sur la touche D pour restaurer les couleurs de premier plan et d'arrière-plan par défaut dans le panneau Outils. Appuyez ensuite sur la touche X pour les intervertir afin que la couleur de premier plan soit le blanc.

2. Sélectionnez l'outil Pinceau (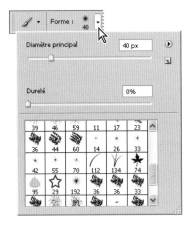), puis ouvrez le sélecteur de formes prédéfinies dans la barre d'options.

3. Faites défiler la liste des formes prédéfinies et sélectionnez la forme Multitude d'étoiles. Augmentez sa taille à **300 pixels**, choisissez Normal dans le menu Mode et sélectionnez une Opacité de **100 %**.

À présent que vous avez défini la forme, vous devez charger la sélection que vous avez mémorisée.

4. Cliquez sur Sélection > Récupérer la sélection. Sélectionnez Ciel dans le menu Couche de la boîte de dialogue Récupérer la sélection, puis cliquez sur OK.

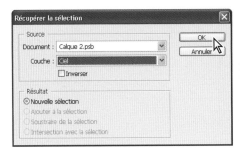

5. Dans le panneau Calques, cliquez sur le bouton Créer un calque. Nommez ce calque **Colorisation**.

6. Peignez des étoiles dans le ciel. Vous pouvez peindre près des contours car seul le contenu de la sélection sera modifié. Assurez-vous simplement que la sélection reste active.

● **Note :** Si vous n'êtes pas satisfait, supprimez le calque Colorisation et créez un nouveau calque, puis recommencez. Pour supprimer un calque, faites-le glisser sur le bouton Supprimer le calque, dans le bas du panneau Calques.

7. Une fois satisfait du résultat, diminuez l'opacité du calque Colorisation à **50 %** dans le panneau Calques, puis choisissez Incrustation dans le menu Mode de fusion du panneau Calques.

8. Allez dans Fichier > Enregistrer, puis fermez l'objet dynamique. Lorsque Photoshop revient à l'image 10A_Retouche.psd, cliquez sur Affichage > Taille écran afin que la totalité de l'image soit visible à l'écran.

Les étoiles ont été ajoutées à la carte postale. Vous pouvez les modifier à tout moment en double-cliquant sur la vignette de l'image dans le panneau Calques pour ouvrir l'objet dynamique.

9. Sauvegardez votre travail (Fichier > Enregistrer).

Utilisation de filtres dynamiques

Contrairement aux filtres classiques qui altèrent définitivement une image, les filtres dynamiques sont non destructifs. Ils peuvent être ajustés, activés et désactivés et même supprimés. Cependant, ils ne peuvent être utilisés que sur un objet dynamique.

Vous avez déjà converti le calque Capitole et allée en objet dynamique. Vous allez maintenant lui appliquer plusieurs filtres dynamiques, puis vous lui ajouterez des styles de calque.

1. Sélectionnez le calque Capitole et allée dans le panneau Calques. Cliquez ensuite sur Filtre > Artistiques > Découpage.

Photoshop ouvre la Galerie de filtres. Le filtre Découpage est sélectionné et appliqué dans la fenêtre d'aperçu. Ce filtre donne à l'image l'aspect d'un collage grossier de bandes de papiers colorés.

2. Dans la partie droite de la Galerie de filtres, donnez à l'option Niveaux une valeur de **8**, laissez la valeur de l'option Simplicité à **4** et donnez au paramètre Fidélité une valeur de **3**. Cliquez ensuite sur OK.

Les filtres dynamiques s'affichent dans le panneau Calques sous le calque d'objet dynamique sur lequel ils sont appliqués. Les calques sur lesquels des filtres sont appliqués affichent également une icône à droite de leur nom.

3. Double-cliquez sur le filtre dynamique Découpage dans le panneau Calques pour ouvrir de nouveau la Galerie de filtres. Cliquez sur le bouton Nouveau calque d'effet au bas de la liste des filtres, puis sélectionnez un filtre de votre choix. Essayez différents réglages jusqu'à obtenir un effet qui vous convienne, mais ne cliquez pas encore sur OK.

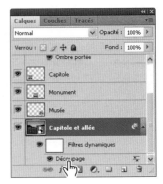

Nous avons choisi le filtre Grain photo du dossier Artistiques et utilisé les paramètres suivants : Grain **2**, Zones claires **6** et Intensité **1**.

4. Dans la section des filtres appliqués de la Galerie de filtres, faites glisser le filtre Découpage au-dessus du second filtre dynamique que vous avez employé pour voir comment l'effet produit change. Cliquez ensuite sur OK pour fermer la Galerie de filtres.

L'ordre dans lequel vous appliquez les filtres peut modifier l'effet. Vous pouvez également désactiver un effet en cliquant sur l'icône en forme d'œil (👁) qui précède son nom dans la liste des filtres.

Vous allez utiliser des filtres pour donner aux autres images de la composition un aspect dessiné sans devoir les peindre à la main. Pour cela, vous devez tout d'abord les convertir en objets dynamiques.

5. Sélectionnez le calque Capitole, puis cliquez sur Filtre > Convertir pour les filtres dynamiques. Cliquez sur OK dans la boîte de message. Le calque Capitole est à présent un objet dynamique.

6. Sélectionnez le calque Monument, puis cliquez sur Filtre > Convertir pour les filtres dynamiques pour qu'il devienne également un objet dynamique.

7. Sélectionnez le calque Capitole, cliquez sur Filtre > Galerie de filtres, puis sélectionnez le filtre de votre choix. Testez différents réglages jusqu'à obtenir un effet qui vous convienne. Cliquez ensuite sur OK pour l'appliquer.

Nous avons choisi le filtre Croisillons du dossier Contours, avec les paramètres suivants : Longueur **12**, Netteté **9** et Intensité **1**.

8. Sélectionnez le calque Monument, cliquez sur Filtre > Galerie de filtres, puis sélectionnez le filtre de votre choix et cliquez sur OK pour l'appliquer.

Vous pouvez utiliser quasiment tous les filtres comme filtres dynamiques, y compris ceux d'applications tierces, à l'exception des filtres Extraire, Fluidité, Placage de motif et Point de fuite, car ils nécessitent d'avoir accès aux pixels originaux de l'image. Vous pouvez également utiliser les réglages Ombres/Tons clairs et Vibrance sur les objets dynamiques.

9. Sauvegardez votre travail (Fichier > Enregistrer).

Ajout d'une ombre portée et d'une bordure

La carte postale est quasiment terminée. Pour mettre davantage en valeur les images incorporées, vous allez leur ajouter une ombre portée. Vous placerez ensuite une bordure tout autour de la carte postale.

1. Sélectionnez le calque Capitole, cliquez sur le bouton Ajouter un style de calque (*fx*) situé au bas du panneau Calques et choisissez Ombre portée dans le menu contextuel.

2. Dans la boîte de dialogue Style de calque, donnez aux paramètres les valeurs suivantes : Opacité **40 %**, Distance **15 px**, Grossi **9 %** et Taille **9 px**. Cliquez ensuite sur OK.

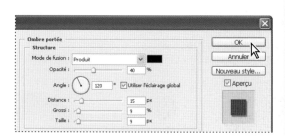

3. Dans le panneau Calques, maintenez la touche Alt (Windows) ou Option (Mac OS) enfoncée et faites glisser l'effet Ombre portée du calque Capitole sur le calque Monument.

4. Répétez l'opération en faisant glisser le même effet Ombre portée sur le calque Musée.

Vous allez maintenant étendre la zone de travail afin de pouvoir ajouter une bordure sans qu'elle recouvre une seule partie de l'image.

5. Cliquez sur Image > Taille de la zone de travail, puis définissez une Largeur de 7 **pouces** et une Hauteur de **5 pouces**. Cliquez sur OK.

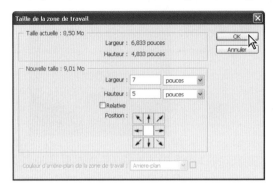

Une bordure transparente s'affiche tout autour de l'image. Colorez-la en blanc.

6. Appuyez sur la touche D pour restaurer les couleurs de premier plan et d'arrière-plan par défaut dans le panneau Outils, afin que le blanc soit à l'arrière-plan.

7. Dans le panneau Calques, cliquez sur Créer un calque, faites glisser ce nouveau calque au bas de la pile des calques et nommez-le **Bordure**.

8. Le calque Bordure sélectionné, cliquez sur Sélection > Tout sélectionner.

9. Allez dans Édition > Remplir. Choisissez Couleur d'arrière-plan dans le menu Avec de la boîte de dialogue Remplir, puis cliquez sur OK.

10. Sauvegardez la carte postale (Fichier > Enregistrer).

La carte postale est prête à être imprimée et envoyée par courrier. Ses dimensions correspondent à celles d'une carte postale américaine standard.

11. Fermez le fichier 10A_Retouche.psd. Vous utiliserez des fichiers différents pour créer le panorama.

Correspondance de couleurs entre plusieurs images

Vous allez combiner quatre images dans un panorama pour créer un poster. Pour que les raccords soient invisibles, vous harmoniserez les couleurs de ces images en les faisant correspondre aux couleurs dominantes d'une image source. Pour commencer, ouvrez le document que vous utiliserez comme source pour la correspondance des couleurs.

1. Dans Photoshop, cliquez sur Fichier > Ouvrir, parcourez votre disque dur jusqu'au dossier Lesson10, puis double-cliquez sur le fichier IMG_1441.psd pour l'ouvrir.

Ce dossier contient quatre images, nommées de façon séquentielle et dont vous allez faire correspondre les couleurs.

2. Allez dans Fichier > Ouvrir, parcourez votre disque dur jusqu'au dossier Lesson10, puis double-cliquez sur le fichier IMG_1442.psd pour l'ouvrir.

Certaines parties de l'image IMG_1442.psd sont surexposées et décolorées. Vous emploierez la fonctionnalité Correspondance de la couleur pour que ses couleurs correspondent à celles du fichier source.

3. L'image IMG_1442.psd sélectionnée, allez dans Images > Réglages > Correspondance de la couleur pour ouvrir la boîte de dialogue du même nom. Effectuez ensuite les opérations suivantes :

   - Activez l'option Aperçu si elle ne l'est pas déjà.

   - Sélectionnez IMG_1441.psd dans le menu déroulant Source.

   - Sélectionnez le calque Arrière-plan dans le menu Calque. Vous pouvez sélectionner n'importe quel calque d'une image, mais ce document n'en contient qu'un seul.

- Testez différentes valeurs pour les paramètres Luminance, Intensité des couleurs et Fondu.

- Lorsque vous avez défini les paramètres qui conviennent le mieux à la correspondance des couleurs, cliquez sur OK.

4. Cliquez sur Fichier > Enregistrer pour sauvegarder le fichier IMG_1442.psd modifié.

Vous pouvez utiliser la correspondance de couleurs avec tout fichier source pour créer des effets intéressants et inhabituels. Cette fonctionnalité est également très pratique pour corriger la colorisation de certaines photographies (comme la couleur de la peau). Enfin, la correspondance des couleurs peut également être employée sur différents calques de la même image. Pour en savoir plus, reportez-vous à l'Aide de Photoshop.

Automatisation d'une tâche

Un *script* est un ensemble de commandes et d'applications d'effets successives, comparable à une macro dans un programme de traitement de texte. Enregistré au moment de leur exécution, il permet d'appliquer à un ou plusieurs fichiers l'ensemble de ces opérations en une seule instruction. Dans cet exercice, vous vous servirez de scripts pour faire correspondre les couleurs, renforcer la netteté et enregistrer les images qui constitueront le panorama.

L'emploi de scripts n'est qu'un des moyens possibles d'automatiser des tâches dans Photoshop (pour en savoir plus, consultez l'Aide de Photoshop).

Vous avez déjà utilisé la fonctionnalité Correspondance des couleurs sur une des images. Vous allez maintenant renforcer sa netteté en vous servant du filtre Accentuation, puis vous l'enregistrerez dans un nouveau dossier nommé Prêt pour panorama.

1. L'image IMG_1442.psd toujours sélectionnée, cliquez sur Filtre > Renforcement > Accentuation.

2. Dans la boîte de dialogue Accentuation, donnez au paramètre Rayon une valeur de **1,2 pixels** et conservez les autres réglages par défaut. Cliquez ensuite sur OK.

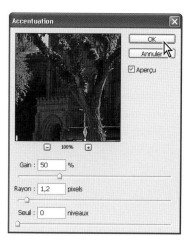

3. Allez dans Fichier > Enregistrer sous, sélectionnez TIFF dans le menu Format, conservez le même nom de fichier (IMG_1442.psd) et enregistrez l'image dans un nouveau dossier nommé Prêt pour panorama. Cliquez ensuite sur Enregistrer.

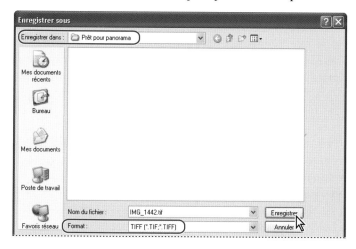

4. Dans la section Compression de l'image de la boîte de dialogue Options TIFF, sélectionnez l'option LZW, puis cliquez sur OK.

5. Fermez le fichier IMG_1442.tif.

Préparer l'enregistrement d'un script

C'est dans le panneau Scripts que vous enregistrez, exécutez, modifiez et supprimez les scripts. Ils peuvent également y être sauvegardés et chargés en tant que fichiers de scripts. Pour commencer, ouvrez le panneau Scripts et les fichiers additionnels qui vous serviront ensuite.

1. Cliquez sur Fenêtre > Espace de travail > Automatisation pour afficher cet espace de travail.

Le panneau Scripts et le panneau Calques occupent une place privilégiée dans cet espace de travail.

2. Cliquez sur le bouton Commencer un nouvel ensemble (▢), au bas du panneau Scripts. Nommez cet ensemble **Mes Scripts** et cliquez sur OK.

3. Cliquez sur Fichier > Ouvrir, parcourez votre disque dur jusqu'au dossier Lesson10, maintenez la touche Maj enfoncée et cliquez sur les fichiers IMG_1443.psd, IMG_1444.psd, IMG_1445.psd et IMG_1446.psd pour tous les sélectionner. Cliquez ensuite sur Ouvrir.

La fenêtre de Photoshop contient maintenant cinq onglets, chacun correspondant à une image différente.

Enregistrer un script

Vous allez employer la fonctionnalité Correspondance des couleurs, le filtre Accentuation, puis vous sauvegarderez le fichier, tout en enregistrant chaque opération en tant que script.

● **Note :** Vous devez effectuer ces opérations sans interruption. Si vous devez recommencer, arrêtez l'enregistrement du script (voir l'étape 8), supprimez le script avorté en le faisant glisser sur le bouton Supprimer du panneau Scripts, supprimez les modifications apportées à l'image depuis son ouverture dans le panneau Historique et reprenez à l'étape 1.

1. Cliquez sur l'onglet de l'image IMG_1443.psd, puis sur le bouton Créer un script (▣) ou dans le panneau Scripts.

2. Dans le champ Nom de la boîte de dialogue Nouveau script, tapez **Correspondance des couleurs et Accentuation**, et assurez-vous que Mes Scripts est sélectionné dans le champ Ensemble. Cliquez sur Enregistrement.

Le fait d'enregistrer vos actions ne signifie pas que vous devez vous presser pour les réaliser. Prenez tout le temps pour réaliser cette procédure correctement. La vitesse à laquelle vous travaillez n'a aucune influence sur le temps nécessaire à l'exécution du script.

3. Cliquez sur Image > Réglages > Correspondance de la couleur.

4. Dans la boîte de dialogue Correspondance de la couleur, choisissez IMG_1441.psd dans le menu déroulant Source, sélectionnez le calque Arrière-plan dans le menu Calque et procédez aux mêmes modifications que celles que vous avez effectuées lorsque vous avez fait correspondre la couleur de l'image IMG_1442.psd. Cliquez ensuite sur OK.

5. Cliquez sur Filtre > Renforcement > Accentuation. Les paramètres de la boîte de dialogue Accentuation doivent être les mêmes que ceux que vous avez utilisés pour le fichier IMG_1442.psd. Cliquez sur OK.

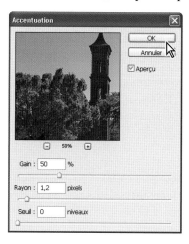

Les boîtes de dialogue des filtres de Photoshop conservent les réglages les plus récents tant que vous ne les modifiez pas.

6. Cliquez sur Fichier > Enregistrer sous, sélectionnez TIFF dans le menu Format, conservez le même nom de fichier (IMG_1443.psd) et enregistrez l'image dans le dossier Prêt pour panorama. Cliquez ensuite sur Enregistrer. Assurez-vous que l'option LZW est sélectionnée dans la boîte de dialogue Options TIFF, puis cliquez sur OK.

7. Fermez l'image.

8. Cliquez sur le bouton Arrêter l'exécution ou l'enregistrement (■) au bas du panneau Scripts.

Le script que vous venez d'enregistrer s'affiche dans le panneau Scripts. Le détail de chaque étape peut être affiché ou masqué d'un clic sur la flèche à gauche du nom du script.

Exécuter un script

Vous allez appliquer le même traitement à une autre des trois autres images ouvertes.

1. Cliquez sur l'onglet de l'image IMG_1444.psd pour l'activer.

2. Dans le panneau Scripts, sélectionnez le script Correspondance des couleurs et Accentuation dans l'ensemble Mes Scripts et cliquez sur le bouton Exécuter la sélection (▶).

 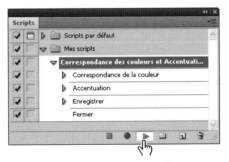

La correspondance des couleurs, le filtre Accentuation et l'enregistrement au format TIFF de l'image IMG_1444.psd s'effectuent automatiquement, si bien qu'elle dispose maintenant des mêmes propriétés que l'image IMG_1443.psd. Comme vous avez enregistré la fermeture du fichier, l'image se ferme également.

Traiter par lots

L'emploi des scripts permet de gagner énormément de temps pour effectuer des opérations de routine sur des fichiers. Mais vous pouvez encore automatiser votre travail en utilisant des scripts sur tous les fichiers ouverts. Pour les deux images qu'il reste à modifier, vous allez donc vous servir de ce type d'automatisation.

1. Assurez-vous que les images IMG_1445.psd et IMG_1446.psd sont ouvertes. Fermez l'image IMG_1441.psd, puis ouvrez-la de nouveau pour disposer de trois onglets.

2. Cliquez sur Fichier > Automatisation > Traitement par lots.

3. Dans la section Exécuter de la boîte de dialogue Traitement par lots, choisissez Mes Scripts, dans le menu Ensemble, puis Correspondance des couleurs et Accentuation, dans le menu Script.

4. Dans le menu Source, sélectionnez Fichiers ouverts. Dans le menu Destination, laissez Sans et cliquez sur OK.

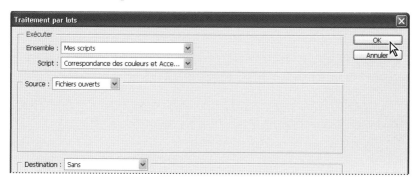

Note : Si l'image IMG_1441.psd n'est pas le troisième onglet, elle se fermera avant que la correspondance des couleurs ne soit réalisée sur l'une des images ou sur les deux. Or la fonctionnalité Correspondance de la couleur nécessite que le fichier source soit ouvert.

Le script est appliqué à la fois aux images IMG_1445.psd et IMG_1446.psd et à l'image IMG_1441.psd, même si la correspondance de la couleur s'est déroulée par rapport à ses propres couleurs.

Dans cet exercice, vous avez réalisé un traitement par lots de trois fichiers plutôt que d'appliquer les mêmes modifications à chaque image. Cela représente un gain de temps appréciable mais relatif ici. Mais lorsqu'il faut appliquer le même traitement à des dizaines, voire des centaines de documents, cette fonction d'automatisation n'est pas seulement pratique : elle est indispensable.

Création d'un panorama

Les couleurs des images correspondent, elles ont été accentuées et enregistrées afin d'éviter toute incohérence entre les éléments du panorama. Vous êtes maintenant prêt à les assembler. Vous ajouterez ensuite une bordure et du texte pour compléter le poster.

1. Aucun fichier n'étant ouvert dans Photoshop, cliquez sur Fichier > Automatisation > Photomerge.

2. Sélectionnez Auto dans la section Disposition. Cliquez sur le bouton Parcourir de la section Fichiers source, naviguez jusqu'au dossier Lesson10/Prêt pour panorama. Sélectionnez la première image, puis cliquez sur la dernière en maintenant la touche Maj enfoncée pour toutes les sélectionner. Cliquez ensuite sur Ouvrir.

3. Activez les options Fusion des images, Correction du vignettage et Correction de la déformation géométrique au bas de la boîte de dialogue Photomerge, puis cliquez sur OK.

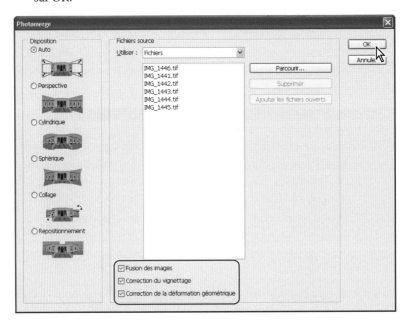

Photoshop crée alors le panorama. Il s'agit d'un processus complexe, qui peut prendre plusieurs minutes. Une fois qu'il est terminé, une image semblable à celle de l'illustration ci-dessous doit s'afficher. Elle doit contenir six calques, un pour chaque image. Photoshop a décelé les zones communes des images et les a raccordées, en corrigeant les différences d'angle. Au cours de cette opération, certaines zones sont restées vides. Vous allez améliorer l'aspect du panorama en étendant quelque peu le ciel et en recadrant l'image.

4. Dans le panneau Calques, sélectionnez tous les calques, puis cliquez sur Calque > Fusionner les calques.

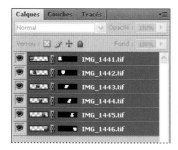 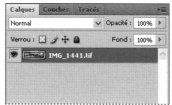

5. Cliquez sur Fichier > Enregistrer sous, choisissez Photoshop dans le menu Format, renommez le fichier **10B_Retouche.psd**, puis enregistrez-le dans le dossier Lesson10. Cliquez sur OK dans la boîte de dialogue Options de format Photoshop.

6. Sélectionnez l'outil Recadrage (⊞). Dans la barre d'options, cliquez sur le bouton Effacer pour supprimer toutes les valeurs des champs Hauteur, Largeur et Résolution, afin de pouvoir recadrer l'image à la taille que vous voulez. Tracez ensuite un cadre de recadrage depuis le bas de la pelouse (là où son bord inférieur est le plus haut dans l'image) jusqu'à la tour la plus haute du musée. Supprimez du cadre de recadrage toutes les zones transparentes à droite et à gauche. Lorsque le résultat vous convient, appuyez sur la touche Entrée ou Retour.

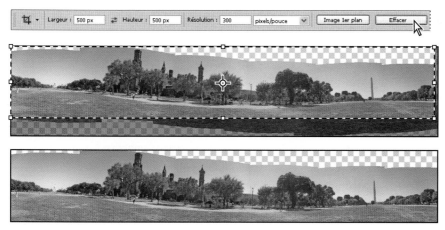

7. Dans le panneau Calques, cliquez sur le bouton Créer un calque (⬚).

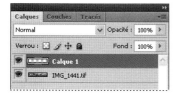

8. Activez l'outil Rectangle de sélection ([⌗]), puis tracez une sélection autour du sommet de l'image, où vous allez étendre la zone du ciel. Vous pouvez recouvrir partiellement le sommet des bâtiments et la cime des arbres, l'important étant que toutes les zones transparentes (représentées par le motif du damier) soient sélectionnées.

9. Sélectionnez l'outil Pipette (🖋) puis cliquez dans le ciel pour sélectionner du bleu foncé comme couleur de premier plan. Sélectionnez ensuite un bleu clair pour la couleur d'arrière-plan.

10. La sélection toujours active, choisissez l'outil Dégradé (▣). Dans la barre d'options, sélectionnez le dégradé prédéfini Premier plan vers l'arrière-plan, puis tracez une ligne verticale du haut vers le bas dans la sélection à l'aide de l'outil Dégradé.

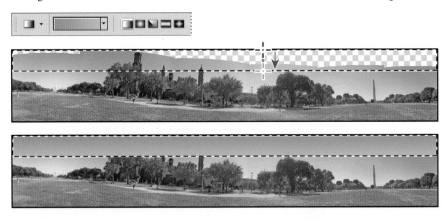

11. Cliquez sur Sélection > Désélectionner. Sélectionnez ensuite les deux calques dans le panneau Calques, puis choisissez Édition > Fusion automatique des calques. Dans la section Méthode de fusion, activez l'option Panorama, puis cliquez sur OK.

Photoshop fusionne les calques en fonction de leur contenu. Le ciel s'affiche dans les zones sélectionnées et ne déborde plus sur les bâtiments ou les arbres.

12. Les deux calques étant sélectionnés, cliquez sur Calque > Fusionner les calques.

Il ne manque plus que le texte sur le côté de l'image pour que le poster soit complet.

13. Cliquez sur Fichier > Ouvrir, parcourez votre disque dur jusqu'au dossier Lesson10, puis double-cliquez sur le fichier DC_Letters.psd pour l'ouvrir.

14. Cliquez sur le bouton Réorganiser les documents dans la barre d'application et choisissez une disposition 2 vignettes afin de voir simultanément les deux images. Utilisez ensuite l'outil Déplacement (⊹) pour faire glisser l'image DC_Letters.psd dans la fenêtre de document du panorama. Puis fermez le fichier DC_Letters.psd sans l'enregistrer.

15. Positionnez les lettres et le fond rouge sur le côté gauche de l'image à l'aide de l'outil Déplacement.

Comme ce poster est destiné à être imprimé, vous allez le convertir en mode CMJN.

16. Allez dans Image >Mode >Couleurs CMJN. Cliquez sur le bouton Fusionner, pour fusionner les calques, puis sur OK si une boîte de message vous indique un possible problème de profil colorimétrique.

17. Cliquez sur Calque > Aplatir l'image pour réduire le poids du fichier.

18. Sauvegardez votre travail (Fichier > Enregistrer).

Vous avez créé deux photographies souvenirs en combinant plusieurs images. Vous avez réalisé un montage de plusieurs images et vous les avez fusionnées pour créer un panorama. Vous êtes à présent prêt à créer des montages et des panoramas de vos propres images.

Questions

1. Quel est l'intérêt de mémoriser une sélection ?

2. Comment prévisualiser les effets d'un filtre avant de l'appliquer ?

3. Quelles sont les différences d'emploi entre un filtre dynamique et un filtre normal ?

4. À quoi sert la fonctionnalité Correspondance de la couleur ?

Réponses

1. En mémorisant une sélection, on peut la réutiliser pour, d'une part, éviter de la refaire et, d'autre part, réaliser des sélections uniformes. Il est également possible de combiner des sélections ou d'en créer de nouvelles en les ajoutant ou en les soustrayant des sélections existantes.

2. On peut aller dans la Galerie de filtres pour tester différents filtres et différents réglages et ainsi voir l'effet qu'ils produisent sur l'image.

3. Les filtres dynamiques sont non destructifs. Il est possible de les retoucher, de les désactiver, de les réactiver ou de les supprimer à tout moment. À l'inverse, l'effet des filtres normaux est permanent sur l'image. Une fois qu'ils sont appliqués, il n'est pas possible de les supprimer. Les filtres dynamiques ne peuvent être employés que sur les calques d'objets dynamiques.

4. La fonctionnalité Correspondance de la couleur permet de faire correspondre les couleurs entre différents calques de la même image ou entre plusieurs images, afin par exemple d'ajuster le ton de la peau dans différentes photographies. On peut également utiliser cette fonctionnalité pour créer des effets de couleur inhabituels.

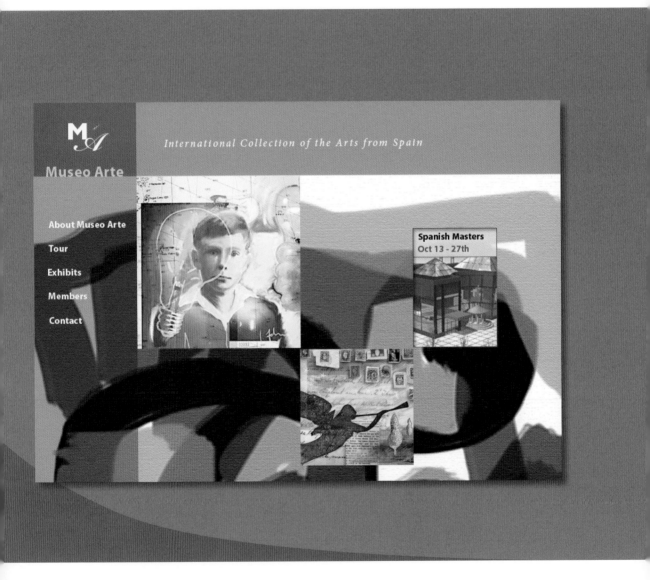

Une partie de l'attrait du Web vient de la possibilité de cliquer sur les images pour ouvrir de nouvelles pages ou déclencher des animations. Vous allez découvrir comment préparer des fichiers pour le Web dans Photoshop, en ajoutant des tranches pour les liens vers d'autres pages et en créant des transformations par souris et des animations.

Préparer des fichiers pour le Web

11

Au cours de cette leçon, vous apprendrez à :

- créer des tranches avec l'outil Tranche ;

- distinguer les tranches automatiques des tranches utilisateur ;

- lier des tranches utilisateur à d'autres pages HTML ou à d'autres zones ;

- définir les différents états d'une transformation par souris et prévisualiser ses effets ;

- utiliser une image GIF multicalque comme base d'une animation ;

- créer des séquences d'animation avec les panneaux Calques et Animation ;

- créer des transitions fluides avec la commande Trajectoire ;

- prévisualiser les animations dans un navigateur Web ;

- optimiser des images pour le Web et faire les bons choix de compression ;

- exporter des images de grande taille en haute résolution ;

- présenter les images dans une galerie.

 Cette leçon durera environ une heure et demie. Copiez le dossier Lesson11 sur votre disque dur si vous ne l'avez pas encore fait. Au cours de cette leçon, vous conserverez les fichiers de départ. Si vous devez néanmoins les restaurer, copiez-les de nouveau depuis le CD-ROM *Adobe Photoshop CS4 Classroom in a Book*.

Préparatifs

Pour cette leçon, vous devrez utiliser un navigateur Web (tel que Firefox, Netscape, Internet Explorer ou Safari). Il n'est pas nécessaire d'être connecté à Internet.

Votre travail sera ici d'améliorer les graphismes de la page d'accueil du site Web d'un musée espagnol. Vous ajouterez des liens hypertexte aux différentes rubriques afin que les visiteurs du site puissent accéder aux autres pages. Les visiteurs pourront donc cliquer sur un lien pour ouvrir une page liée. Vous ajouterez également des transformations par souris pour modifier l'aspect de la page, puis vous animerez le logo Museo Arte situé dans le coin supérieur gauche du document.

Pour commencer, vous allez étudier la page HTML finale à reproduire, créée à partir d'un seul fichier Photoshop. Plusieurs zones de la composition réagissent aux actions de la souris. Par exemple, certaines zones de l'image changent lorsque le curseur les survole ou lorsqu'on clique sur un lien.

1. Lancez Adobe Photoshop et appuyez aussitôt sur les touches Ctrl+Alt+Maj (Windows) ou Cmd+Option+Maj (Mac OS) pour restaurer les préférences par défaut (pour en savoir plus, reportez-vous à la section "Rétablissement des préférences par défaut" de l'Introduction).

2. Lorsque vous y êtes invité, cliquez sur Oui pour confirmer la suppression des paramètres Photoshop.

3. Dans la barre d'application, cliquez sur le bouton Lancer Bridge (Br).

4. Dans le volet Favoris, cliquez sur le dossier Lessons, puis double-cliquez sur le dossier Lesson11 dans le volet Contenu, puis sur le dossier 11End, et enfin sur le dossier site.

Le dossier site contient tous les fichiers du site Web sur lequel vous allez travailler.

5. Ouvrez le menu contextuel du fichier home.html (clic droit [Windows] ou Ctrl+clic [Mac OS]) et choisissez Ouvrir avec. Sélectionnez le navigateur Web dans lequel vous souhaitez ouvrir le fichier HTML.

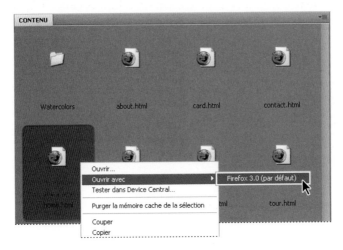

À l'ouverture de la page, le logo situé dans le coin supérieur gauche de la page s'anime. Si vous ne voyez pas l'animation du logo lorsque vous ouvrez votre navigateur, utilisez les contrôles de celui-ci pour rafraîchir ou recharger la page.

6. Placez le pointeur sur les rubriques à gauche de la page Web et sur les images. Lorsque le pointeur survole un lien, il prend l'apparence d'une main avec l'index levé.

7. Cliquez sur l'image de l'ange située au centre et en bas de la page pour l'ouvrir dans une fenêtre Zoomify . Cliquez sur les différents contrôles de cette fenêtre pour voir comment ils permettent d'agrandir ou de réduire la taille d'affichage de l'image et de la repositionner.

8. Fermez la fenêtre Zoomify pour revenir à la page d'accueil.

9. Cliquez sur une autre image pour l'ouvrir dans sa propre fenêtre et l'examiner. Fermez ces fenêtres pour revenir à la page d'accueil.

10. Dans la page d'accueil, cliquez sur les différentes rubriques de gauche pour ouvrir les pages liées. Pour revenir à la page d'accueil, cliquez sur Museo Arte, situé sous le logo dans le coin supérieur de chaque page.

11. Une fois tous les liens testés, fermez votre navigateur et revenez à Bridge.

Lors des étapes précédentes, vous avez cliqué sur deux types de liens : des *tranches* (les rubriques à gauche de la page Web) et des *images* (le garçon, l'ange et l'image Spanish Masters).

Une *tranche* est une zone découpée dans une image. Elle se définit à partir de calques, de repères ou de sélections précises, ou à l'aide de l'outil Tranche. Lorsque vous créez des tranches, Photoshop produit un tableau HTML ou une feuille de style en cascade (CSS) qui les contient et les aligne. Il suffit alors de générer et de prévisualiser un fichier HTML qui montre l'image découpée dans le tableau HTML ou dans la feuille de style en cascade.

Vous pouvez également ajouter des liens hypertexte aux images. Le visiteur du site Web clique alors sur les images pour ouvrir une page liée. Contrairement aux tranches, les cartes-images prennent n'importe quelle forme.

Sélection d'un espace de travail pour le Web

Photoshop étant le programme le plus employé pour préparer les images destinées au Web, il dispose également d'outils de création HTML simples. Pour faciliter l'accès à ces outils lorsque vous travaillez pour le Web, vous pouvez personnaliser la disposition par défaut des panneaux, barres d'outils et fenêtres, en utilisant un des espaces de travail prédéfinis de Photoshop.

1. Dans Bridge, cliquez sur le dossier Lesson11 dans la barre de chemin située en haut de la fenêtre pour afficher son contenu. Double-cliquez ensuite sur le dossier 11Start, puis sur la vignette du fichier 11Start.psd pour l'ouvrir dans Photoshop.

Vous allez tirer parti de l'espace de travail prédéfini pour le Web de Photoshop.

2. Cliquez sur le sélecteur d'espace de travail dans la barre d'application et choisissez Web.

Photoshop n'affiche que les panneaux dont vous avez le plus besoin pour concevoir des éléments destinés au Web.

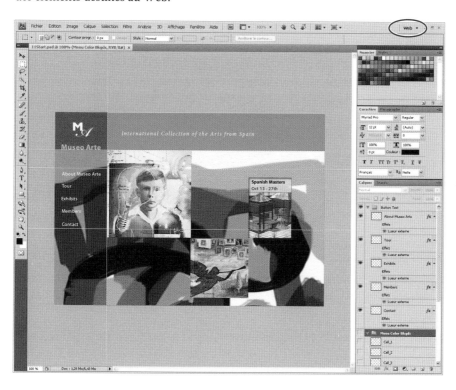

3. Allez dans Fichier > Enregistrer sous, nommez le fichier **11Retouche.psd**. Cliquez sur OK dans la boîte de dialogue Options de format Photoshop. L'enregistrement d'une copie de travail vous permet de préserver le fichier original au cas où vous devriez revenir à cette image.

Création de tranches

Lorsque vous spécifiez que des zones rectangulaires d'une image sont des tranches, Photoshop crée un tableau HTML qui les contient et en gère l'alignement. Vous pouvez utiliser les tranches comme des boutons dont vous programmez le fonctionnement.

Il n'est pas possible de créer une seule tranche, à moins qu'elle ne recouvre l'ensemble de l'image mais, dans ce cas, l'utilisation de cette fonctionnalité est totalement inutile. Chaque nouvelle tranche que vous créez dans une image (une tranche *utilisateur*) entraîne automatiquement la création d'autres tranches (tranches *automatiques*) qui recouvrent toute la partie de l'image en dehors de la tranche utilisateur.

Sélectionner des tranches et définir leurs options

Pour commencer, vous allez sélectionner une tranche existante dans le fichier de départ. Nous avons en effet créé la première tranche pour vous, afin que ses dimensions correspondent exactement à celles de l'animation que vous ajouterez à la fin de cette leçon.

1. Activez l'outil Sélection de tranche (✄), caché sous l'outil Recadrage (⊟).

Lorsque vous sélectionnez l'outil Tranche ou l'outil Sélection de tranche, Photoshop affiche les tranches et leurs numéros sur l'image.

Le numéro de la tranche 01 s'affiche dans son coin supérieur gauche. Il est accompagné d'une petite icône (ou *badge*) en forme de montagne. La couleur bleue du cadre indique qu'il s'agit d'une tranche utilisateur.

Les icônes des tranches 02 et 03 (respectivement à droite et au-dessous de la tranche 01) s'affichent en gris. Cette couleur montre qu'il s'agit de tranches automatiques ajoutées lorsque nous avons créé la tranche utilisateur. Le symbole qui figure dans le deuxième rectangle signifie que la tranche a une image pour contenu. Pour en savoir plus, reportez-vous à l'encadré suivant, "À propos des symboles de tranches".

À propos des symboles de tranches

Les symboles (ou *badges*) gris et bleus des tranches – qui s'affichent dans la fenêtre de document ainsi que dans la boîte de dialogue Enregistrer pour le Web et les périphériques – permettent de connaître la nature exacte de toutes les tranches affichées. En fonction de sa nature, une tranche peut avoir plusieurs symboles :

(🔲) indique le numéro de la tranche. Les tranches sont numérotées par ordre croissant, de la gauche vers la droite et du haut vers le bas de l'image.

(🖾) indique que la tranche contient une image.

(🖾) indique que la tranche est de type Pas d'image.

(🔲) indique que la tranche a été créée à partir d'un calque.

(🔳) indique que la tranche est liée à d'autres tranches (dans un but d'optimisation).

---

2. Cliquez sur la tranche qui porte le numéro 01, située dans le coin supérieur gauche de l'image. Un cadre doré s'affiche pour indiquer qu'elle est sélectionnée.

3. Double-cliquez sur la tranche avec l'outil Sélection de tranche pour ouvrir la boîte de dialogue Options de tranche. Par défaut, Photoshop nomme chaque tranche en utilisant le nom du fichier suivi d'un numéro. Ainsi, cette tranche a pour nom 11Start_01.

Une tranche n'est pas très utile tant que vous n'avez pas paramétré ses options, parmi lesquelles son nom et l'URL qui s'ouvre quand on clique dessus.

4. Dans la boîte de dialogue Options de tranche, saisissez les informations suivantes : dans le champ Nom, entrez **Animation logo**, dans le champ URL, saisissez #. Le signe dièse permet de prévisualiser le fonctionnement d'un bouton sans programmer de lien effectif. Cette option est très utile dans les premières phases de la conception lorsque vous vous concentrez sur l'apparence et le comportement des éléments.

● **Note :** Vous pouvez définir les options d'une tranche automatique mais cela la convertit alors automatiquement en tranche utilisateur.

5. Cliquez sur OK pour valider les modifications apportées. Plus loin, vous créerez une version animée de cette image qui remplacera la tranche sur la page finale.

Créer des boutons de navigation

Vous allez maintenant ajouter des tranches sur les boutons de navigation situés sur la gauche de la page afin de créer un effet de survol, appelé aussi *transformation par souris*. Vous pourriez sélectionner et définir les propriétés de chaque bouton l'un après l'autre mais vous allez voir qu'il est possible d'opérer beaucoup plus rapidement.

1. Cliquez sur l'outil Tranche ( ) dans le panneau Outils pour le sélectionner ou appuyez sur les touches Maj+C (les outils Recadrage, Tranche et Sélection de tranche partagent la touche C comme raccourci clavier. Pour passer de l'un à l'autre, appuyez sur les touches Maj+C).

Vous voyez que des repères ont été placés au-dessus et au-dessous du texte situé à gauche de l'image.

2. Faites glisser diagonalement l'outil Tranche depuis le repère situé au-dessus du texte "About Museo Arte" jusqu'au repère situé au-dessous du texte "Contact" afin d'encadrer les cinq lignes.

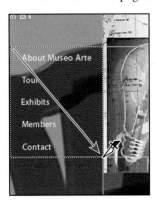 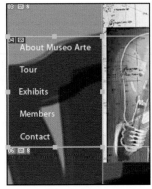

Un rectangle bleu, identique à celui de la tranche 01, apparaît dans le coin supérieur gauche de la nouvelle tranche créée, qui est logiquement identifiée par le numéro 04. La couleur bleue indique qu'il s'agit d'une tranche utilisateur et non d'une tranche automatique.

Le rectangle gris de la tranche automatique 03 reste inchangé mais cette tranche est bien plus petite puisqu'elle ne couvre plus qu'un rectangle situé au-dessus du texte. Une autre tranche automatique, portant le numéro 05 apparaît sous la tranche que vous venez de créer.

Le cadre de redimensionnement doré indique que la tranche 04 est sélectionnée.

3. L'outil Tranche étant toujours sélectionné, appuyez sur les touches Maj+C pour activer l'outil Sélection de tranche (✂). De nouvelles options s'affichent alors dans la barre d'options et notamment un ensemble de boutons d'alignement.

Vous allez maintenant diviser votre sélection en cinq tranches séparées.

4. Cliquez sur le bouton Diviser dans la barre d'options.

5. Dans la boîte de dialogue Diviser la tranche, activez l'option Diviser horizontalement en, puis tapez **5** dans le champ Tranches verticales, espacées régulièrement. Cliquez ensuite sur OK.

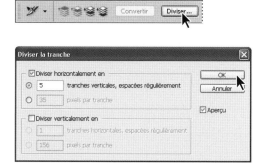
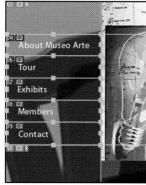

Nommez à présent chaque tranche et attribuez-lui un lien.

6. Double-cliquez à l'aide de l'outil Sélection de tranche sur la première tranche (About Museo Arte).

7. Dans la boîte de dialogue Options de tranche, nommez la tranche **À propos de**, tapez **about.html** dans le champ URL et saisissez **_self** dans le champ Cible (assurez-vous de ne pas oublier le trait de soulignement avant la lettre "s"). Cliquez ensuite sur OK.

● **Note :** Respectez exactement les noms des pages HTML indiquées ici, car ils correspondent à celui des pages HTML auxquelles ces boutons seront liés.

▶ **Astuce :** Si les identificateurs des tranches automatiques vous perturbent, activez l'outil Sélection de tranche, puis cliquez sur le bouton Masquer les tranches auto de la barre d'options. Si vous souhaitez masquer les repères, allez dans Affichage > Afficher > Repères.

Le paramètre Cible définit la façon dont le fichier lié s'ouvre. Avec l'option _self, le fichier lié s'ouvre dans le même cadre que le fichier original.

8. Répétez les étapes 6 et 7 pour les autres tranches, de la façon suivante :

   • Pour la deuxième tranche, tapez **Visite** dans le champ Nom, **tour.html** dans le champ URL et **_self** dans le champ Cible.

   • Pour la troisième tranche, tapez **Expositions** dans le champ Nom, **exhibits. html** dans le champ URL et **_self** dans le champ Cible.

   • Pour la quatrième tranche, tapez **Membres** dans le champ Nom, **members.html** dans le champ URL et **_self** dans le champ Cible.

   • Pour la cinquième tranche, tapez **Contact** dans le champ Nom, **contact.html** dans le champ URL et **_self** dans le champ Cible.

9. Enregistrez ensuite votre travail.

Créer des tranches à partir de calques

Il est également possible de créer des tranches d'après des calques plutôt qu'avec l'outil Tranche. L'avantage de cette méthode est qu'elle vous permet d'obtenir une tranche qui tient compte des dimensions du calque et qui inclut toutes les données des pixels. Si vous déplacez le calque, si vous modifiez son contenu ou si vous lui appliquez un effet, la zone de la tranche s'adapte automatiquement pour englober les nouveaux pixels.

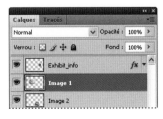

1. Dans le panneau Calques, sélectionnez le calque Image 1. Si vous ne pouvez pas voir tout le contenu

du panneau Calques, faites-le glisser en dehors de son groupe et agrandissez sa taille en faisant glisser son coin inférieur droit.

2. Cliquez sur Calque > Nouvelle tranche d'après un calque. Une tranche numérotée 04 apparaît alors dans la fenêtre de document, sur l'image du garçon. Son numéro dépend de sa position dans l'image, en partant du coin supérieur gauche.

3. Double-cliquez sur cette tranche avec l'outil Sélection de tranche (✎), tapez **Image1** dans le champ Nom, **image1.html** dans le champ URL et **_blank** dans le champ Cible. L'option _blank ouvre la page liée dans une nouvelle fenêtre du navigateur Web. Cliquez ensuite sur OK.

 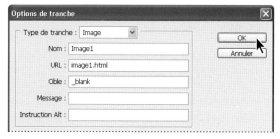

Assurez-vous de saisir ces options exactement comme indiqué, en particulier pour les noms des pages Web auxquelles les tranches seront liées.

Vous allez maintenant créer une autre tranche pour le calque Exhibit_Info.

4. Répétez les étapes 1 à 3 pour les images restantes, de la façon suivante :

   • Créez une tranche d'après le calque Exhibit_Info, tapez **Infos expositions** dans le champ Nom, **exhibitinfo.html** dans le champ URL et **_blank** dans le champ Cible. Cliquez ensuite sur OK.

   • Créez une tranche d'après le calque Image 2. Tapez **Carte** dans le champ Nom, **card.html** dans le champ URL et **_blank** dans le champ Cible. Cliquez ensuite sur OK.

Vous avez sans doute remarqué que la boîte de dialogue Options de tranche contient d'autres options que les trois champs que vous avez renseignés. Pour plus d'informations sur leur utilisation, consultez l'Aide de Photoshop.

5. Enregistrez votre travail.

À propos de la création de tranches

Voici d'autres méthodes pour créer des tranches, à tester vous-même :

- Créez des tranches Aucune image, puis ajoutez-leur du texte ou du code source HTML. Ces tranches peuvent être dotées d'une couleur d'arrière-plan et sont enregistrées dans le fichier HTML. Lorsqu'elles sont employées pour du texte, elles en permettent la modification dans tout éditeur HTML, ce qui vous épargne ainsi le retour à Photoshop. Cependant, si le texte s'agrandit trop pour la tranche, il sort du cadre du tableau, et des espaces risquent d'être introduits.

- En employant les Repères commentés, vous pouvez instantanément diviser une image entière en tranches grâce au bouton Tranches d'après les repères dans la barre d'options. Cette technique doit cependant être maniée avec précaution, car elle élimine toutes les tranches précédemment créées et toutes les options qui leur sont associées. De plus, elle ne crée que des tranches utilisateur, qui ne sont peut-être pas souhaitables en si grand nombre.

- Pour créer des tranches de même taille, espacées et alignées de manière identique, essayez de créer une seule tranche utilisateur qui englobe avec précision la zone entière. Puis, avec le bouton Diviser de l'outil Sélection de tranche, divisez la tranche initiale en autant de rangées de tranches horizontales et verticales que nécessaire.

- Si vous souhaitez supprimer un lien dans une tranche créée à partir d'un calque, convertissez cette tranche en tranche utilisateur. Pour cela, il suffit de double-cliquer sur la tranche à l'aide de l'outil Sélection de tranche et de modifier les options.

Création d'animations

Photoshop permet de créer des animations à partir d'une image unique en utilisant des fichiers GIF animés. Un *GIF animé* est une séquence d'images. Chacune de ces images diffère légèrement de la précédente, ce qui crée une illusion de mouvement lorsqu'elles sont visualisées en succession rapide, de la même manière que pour les dessins animés. Il existe plusieurs façons de créer une animation :

- en utilisant le bouton Duplication des images sélectionnées du panneau Animation, puis le panneau Calques pour définir l'état associé à chaque image ;

- en faisant appel à la fonctionnalité Trajectoire pour créer des images qui déforment le texte ou font varier les effets d'opacité ou l'emplacement d'un calque, afin de créer l'illusion d'un élément qui se déplace ou qui clignote dans une image ;

- en ouvrant un fichier Adobe Photoshop ou Adobe Illustrator, chaque calque devenant une image de l'animation.

Dans cette leçon, vous allez expérimenter les deux premières techniques.

Les fichiers d'animation sont des fichiers GIF ou QuickTime. Vous ne pouvez pas créer d'animation JPEG ou PNG.

Créer un GIF animé

Pour rendre votre page Web plus attrayante, vous allez animer le logo Museo Arte situé dans le coin supérieur gauche de la page, en utilisant à la fois les panneaux Animation et Calques, toujours dans l'espace de travail Web.

1. Dans le panneau Calques, cliquez sur le triangle précédant le groupe de calques Logo Animation pour afficher son contenu si ce n'est pas déjà le cas. Ce groupe contient trois éléments : les calques A, M et Museo Arte.

Vous allez créer une animation dans laquelle les deux lettres apparaîtront et se déplaceront vers leur position finale, puis s'illumineront avant que le titre Museo Arte ne s'affiche en fondu.

2. Cliquez sur Fenêtre > Animation. Le panneau Animation s'affiche au bas de la fenêtre de document.

3. Dans le panneau Animation, cliquez sur le bouton Duplication des images sélectionnées (🖬) pour créer une seconde image fondée sur la première.

4. Dans le panneau Calques, sélectionnez le calque M.

5. Dans le panneau Outils, activez l'outil Déplacement (▶₊). Faites glisser la lettre M à gauche de la fenêtre de document, en maintenant la touche Maj enfoncée afin de conserver un mouvement parfaitement horizontal. Appuyez sur la touche Gauche du clavier pour placer la lettre M le plus à gauche possible jusqu'à ce qu'elle soit à peine visible.

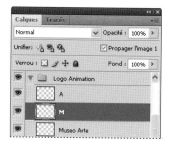  

Assurez-vous de ne pas la faire glisser entièrement en dehors de la fenêtre de document.

6. Dans le panneau Calques, sélectionnez le calque A.

7. À l'aide de l'outil Déplacement, faites glisser la lettre A vers le haut de la fenêtre de document jusqu'à ce qu'elle soit invisible. Maintenez la touche Maj enfoncée afin de conserver un mouvement rectiligne.

Une autre façon d'animer des objets consiste à changer leur opacité afin de les faire apparaître ou disparaître de façon progressive.

8. Dans le panneau Calques, sélectionnez le calque Museo Arte et réduisez son Opacité à **0 %**.

 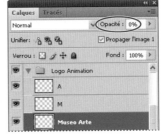 

9. Dans le panneau Calques, sélectionnez le calque M et réduisez son Opacité à **10 %**. Puis sélectionnez le calque A et réduisez son Opacité à **10 %**.

10. Enregistrez votre travail.

Interpoler la position et l'opacité des calques

Vous allez maintenant ajouter des images qui représenteront des états de transition entre les deux images existantes. Lorsque vous modifiez la position, l'opacité ou les effets de tout calque entre deux images d'animation, vous pouvez demander à Photoshop de créer une *interpolation*, autrement dit de créer automatiquement autant d'images intermédiaires que vous le voulez.

Commencez par intervertir les deux images de l'animation pour que l'image 2 soit l'état de départ de l'animation.

1. Dans le panneau Animation, faites glisser l'image 2 à gauche de l'image 1. Les images sont automatiquement renommées en fonction de leur position. Pour visualiser l'état de chaque image, cliquez sur chacune d'entre elles.

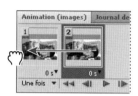  

Vous allez maintenant créer une interpolation entre ces deux images.

2. Dans le panneau Animation, assurez-vous que l'image 1 est sélectionnée, puis cliquez sur le bouton Trajectoire des images animées ( ) au bas du panneau.

3. Dans la boîte de dialogue Trajectoire, définissez les options suivantes (si elles ne sont pas déjà sélectionnées) :

    *   Dans le menu Trajectoire avec, sélectionnez Image suivante.

    *   Dans le champ Images à ajouter, entrez **5**.

    *   Dans la rubrique Calques, sélectionnez Tous les calques.

    *   Assurez-vous que toutes les options de la rubrique Paramètres sont cochées.

4. Cliquez sur OK pour fermer la boîte de dialogue.

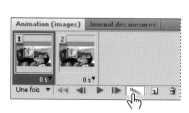 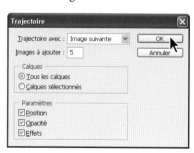

5. Pour tester l'animation, cliquez sur le bouton de lecture au bas du panneau Animation. Il ne s'agit que d'un aperçu de l'animation, elle peut donc sembler saccadée. Mais elle se déroulera de façon fluide dans votre navigateur.

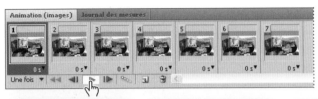

La trajectoire des images

La commande Trajectoire permet d'ajouter ou de modifier automatiquement une série d'images entre deux images de départ. En faisant varier uniformément les attributs de calque (paramètres Position, Opacité ou Effets) entre les nouvelles images, on parvient à créer une illusion de mouvement. Pour réaliser un fondu sur calque, par exemple, réglez l'Opacité du calque de l'image de départ sur 100 %, puis l'Opacité du même calque dans l'image d'arrivée sur 0 %. Lorsque vous utilisez la fonction Trajectoire entre ces deux images, l'opacité du calque diminue uniformément au fil des nouvelles images.

La fonction Trajectoire réduit sensiblement le temps nécessaire pour créer des effets d'animation tels que les fondus ou le déplacement d'un élément dans une image. Vous pouvez modifier séparément des images avec trajectoire après les avoir créées.

Si vous sélectionnez une seule image, vous pouvez établir une trajectoire avec l'image précédente ou avec l'image suivante. Si vous sélectionnez deux images contiguës, de nouvelles images sont ajoutées entre elles. Si vous sélectionnez plus de deux images contiguës, les images situées entre la première et la dernière image sélectionnées sont altérées par la fonction Trajectoire. Si vous sélectionnez la première et la dernière image d'une animation, ces images sont traitées comme si elles étaient contiguës et les images avec trajectoire sont ajoutées après la première image. (Cette méthode est utile lorsque l'animation est paramétrée pour former plusieurs boucles.)

Note : *Hormis ce cas particulier, vous ne pouvez pas faire appel à la fonction Trajectoire lorsque vous sélectionnez deux images non contiguës.*

Animation d'un style de calque

Vous pouvez non seulement animer la position ou l'opacité d'un objet mais également animer un effet de calque ou *style de calque*. Vous obtiendrez ainsi un petit éclair lumineux qui apparaîtra et disparaîtra derrière les lettres "M" et "A".

1. Dans le panneau Animation, sélectionnez l'image 7, puis cliquez sur le bouton Duplication des images sélectionnées (⬛) pour créer une nouvelle image avec les mêmes paramètres. Conservez l'image 8 sélectionnée.

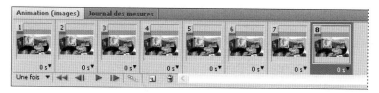

2. Dans le panneau Calques, sélectionnez le calque M, cliquez sur le bouton Ajouter un style de calque (*fx*) situé au bas du panneau, puis choisissez Lueur externe dans le menu contextuel. Définissez les options de l'effet de la façon suivante :

   - Choisissez le mode de fusion Superposition.

   - Définissez une Opacité de **55 %** et un Grossi de **0 %**.

   - Choisissez une Taille de **5 px**.

   - Cliquez sur l'échantillon de couleurs et sélectionnez un jaune clair.

3. Cliquez sur OK pour appliquer ce style au calque M. Vous allez ensuite copier cet effet sur le calque A.

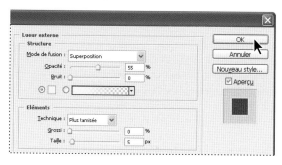 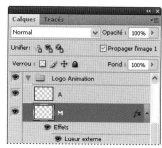

4. Dans le panneau Calques, tout en appuyant sur la touche Alt (Windows) ou Option (Mac OS), faites glisser l'icône de l'effet du calque M sur le calque A pour copier l'effet sur ce calque.

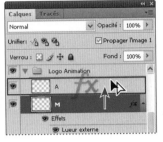

Vous allez interpoler cet effet copié afin que les lettres s'illuminent à la fin de leur déplacement.

5. Dans le panneau Animation, sélectionnez l'image 7, et cliquez sur le bouton Trajectoire (°°°) au bas du panneau.

6. Dans la boîte de dialogue Trajectoire, tapez **2** dans le champ Image à ajouter. Assurez-vous que l'option Effets est activée dans la rubrique Paramètres, puis cliquez sur OK.

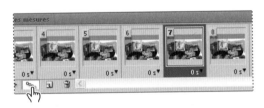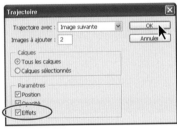

7. Dans le panneau Animation, sélectionnez l'image 7, puis cliquez sur le bouton Duplication des images sélectionnées pour créer une nouvelle image avec les mêmes paramètres.

8. Faites glisser la nouvelle image 8 à la fin du panneau Animation de sorte qu'elle devienne l'image 11.

Vous allez maintenant définir le nombre de fois où l'animation sera lue.

9. Assurez-vous que l'option Une fois est activée dans le menu situé dans le coin inférieur gauche du panneau Animation.

10. Cliquez sur le bouton de lecture au bas du panneau Animation pour prévisualiser l'animation.

11. Sauvegardez votre travail (Fichier > Enregistrer).

Exportation des images et du fichier HTML

Vous allez à présent créer les dernières tranches, définir les liens et exporter le fichier afin de créer une page HTML dans laquelle vos tranches s'afficheront comme un seul ensemble.

Il est important que les fichiers des images destinées au Web conservent une taille aussi faible que possible afin que les pages s'ouvrent rapidement. Les outils prédéfinis de Photoshop vous permettent de juger des paramètres d'optimisation que vous pouvez utiliser pour chaque tranche sans compromettre la qualité des images. Il est conseillé d'employer la compression JPEG pour les photographies et les images en couleurs continues, et la compression GIF pour les images ou illustrations comprenant des plages de couleur unies (comme c'est le cas de toutes les zones autour des trois images principales pour le site de cette leçon).

Vous aurez recours à la boîte de dialogue Enregistrer pour le Web et les périphériques afin de comparer les différents paramètres de compression de chaque format.

1. Allez dans Fichier > Enregistrer pour le Web et les périphériques.

2. Cliquez sur l'onglet 2 vignettes situé en haut de la boîte de dialogue Enregistrer pour le Web et les périphériques.

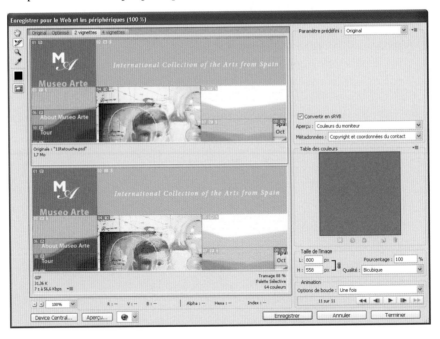

3. Activez l'outil Sélection de tranche (🖋) de la boîte de dialogue, puis cliquez sur la tranche 04 (le portrait du garçon) dans l'image du haut. Notez le poids du fichier qui est indiqué sous l'image.

4. Si nécessaire, utilisez l'outil Main (✋) de la boîte de dialogue pour déplacer l'image à l'intérieur de sa fenêtre et mieux la visualiser.

5. Dans le menu déroulant Paramètre prédéfini situé à droite de la boîte de dialogue, choisissez l'option JPEG Moyen. Vous voyez que le poids du fichier, indiqué sous l'image, diminue considérablement lorsque vous sélectionnez cette option.

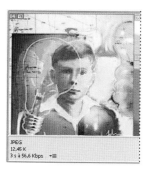

Vous allez maintenant observer l'effet de la compression au format GIF sur la même tranche dans la fenêtre du bas.

6. Sélectionnez la tranche 04 dans l'image du bas à l'aide de l'outil Sélection de tranche, puis choisissez l'option GIF 32 Non tramé dans le menu déroulant Paramètre prédéfini.

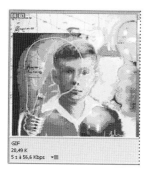

Vous voyez que les couleurs de l'image du bas semblent plus ternes et postérisées mais que le poids du fichier est sensiblement le même.

En fonction de ces observations, vous pouvez maintenant choisir la compression à utiliser sur les tranches de cette page.

7. Cliquez sur l'onglet Optimisé en haut de la boîte de dialogue.

8. Maintenez la touche Maj enfoncée et, avec l'outil Sélection de tranche, cliquez sur les trois images dans la fenêtre d'aperçu (les tranches 04, 08 et 18), puis sélectionnez l'option JPEG Moyen dans le menu déroulant Paramètre prédéfini.

9. Sélectionnez ensuite les autres tranches et choisissez l'option GIF 64 Tramé dans le menu déroulant Paramètre prédéfini.

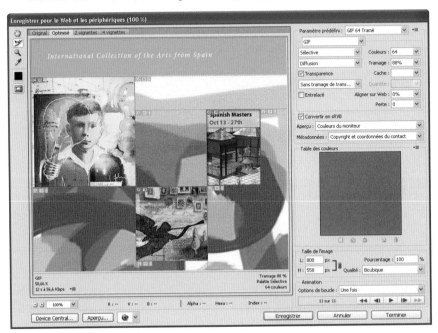

10. Cliquez sur Enregistrer. Dans la boîte de dialogue Enregistrer une copie optimisée sous, parcourez votre disque dur jusqu'au dossier Lesson11/11Start/Museo, qui contient déjà les autres éléments du site, dont les pages auxquelles vos tranches sont liées.

11. Choisissez HTML et images dans le champ Type. Conservez les paramètres par défaut du champ Paramètres et choisissez Toutes les tranches dans le champ Tranches. Nommez le fichier **home.html** et cliquez sur Enregistrer. Si vous êtes invité à remplacer les images, cliquez sur Remplacer.

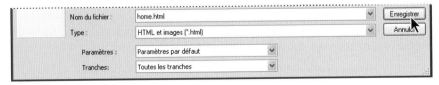

12. Dans Photoshop, cliquez sur le bouton Lancer Bridge ([Br]). Dans le panneau Favoris, cliquez sur Lessons. Dans le panneau Contenu, double-cliquez sur le dossier Lesson11, sur le dossier 11Start, puis sur le dossier Museo.

13. Ouvrez le menu contextuel (clic droit [Windows] ou Ctrl+clic [Mac OS]) du fichier home.html et choisissez Ouvrir avec. Sélectionnez le navigateur Web dans lequel vous souhaitez ouvrir le fichier HTML.

14. Dans votre navigateur, vérifiez le fonctionnement des différentes fonctionnalités :

- Placez le pointeur sur les tranches que vous avez créées. Il doit prendre l'apparence d'une main pointant du doigt, signalant ainsi la présence d'un bouton.

- Cliquez sur le portrait du garçon pour ouvrir l'image entière dans une nouvelle fenêtre.

- Cliquez sur le lien Spanish Masters pour ouvrir une nouvelle fenêtre.

- Cliquez sur les liens textuels à gauche de la page pour être redirigé vers les autres pages du site.

15. Lorsque vous avez terminé d'étudier les pages, fermez votre navigateur.

Optimiser des images pour le Web

Optimiser est une procédure qui consiste à choisir un format, à définir une résolution et à paramétrer la qualité d'une image pour que cette dernière s'affiche correctement dans un navigateur Web sans exiger une durée de téléchargement trop importante. Ce résultat ne peut être obtenu que si vous trouvez le compromis idéal entre la taille du fichier et sa qualité d'affichage. L'optimisation est affaire de jugement personnel et ne saurait répondre à une systématisation des procédures.

Les options de compression varient en fonction du format de fichier sélectionné lors de l'enregistrement d'une image. Les deux formats les plus répandus sont : JPEG et GIF. Le format JPEG préserve les couleurs et les variations de luminosité. Il est idéal pour représenter des photographies ou des créations graphiques complexes sur le Web. Dès qu'une image doit être affichée en millions de couleurs, choisissez-le. Le format GIF est parfait pour représenter des images contenant des couleurs unies ou des motifs répétitifs (comme des dessins, des logos et des illustrations comprenant du texte). Ce format fait appel à une palette limitée à 256 couleurs et prend en charge la transparence de l'arrière-plan.

Photoshop dispose de nombreux paramètres pour contrôler la compression des fichiers et optimiser leur représentation à l'écran. En règle générale, vous optimisez les images avant de les enregistrer dans un fichier HTML. La boîte de dialogue Enregistrer pour le Web et les périphériques permet de comparer l'image originale à différentes versions compressées du fichier. Pour en savoir plus sur l'optimisation des images GIF et JPEG, consultez l'Aide de Photoshop.

La fonctionnalité Zoomify

Avec Zoomify, vous avez la possibilité, par exemple, de poster sur le Web des images haute résolution à partir desquelles les utilisateurs réaliseront un panoramique ou qu'ils choisiront d'agrandir pour afficher le détail de certaines zones. Le téléchargement d'une image de taille standard prend autant de temps que celui d'un fichier JPEG de même taille. Photoshop exporte les fichiers JPEG et le fichier HTML que vous placez ensuite sur votre site Web. Les fonctionnalités de Zoomify marchent avec tous les navigateurs Web.

1. Cliquez sur le dossier 11Start dans la barre de chemin en haut de la fenêtre de Bridge, puis double-cliquez sur le fichier Card.jpg pour l'ouvrir dans Photoshop.

Il s'agit d'une image de grande taille que vous allez exporter en HTML à l'aide de la fonctionnalité Zoomify. Vous convertirez l'image de cet ange en un fichier comprenant un lien avec les liens que vous avez créés plus tôt dans la page d'accueil du site.

2. Cliquez sur Fichier > Exportation > Zoomify.

3. Dans la boîte de dialogue Exportation Zoomify, cliquez sur le bouton Dossier et sélectionnez le dossier Lesson11/11Start/Museo. Tapez **Card** dans le champ Nom de base. Choisissez une Qualité de **12**, une Largeur de **600** et une Hauteur de **400** dans la section Options du navigateur. Assurez-vous que l'option Ouvrir dans le navigateur Web est activée.

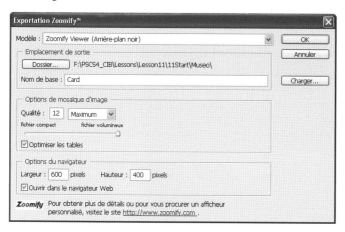

4. Cliquez sur OK pour exporter le fichier HTML et les images. Zoomify les ouvre ensuite dans votre navigateur Web.

5. Utilisez les contrôles de la fenêtre Zoomify pour vérifier le fonctionnement des liens sur l'image de l'ange.

6. Fermez ensuite la fenêtre de votre navigateur.

Création d'une galerie Web

Avec Bridge, vous pouvez facilement réaliser une présentation en ligne de vos images, afin de permettre aux visiteurs de votre site de voir chaque image ou un diaporama de votre travail. Vous allez créer une galerie d'images liée aux fichiers exhibit.html du site Web du musée.

1. Dans Bridge, double-cliquez sur le dossier Watercolors, situé dans le dossier Lesson11/11Start.

Vous allez réaliser le diaporama à partir des images de ce dossier.

2. Cliquez sur la première image, puis sur la dernière tout en appuyant sur la touche Maj pour sélectionner toutes les images. Souvenez-vous que vous pouvez utiliser le curseur des vignettes situé au bas de la fenêtre de Bridge pour réduire leur taille, afin d'en afficher un plus grand nombre à la fois dans le panneau Contenu.

3. Cliquez sur le bouton Sortie situé en haut de la fenêtre de Bridge pour afficher l'espace de travail Sortie. Si vous ne voyez pas ce bouton, allez dans Fenêtre > Espace de travail > Sortie.

4. Dans le volet Sortie, cliquez sur le bouton Galerie Web.

5. Cliquez sur le triangle devant l'onglet de la section Infos sur le site pour afficher son contenu s'il n'est pas déjà visible. Entrez **Watercolors** (Aquarelles) dans le champ Titre de la galerie, **Paintings from the Watercolors exhibit** (peintures de l'exposition Aquarelles) dans le champ Légende de la galerie et **Now showing at Museo Arte** (Actuellement au Museo Arte) dans le champ À propos de cette galerie. Vous pouvez également indiquer un nom de contact et d'autres informations si vous le souhaitez.

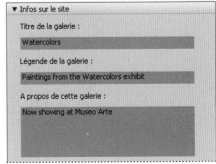

6. Cliquez sur le triangle devant l'onglet de la section Infos sur le site pour réduire sa taille. Affichez ensuite le contenu de la section Créer une galerie s'il n'est pas visible.

7. Nommez la galerie **Watercolors**. Activez l'option Enregistrer sur le disque, cliquez sur le bouton Parcourir et sélectionnez le dossier Lesson11/11Start/Museo sur votre disque dur. Cliquez sur OK ou Choisir pour fermer la boîte de dialogue, puis cliquez sur le bouton Enregistrer.

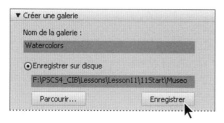

Bridge crée le dossier Watercolors pour la galerie. Il contient un fichier index.html et un dossier ressources contenant les images des aquarelles.

8. Cliquez sur OK lorsque Bridge signale que la galerie a été créée. Dans Bridge, cliquez ensuite sur le bouton Informations essentielles situé en haut de la fenêtre pour revenir à l'espace de travail par défaut.

9. Parcourez votre disque dur jusqu'au dossier Lesson11/11Start/Museo. Double-cliquez sur le dossier Watercolors, qui correspond au dossier de la galerie que Bridge a créé. Ouvrez le menu contextuel du fichier index.html (clic droit [Windows] ou Ctrl+clic [Mac OS]), choisissez Ouvrir avec et sélectionnez un navigateur.

10. Si un message de sécurité s'affiche, cliquez sur OK ou suivez les instructions indiquées pour modifier les paramètres.

La galerie s'ouvre. Une image s'affiche sur le côté droit et les vignettes des autres s'affichent sur la gauche.

11. Cliquez sur le bouton Afficher le diaporama situé sous l'image la plus grande pour lancer le diaporama. Cliquez sur le bouton Afficher la galerie situé sous l'image visible à l'écran pour revenir à l'affichage de la galerie.

12. Fermez votre navigateur.

Le fichier exhibits.html contient déjà un lien vers le dossier que vous avez créé, à condition bien sûr que vous lui ayez donné le nom spécifié à l'étape 7. Vous allez maintenant ouvrir le site Web et utiliser les liens pour afficher la galerie.

13. Dans Bridge, parcourez votre disque dur jusqu'au dossier Lesson11/11Start/Museo. Ouvrez le menu contextuel du fichier home.html (clic droit [Windows] ou Ctrl [Mac OS]), puis choisissez Ouvrir avec. Sélectionnez ensuite un navigateur pour ouvrir le fichier HTML.

14. Dans le site Web, cliquez sur le lien Exhibits dans la zone de navigation. Cliquez ensuite sur le lien vers la galerie Watercolors dans la page Exhibits. La galerie s'ouvre alors.

15. Explorez la galerie et le site Web, si vous le souhaitez. Une fois votre visite terminée, fermez votre navigateur, Bridge et Photoshop.

Félicitations ! Vous avez découvert comment concevoir des sites Web attractifs à partir d'images Photoshop. Vous avez appris à animer et rendre interactives vos pages Web en utilisant des tranches, des transformations par souris, Zoomify et la fonctionnalité Galerie Web de Bridge.

Info plus

Créer des tranches pour les transformations par souris est une façon simple de signaler la présence des boutons. Lorsque vous créez un contenu destiné au Web, vous avez tout intérêt à signaler clairement la présence d'un bouton. Au cours de cette leçon, le seul indice de la présence de boutons tient au changement d'apparence du pointeur au survol. Cette indication n'est pas forcément suffisante pour de nombreux visiteurs de vos pages.

Pour signaler vos boutons de façon plus explicite, vous allez créer un second état pour les tranches de navigation qui s'affichera lorsque le pointeur les survolera. Pour cela, vous devez rendre les calques visibles, les exporter dans un dossier séparé, puis les placer dans un fichier HTML déjà créé pour vous et qui contient tout le code nécessaire au fonctionnement des transformations par souris.

1. Ouvrez le fichier 11Retouche.psd dans Photoshop.

2. Dans le panneau Calques, cliquez sur le triangle du groupe de calques Menu Color Bkgds pour afficher son contenu. Les calques de ce groupe sont pour l'instant tous invisibles.

3. Rendez visible le calque Cell_1. Le fond de la tranche 06 (About Museo Arte) change alors de couleur.

 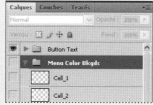 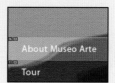

4. Rendez alternativement visibles ou invisibles les calques cell_1 à cell_5 pour observer les modifications que cela entraîne sur les différentes tranches.

Vous voulez que les boutons changent de couleur au survol de la souris ?

5. Rendez visibles les calques cell_1 à cell_5, puis cliquez sur Fichier > Enregistrer pour le Web et les périphériques.

6. Activez l'outil Sélection de tranche de la boîte de dialogue, puis cliquez sur les cinq liens de navigation tout en appuyant sur la touche Maj.

7. Assurez-vous que le format GIF est sélectionné dans la boîte de dialogue Enregistrer pour le Web et les périphériques et cliquez sur Enregistrer.

8. Dans la boîte de dialogue Enregistrer une copie optimisée sous, parcourez votre disque dur jusqu'au dossier Lesson11, puis créez un nouveau dossier nommé **États au survol**, par exemple. Choisissez Images seulement dans le champ Type, conservez les paramètres par défaut du champ Paramètres et choisissez Tranches sélectionnées dans le champ Tranches. Cliquez ensuite sur Enregistrer.

9. Dans Bridge, parcourez votre disque dur jusqu'au dossier États au survol que vous venez de créer et ouvrez une des images qu'il contient. Si vous réalisiez une vraie page Web, vous importeriez ces fichiers dans un éditeur HTML comme Adobe Dreamweaver CS4 où vous pourriez programmer le comportement des boutons afin que les images du dossier États au survol remplacent celles des tranches lorsque le pointeur les survole.

Nous avons créé une maquette afin que vous puissiez voir à quoi la version finale de la page Web pourrait ressembler.

10. Dans Bridge, double-cliquez sur le dossier Lesson11, puis sur le dossier 11End et enfin sur le dossier site.

11. Ouvrez le menu contextuel du fichier home.html (clic droit [Windows] ou Ctrl+clic [Mac OS]) et choisissez Ouvrir avec. Sélectionnez le navigateur Web dans lequel vous souhaitez ouvrir le fichier HTML.

Questions

1. Que sont les tranches ? Comment les créer ?

2. Décrivez une transformation par souris.

3. Décrivez un moyen simple de créer une animation.

4. Quels formats de fichier pouvez-vous utiliser pour les animations ?

5. Qu'est-ce que l'optimisation d'image ? Et comment optimiser des images pour le Web ?

Réponses

1. Les tranches sont des zones rectangulaires définies pour optimiser des portions indivi- duelles d'une future page Web et auxquelles peuvent être ajoutés des GIF animés, des liens URL et des transformations par souris. On peut les créer à l'aide de l'outil Tranche ou en convertissant des calques en tranches *via* le menu Calques.

2. Une transformation par souris se traduit par un changement d'apparence d'un bouton ou d'une image d'une page Web au passage du curseur. Autrement dit, il s'agit d'un effet qui modifie l'aspect d'une page Web sans rediriger l'utilisateur vers une autre page Web.

3. Un moyen simple de créer une animation consiste à débuter avec un fichier Photoshop comprenant plusieurs calques. Il suffit de cliquer sur le bouton Duplication des images sélectionnées dans le panneau Animation pour créer une image, puis d'aller dans le panneau Calques pour modifier la position, l'opacité ou les effets de l'une des images sélectionnées. Il est ensuite possible de créer des images intermédiaires entre la sélection et la nouvelle image manuellement, par le biais du bouton Duplication des images sélectionnées, ou automatiquement, à l'aide de la commande Trajectoire.

4. Les fichiers d'animation doivent être enregistrés au format GIF ou QuickTime. Il est impossible de les enregistrer au format JPEG ou PNG.

5. L'optimisation d'image consiste à choisir un format de fichier, une résolution et des paramètres de qualité pour une image destinée à être publiée sur le Web. Lors de cette opération, il est nécessaire de trouver un bon compromis entre la taille du fichier et l'ap- parence visuelle de l'image compressée. Les images en tons continus sont généralement optimisées au format JPEG tandis que les images comprenant principalement des aplats de couleurs unies et des zones de couleurs répétitives le sont au format GIF. Pour optimiser des images, il faut choisir Fichier > Enregistrer pour le Web et les périphériques.

Les artistes 3D passent des heures, des jours, voire des semaines, à créer des images photo-réalistes. Les capacités 3D de Photoshop permettent de réaliser facilement de magnifiques images 3D et de les modifier tout aussi aisément.

Les images 3D

12

Au cours de cette leçon, vous apprendrez à :

- créer une forme 3D à partir d'un calque ;

- manipuler des objets 3D à l'aide de l'outil Orbite 3D ;

- ajuster la position de l'éclairage à l'aide de l'outil Faire pivoter la lumière ;

- configurer les options du panneau 3D ;

- ajuster les sources de lumière ;

- importer des objets 3D ;

- manipuler des objets à l'aide de l'outil Axe 3D ;

- peindre sur un objet 3D ;

- créer une carte postale 3D ;

- animer un fichier 3D.

 Cette leçon vous prendra environ une heure et demie. Copiez le dossier Lesson12 sur votre disque dur si vous ne l'avez pas encore fait. Au cours de cette leçon, vous conserverez les fichiers de départ. Si vous devez néanmoins les restaurer, copiez-les de nouveau depuis le CD-ROM *Adobe Photoshop CS4 Classroom in a Book*.

Préparatifs

Cette leçon est consacrée aux fonctionnalités 3D disponibles dans Adobe Photoshop CS4 Extended. Si vous ne disposez pas de la version Extended, passez directement à la leçon suivante.

Vous allez créer et peaufiner une illustration de la pochette d'un CD pour un groupe de musique fictif nommé *Brick Hat* (chapeau de brique). Vous créerez ensuite une carte postale 3D destinée à être utilisée dans une publicité à partir de cette illustration.

La manipulation d'illustrations 3D peut énormément solliciter le processeur. Pour obtenir les meilleures performances, activez l'option OpenGL dans la boîte de dialogue des Préférences de Photoshop, si votre carte graphique le prend en charge. Sachez que certains outils conçus pour vous aider à travailler sur les images 3D ne sont pas disponibles si votre carte graphique ne prend pas en charge OpenGL ou si cette option n'est pas activée. Vous devriez néanmoins pouvoir réaliser les exercices de ce chapitre même sans cette fonctionnalité.

Pour commencer, vous allez examiner l'image finale de la pochette du CD.

1. Lancez Photoshop et appuyez aussitôt sur les touches Ctrl+Alt+Maj (Windows) ou Cmd+Option+Maj (Mac OS) pour restaurer les préférences par défaut du logiciel (pour en savoir plus, reportez-vous à la section "Rétablissement des préférences par défaut" de l'Introduction).

2. Dans la boîte de message qui apparaît, cliquez sur Oui pour confirmer que vous voulez supprimer le fichier de paramètres.

3. Dans la barre d'application, cliquez sur le bouton Lancer Bridge (▣) pour ouvrir Adobe Bridge.

4. Dans le volet Favoris, cliquez sur le dossier Lessons, double-cliquez sur le dossier Lesson12, puis sur le dossier 12End.

5. Dans le volet Contenu, étudiez les fichiers 12End.psd et 12End_Layers.psd. Si votre carte graphique prend en charge OpenGL, les deux images doivent s'afficher. Il s'agit dans les deux cas de l'illustration de la pochette du CD.

Le fichier 12End_Layers.psd contient tous les calques, avant l'aplatissement de l'image. Il peut vous être utile à titre de référence tout au long de cette leçon.

Création d'une forme 3D à partir d'un calque

Photoshop intègre plusieurs formes 3D prédéfinies, dont des formes géométriques et des formes d'objets courants comme une bouteille de vin ou un anneau. Lorsque vous créez une forme à partir d'un calque, Photoshop enroule le calque sur cet objet 3D prédéfini. Vous pouvez ensuite faire pivoter, repositionner et redimensionner l'objet 3D, voire l'éclairer sous plusieurs angles avec des lumières de différentes couleurs.

Vous allez commencer par créer le chapeau 3D en utilisant le calque qui contient une image de mur en briques.

1. Dans Bridge, double-cliquez sur la vignette du fichier 12Start.psd pour l'ouvrir dans Photoshop. Ce fichier contient plusieurs calques, sur lesquels se trouvent différents éléments de l'illustration finale : des notes de musique, une image de ciel et une texture de mur de briques.

2. Cliquez sur Fenêtre > Espace de travail > 3D avancé pour afficher les panneaux 3D et Calques.

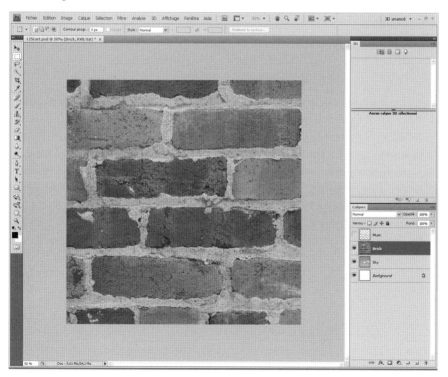

3. Sélectionnez le calque Brick, puis choisissez 3D > Nouvelle forme à partir d'un calque > Chapeau.

Photoshop crée un objet 3D, en enroulant l'image en deux dimensions du mur de briques autour de la forme d'un chapeau.

Manipulation d'objets 3D

Les objets 3D présentent l'avantage évident de pouvoir être manipulés en trois dimensions. Photoshop CS4 Extended contient plusieurs outils simples permettant de les faire pivoter, de les redimensionner et de les positionner. Vous pouvez, grâce à l'outil Rotation 3D et aux autres outils de son groupe dans le panneau Outils, manipuler l'objet lui-même. En outre, les outils du groupe d'outils Orbite 3D permettent de modifier la position et l'angle de la caméra, ce qui peut avoir une influence considérable sur l'aspect de l'objet.

Vous pouvez utiliser les outils 3D chaque fois que, dans le panneau Calques, un calque 3D est sélectionné. Celui-ci se comporte de la même façon que les autres types de calques et vous avez donc la possibilité de vous servir des styles de calque, des masques, etc. En revanche, un calque 3D peut être assez complexe.

Contrairement aux calques traditionnels, un calque 3D contient un *filet*, voire plusieurs. Cette structure filaire définit l'objet 3D. Dans le calque que vous venez de créer, le filet correspond à la forme du chapeau. Chaque filet, à son tour, contient des matières, qui définissent l'aspect d'une partie ou de l'ensemble du filet. Chaque matière contient des *textures plaquées*, qui sont les composants de l'apparence. Il existe neuf textures plaquées, dont le placage de relief (bump map), et il ne peut y en avoir qu'une seule de chaque type à la fois. En revanche, vous pouvez également créer des textures plaquées personnalisées. Chaque texture plaquée contient une *texture*, c'est-à-dire l'image qui définit l'aspect des textures plaquées et des matières. La texture peut être une simple image bitmap ou un ensemble de calques et la même texture peut être employée par plusieurs textures plaquées et plusieurs matières. Dans le calque que vous venez de créer, l'image du mur de briques forme la texture.

En plus des filets, un calque 3D peut contenir des *éclairages*, qui influent sur l'aspect des objets 3D et restent dans une position fixe lorsque vous faites pivoter ou que vous déplacez l'objet qu'elles éclairent. Il peut également compter des *caméras*, qui sont des vues enregistrées de l'objet dans une position en particulier. L'apparence finale de l'objet est créée à partir des matières, des propriétés de l'objet et des informations de rendu.

Cela semble assez compliqué, mais vous devez avant tout retenir que certains outils permettent d'agir sur les objets dans l'espace en trois dimensions et que certains autres déplacent les caméras qui regardent l'objet.

1. Dans le panneau Outils, sélectionnez l'outil Orbite 3D (⚲). Une fois l'outil sélectionné, plusieurs autres outils 3D deviennent disponibles dans la barre d'options.

2. Sélectionnez Haut dans le menu Affichage de la barre d'options. Le sommet du chapeau s'affiche alors à l'écran.

● **Note :** Si OpenGL est activé, un indicateur en trois dimensions, appelé axe 3D, s'affiche. Les flèches rouge, bleue et verte représentent les différents axes. Utilisez-les pour déplacer et positionner l'objet.

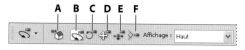

A. Revenir à la position de caméra initiale
B. Outil Orbite 3D
C. Outil Vue d'enroulement 3D
D. Outil Vue panoramique 3D
E. Outil Vue de déplacement 3D
F. Outil Zoom 3D

Les options du menu Affichage définissent l'angle à partir duquel vous voyez l'objet.

3. Dans le panneau Outils, sélectionnez l'outil Rotation 3D (⚲).

4. Cliquez au centre du chapeau et faites glisser le pointeur vers l'extérieur de l'objet, en décrivant un cercle autour des bords de la composition. Faites également glisser le pointeur en diagonale, pour mieux comprendre comment l'outil Rotation 3D déplace l'objet sur les axes x et y.

5. Dans la barre d'options, sélectionnez l'outil Enroulement 3D (⟳), puis faites glisser le pointeur sur le chapeau. Comme vous le voyez, vous ne pouvez plus faire pivoter le chapeau que sur un seul axe.

6. Dans la barre d'options, sélectionnez l'outil Panoramique 3D (✛). Faites ensuite glisser le chapeau d'un côté à l'autre, verticalement ou horizontalement. Avec cet outil, vous pouvez déplacer l'objet sur un plan mais vous ne pouvez pas lui faire effectuer de rotation.

7. Dans la barre d'options, sélectionnez l'outil Mise à l'échelle 3D (🔲). Cliquez juste au-dessus du chapeau, puis faites glisser le pointeur vers le centre de l'objet jusqu'à ce que les valeurs X, Y et Z dans la barre d'options indiquent toutes **0,75**. La taille du chapeau est à présent égale à 75 % de la taille d'origine.

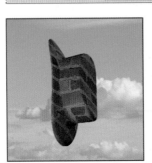 

Vous avez employé plusieurs outils pour manipuler le chapeau. Maintenant, entrez des valeurs pour le positionner précisément.

8. Dans la barre d'options, sélectionnez l'outil Rotation 3D (◔). Dans la section Orientation de la barre d'options, entrez les valeurs suivantes : X **11**, Y **45** et Z **−37**.

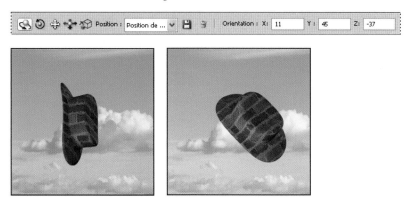

Les outils 3D sont utiles pour repositionner et faire pivoter un objet 3D manuellement, mais si vous savez où vous souhaitez que l'objet se trouve, sélectionnez l'outil Rotation 3D (◔) et entrez les valeurs dans la barre d'options.

9. Cliquez sur Fichier > Enregistrer sous. Parcourez votre disque dur jusqu'au dossier Lesson12 et enregistrez le fichier sous le nom **12Retouche.psd**. Cliquez sur OK dans la boîte de dialogue Options de format Photoshop si elle s'affiche.

Utilisation du panneau 3D pour ajuster la texture de la lumière et de la surface

Un des autres avantages des objets 3D est qu'ils permettent la modification de l'angle d'éclairage et de la texture sur la surface de l'objet. Avec le panneau 3D, vous accédez rapidement aux paramètres de la scène, du filet, des matières et de l'éclairage.

1. Sélectionnez le composant Matière_chapeau dans le panneau 3D (Scène). Les options situées dans la partie inférieure du panneau changent.

2. Donnez au paramètre Éclat une valeur de **80 %**.

Photoshop ajoute une lueur au chapeau, comme s'il était éclairé depuis la droite.

3. Cliquez sur le bouton Filtrer par : Éclairages (♀) situé en haut du panneau 3D. Le panneau 3D (Éclairages) affiche alors les options d'éclairage.

4. Dans le panneau 3D, sélectionnez le composant Éclairage infini 2.

5. Dans le panneau 3D (Éclairages), activez l'outil Faire pivoter la lumière (◌).

6. Si vous utilisez une carte graphique qui prend en charge OpenGL, cliquez sur le bouton Afficher/masquer l'éclairage (☜) au bas du panneau pour afficher les repères d'éclairage.

● **Note :** Si votre carte graphique ne prend pas en charge OpenGL, le bouton Afficher/ masquer l'éclairage n'est pas disponible. En revanche, vous pouvez faire pivoter la lumière sans utiliser de guide.

7. Si les repères de lumière s'affichent, faites glisser vers le bas l'extrémité du guide en forme d'ampoule qui semble entrer dans la partie supérieure du chapeau : l'éclairage se déplace sur le chapeau. Si les repères sont invisibles, faites glisser le pointeur vers le bas de l'écran pour modifier l'éclairage.

Comme vous avez sélectionné Éclairage infini 2 dans le panneau 3D (Éclairages), seul cet éclairage change lorsque vous déplacez le pointeur dans la fenêtre de document. Si vous sélectionnez un éclairage différent, le même mouvement modifie l'éclairage sélectionné et produit un effet différent.

8. Le composant Éclairage infini 2 toujours sélectionné, cliquez sur l'échantillon Couleur dans le panneau 3D (Éclairages) et sélectionnez un jaune clair. Lorsque vous choisissez une couleur d'éclairage, vous pouvez visualiser un aperçu de son effet dans la fenêtre de document. Une fois que la couleur vous satisfait, cliquez sur OK pour fermer la boîte de dialogue Sélectionner la couleur de la source de lumière. Cliquez ensuite sur le bouton Afficher/masquer l'éclairage pour masquer les repères d'éclairage.

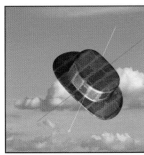
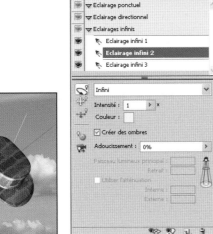

9. Cliquez sur Fichier > Enregistrer pour sauvegarder votre travail.

Afficher les sections transversales 3D

Vous pouvez faire pivoter les objets 3D, modifier leur éclairage et déplacer la caméra, mais qu'en est-il de l'intérieur de l'objet ? Les concepteurs, les médecins et les ingénieurs ont souvent besoin de travailler aussi bien sur l'extérieur que sur l'intérieur des objets 3D. Il est heureusement facile de visualiser la section transversale d'un objet 3D dans Photoshop CS4 Extended.

Voyez ce qui se passe sous le capot de cette automobile ancienne pour découvrir le fonctionnement des sections transversales.

Ce modèle 3D de voiture a été créé dans un logiciel 3D, puis importé dans Photoshop. Vous pouvez afficher la section transversale de tout calque 3D dans Photoshop Extended, mais la quantité d'informations visibles dépend de la manière dont l'objet a été créé et des détails que son créateur a incorporés.

Activez l'option Section transversale dans le panneau 3D.

Dans cet exemple, la voiture est coupée en deux et son intérieur est maintenant visible. Si le manque de lumière rend assez difficile de voir les détails, vous pouvez modifier l'éclairage des sections transversales dans le panneau 3D.

Tout comme pour l'éclairage extérieur, vous pouvez modifier l'intensité, la direction et les autres paramètres des éclairages lorsque vous affichez les sections transversales d'un objet 3D. Il est particulièrement utile de faire pivoter la lumière afin de mettre en valeur différentes parties de l'intérieur de l'objet.

Pour afficher de nouveau l'objet complet, désactivez l'option Section transversale dans le panneau 3D.

Fusion de calques
en deux dimensions en calques 3D

Vous avez créé des calques en trois dimensions en enroulant une image en deux dimensions autour d'une forme. Mais vous pouvez ajouter des calques 2D supplémentaires sur la même forme. Pour cela, il vous suffit de les positionner où vous le souhaitez, puis de les fusionner. Ils adoptent alors la forme de l'objet 3D. Vous allez maintenant fusionner un calque contenant des notes de musique sur le chapeau.

1. Dans le panneau Calques, sélectionnez et rendez visible le calque Music. Il s'agit d'un calque en deux dimensions contenant des notes de musique. Il doit se trouver au sommet de la pile des calques et doit donc s'afficher par-dessus les calques Brick et Sky.

 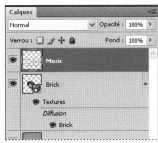

2. Activez l'outil Déplacement (▶⊕) dans le panneau Outils, puis centrez les notes de musique sur le chapeau.

3. Cliquez sur Calque > Fusionner avec le calque inférieur. Les notes de musique adoptent alors la forme du chapeau et le calque Music disparaît de la liste des calques.

Lorsque vous utilisez la commande Fusionner avec le calque inférieur, Photoshop fusionne le calque sélectionné avec le calque situé directement au-dessous dans le panneau Calques. Les deux calques n'en forment plus qu'un seul, et conservent le nom du calque inférieur.

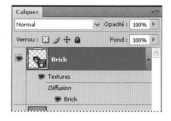

Importation de fichiers 3D

Il est possible d'ouvrir et de travailler dans Photoshop CS4 Extended sur des fichiers 3D créés dans des applications comme Adobe Acrobat Professionnel Extended, 3D Studio Max, Alias, Maya et Google Earth. Vous pouvez également travailler sur des fichiers enregistrés au format Collada, un format d'échange pris en charge par Autodesk notamment. Lorsque vous ajoutez un fichier 3D en tant que calque 3D, celui-ci contient le modèle 3D et un fond transparent. Il reprend également les dimensions du fichier d'origine, mais vous pouvez le redimensionner ensuite.

Vous allez créer un nouveau calque 3D à partir de l'image 3D d'une pyramide, puis vous réduirez sa taille.

1. Dans le panneau Calques, rendez invisible le calque Brick afin que seul le calque Sky soit visible.

2. Sélectionnez le calque Sky, puis cliquez sur 3D > Nouveau calque d'après un fichier 3D, parcourez votre disque dur jusqu'au dossier Lesson12, puis double-cliquez sur le fichier Pyramid.obj (sous Windows, choisissez Tous les formats dans le menu Fichiers de type pour afficher l'intégralité du contenu du dossier).

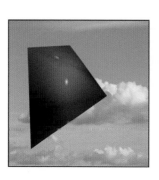

Une pyramide apparaît dans la fenêtre de document et Photoshop ajoute un calque 3D nommé pyramid au-dessus du calque Sky dans le panneau Calques. Lorsque vous créez un calque 3D à partir d'un fichier importé, il est toujours créé au-dessus du calque sélectionné.

3. Assurez-vous que le calque pyramid est sélectionné dans le panneau Calques, puis choisissez Lumière linéaire dans le menu déroulant Mode. Réduisez ensuite l'opacité du calque à **85 %**.

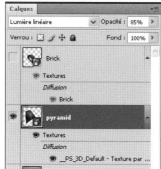

4. Sélectionnez l'outil Mise à l'échelle 3D (🔧), caché sous l'outil Rotation 3D (🔧) dans le panneau Outils.

5. Cliquez au-dessus de la pyramide et faites glisser le pointeur vers son centre jusqu'à réduire sa taille de moitié. Les valeurs X, Y et Z dans la barre d'options doivent toutes être égales à **0,5**.

Fusion de calques 3D en un même espace 3D

Il est possible d'incorporer plusieurs filets 3D dans le même calque 3D. Les filets d'un même calque peuvent partager les mêmes effets d'éclairage et pivoter dans le même espace 3D (aussi appelé *scène*) afin de créer un effet 3D plus réaliste.

Vous allez dupliquer le calque pyramid, puis vous fusionnerez ces deux calques dans le même calque 3D.

1. Dans le panneau Calques, assurez-vous que le calque pyramid est sélectionné, puis choisissez Dupliquer le calque dans le menu du panneau. Cliquez sur OK dans la boîte de dialogue Dupliquer le calque.

Une seconde pyramide apparaît directement devant la première.

Note : Pour fusionner des calques 3D, leurs caméras doivent être identiques, ce qui est le cas dans cet exemple puisque le calque est une copie.

2. Sélectionnez les calques pyramid et pyramid copie, puis cliquez sur 3D >Fusionner les calques 3D.

Les calques fusionnés se trouvent exactement dans la même position. Pour déplacer et faire pivoter un filet de façon individuelle, vous devez le sélectionner dans le panneau 3D (Scène).

3. Sélectionnez le premier composant objMesh de la liste dans le panneau 3D (Scène).

4. Activez l'outil Déplacer le filet (🔁) dans le panneau 3D (Filet).

5. Faites glisser la pyramide dans le coin supérieur droit de l'image.

6. Sélectionnez le composant objMesh_ dans le panneau 3D (Filet). Il s'agit du second filet de la liste et il représente la pyramide dupliquée.

7. Faites glisser la seconde pyramide dans le coin inférieur gauche de la fenêtre de document.

8. Le composant objMesh_ toujours sélectionné, activez l'outil Enrouler le filet dans le panneau 3D (Filet). Cliquez ensuite au bas et au centre de la fenêtre de document et faites glisser le pointeur vers la gauche pour faire pivoter la pyramide. Il n'est pas nécessaire qu'elle soit parfaitement redressée.

Vous pouvez vous servir des outils de filet pour déplacer un filet sélectionné indépendamment des autres filets du même calque. En revanche, si vous sélectionnez l'outil Enroulement 3D du panneau Outils, celui-ci agit sur tous les filets du calque en même temps.

9. Sélectionnez l'outil Déplacer le filet dans la barre d'options et repositionnez la pyramide redressée dans le coin inférieur gauche de la fenêtre de document

10. Dans le panneau 3D (Filet), sélectionnez le composant objMesh (le premier filet) pour revenir à la pyramide située dans le coin supérieur droit de l'image. Sélectionnez ensuite l'outil Mise à l'échelle 3D du panneau 3D (Filet), cliquez au centre de la pyramide et faites-la glisser vers le bas jusqu'à ce que ses valeurs X, Y et Z indiquent toutes **0,6** et que la taille de la pyramide soit donc égale à 60 % de sa taille d'origine.

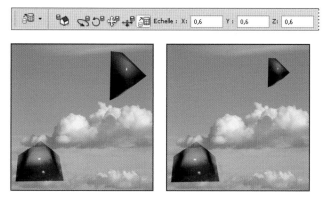

11. Sélectionnez l'outil Faire pivoter le filet dans le panneau 3D (Filet) et faites pivoter la pyramide afin qu'elle ait l'apparence de celle de l'illustration suivante. Nous avons fait glisser sa pointe droite vers le coin supérieur gauche de l'espace de travail. Vous devrez peut-être utiliser ensuite l'outil Déplacer le filet pour la repositionner.

12. Sélectionnez le composant Infinite Light 1 (Lumière infini 1) dans le panneau 3D, activez l'outil Faire pivoter la lumière (🕹) du panneau 3D (Éclairages), puis cliquez sur le bouton Afficher/masquer l'éclairage (💡) [ce bouton est disponible uniquement si votre carte graphique prend en charge OpenGL].

13. Faites glisser la source de lumière (représentée par l'ampoule sur le repère d'éclairage) vers le coin inférieur droit pour modifier l'éclairage des deux pyramides à la fois.

Bien que chaque pyramide soit un filet différent, elles peuvent partager la même source d'éclairage car elles se trouvent sur le même calque 3D.

14. Cliquez de nouveau sur le bouton Afficher/masquer l'éclairage pour masquer les guides d'éclairage, puis cliquez sur Fichier > Enregistrer.

Ajout d'un éclairage directionnel

Jusqu'à présent, vous avez manipulé les composants d'éclairage infinis des objets 3D. Il est également possible d'intensifier une zone d'un objet en particulier en ajoutant une lumière directionnelle. Vous ajouterez ici de la couleur à l'une des pyramides.

1. Assurez-vous que le panneau 3D affiche les options d'éclairage ; son onglet doit être 3D (Éclairages). Dans le cas contraire, cliquez sur le bouton Filtrer par : Éclairages.

2. Au bas du panneau 3D (Éclairages), cliquez sur le bouton Créer un éclairage (🔲) et choisissez Nouvel éclairage directionnel.

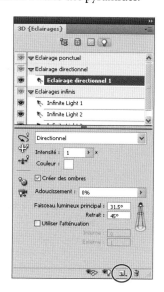

Le composant Éclairage directionnel 1 apparaît dans la catégorie Éclairage directionnel du panneau 3D (Éclairages), mais aucune modification n'a eu lieu dans la fenêtre de document.

3. Cliquez sur l'échantillon Couleur du panneau 3D (Éclairages) et sélectionnez un magenta (nous avons utilisé la couleur RVB : 215, 101, 235). Cliquez ensuite sur OK pour fermer la boîte de dialogue Sélectionner la couleur de la source de lumière.

4. Dans le panneau 3D (Éclairages) toujours, donnez au paramètre Intensité une valeur de **0,7**.

5. Sélectionnez l'outil Faire pivoter la lumière (🔾) du panneau 3D (Éclairages), cliquez sur l'image, puis faites glisser le pointeur vers le bas jusqu'à ce que la pyramide en haut de l'image soit éclairée par une lumière magenta.

▶ **Astuce :** Si OpenGL est activé, cliquez sur le bouton Afficher/ masquer l'éclairage pour afficher la modification de la source de lumière lorsque vous faites glisser le pointeur.

6. Dans le panneau Calques, rendez visible le calque Brick afin de voir tous les éléments de l'image. Cliquez ensuite sur Fichier > Enregistrer.

● **Note :** Si votre carte graphique ne prend pas en charge OpenGL, l'axe 3D ne s'affiche pas. Vous pouvez alors passer directement à la suite de la leçon sans réaliser l'exercice suivant.

Info plus : Utiliser l'axe 3D pour manipuler les objets 3D

Manipuler des objets dans un environnement 3D peut être assez difficile, voire parfois créer une certaine confusion. Pour vous aider à mieux contrôler les axes x, y et z, Adobe a intégré un axe 3D. Si OpenGL est activé, l'axe 3D s'affiche automatiquement dans le coin supérieur gauche de l'image lorsque vous sélectionnez un calque 3D.

Le cube à la base de l'axe 3D agit sur l'échelle de l'objet 3D. Chacune des flèches colorées représente un axe : la flèche rouge l'axe x, la verte l'axe y et la bleue l'axe z. Sur chaque flèche, cliquer sur la pointe permet de déplacer l'objet, cliquer sur le segment courbé de le faire pivoter et cliquer sur le cube de le redimensionner sur cet axe uniquement.

1. Dans le panneau Calques, sélectionnez le calque Brick.

2. Activez l'outil Rotation 3D dans le panneau Outils, puis déplacez le pointeur de la souris sur l'axe 3D. Vous voyez qu'une barre grise apparaît au-dessus de cet axe lorsque le pointeur s'en approche. Elle vous permet de redimensionner, repositionner et même de rendre invisible l'axe 3D.

3. Faites glisser la barre grise au-dessus de l'axe 3D vers une autre zone de l'image. L'axe 3D accompagne le déplacement de la barre.

4. Cliquez sur la loupe située à l'extrémité droite de la barre, puis faites glisser le pointeur vers la droite pour agrandir la taille de l'axe 3D. Déplacez le curseur vers la gauche pour réduire la taille de l'axe 3D.

Déplacement de l'axe 3D

Agrandissement de l'axe 3D

5. Cliquez sur le cube à la base de l'axe 3D et faites-le glisser vers le haut pour agrandir la taille du chapeau.

6. Cliquez sur le cube de la flèche bleue et faites-le glisser vers le bas pour redimensionner l'objet sur l'axe z.

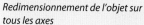
Redimensionnement de l'objet sur tous les axes   *Redimensionnement de l'objet sur l'axe z*

7. Déplacez le pointeur sur l'arc de la flèche bleue. Lorsqu'un cercle jaune apparaît, faites glisser le pointeur le long de ce cercle pour faire pivoter l'objet sur l'axe z.

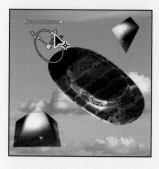

8. Placez le pointeur sur la pointe de la flèche bleue et faites-la glisser en diagonale pour repositionner le chapeau sur l'axe z.

9. Lorsque les modifications vous conviennent, enregistrez (Fichier > Enregistrer). Pour revenir à la position précédente du chapeau, allez dans Fichier > Version précédente pour que Photoshop rétablisse la dernière version enregistrée de l'image.

Peinture sur un objet 3D

Il est possible de peindre directement sur les objets 3D dans Photoshop CS4 Extended à l'aide de n'importe lequel des outils de peinture, qui suit alors les contours de l'objet.

1. Sélectionnez le calque pyramid, puis sélectionnez l'outil Pinceau ( ) dans le panneau Outils.

2. Dans le panneau Outils, cliquez sur l'échantillon de couleur du premier plan et sélectionnez un vert (nous avons choisi la couleur RVB 25, 207, 16).

3. Sélectionnez une forme douce de 65 pixels de diamètre pour peindre le sommet de la pyramide au bas de l'image. La peinture verte suit les contours de l'objet et n'affecte aucun autre élément.

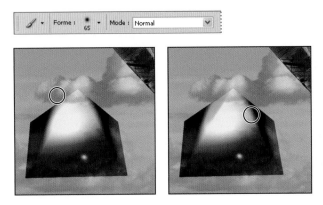

Ajout de texte 3D

Photoshop CS4 Extended permet également d'importer des fichiers en trois dimensions qui contiennent du texte. Faire pivoter et manipuler du texte dans une scène 3D peut être très amusant et donner des résultats intéressants.

Vous allez importer le texte de la pochette du CD en tant qu'objet 3D, puis vous le positionnerez dans l'image.

1. Sélectionnez le calque Brick, puis cliquez sur 3D > Nouveau calque d'après un fichier 3D.

2. Parcourez votre disque dur jusqu'au dossier Lesson12, puis double-cliquez sur le fichier title.obj. Photoshop importe le texte et ajoute un calque 3D nommé title au-dessus du calque Brick.

3. Le calque title sélectionné, choisissez Lumière vive dans le menu Mode du panneau Calques. Réduisez ensuite l'opacité du calque à **80 %**.

4. Sélectionnez l'outil Panoramique 3D (✥) et déplacez le texte vers le coin supérieur gauche de l'image.

 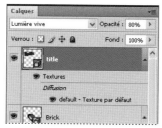

5. Activez l'outil Rotation 3D (◔) et faites légèrement pivoter le texte afin qu'il soit plus facile à lire.

6. Cliquez sur Fichier > Enregistrer pour sauvegarder votre travail.

Création d'une carte postale 3D

Photoshop CS4 permet de transformer un objet 2D en carte postale 3D qu'on manipule ensuite en perspective dans un espace 3D. On emploie les termes "carte postale" car l'image devient alors comme une carte postale qu'on peut tourner dans sa main. Pour créer une carte postale 3D, vous devez aplatir tous les calques dans Photoshop.

Vous allez créer une carte postale 3D en vue de l'intégration de l'illustration de la pochette du CD dans une publicité de plus grande taille.

1. Dans le menu du panneau Calques, choisissez Aplatir l'image. Cliquez sur OK pour confirmer que vous voulez fusionner les calques.

Tous les calques sont fusionnés en un seul, nommé Arrière-plan.

2. Cliquez sur 3D > Nouvelle carte postale 3D à partir d'un calque.

Le calque Arrière-plan devient un calque 3D. L'image ne semble pas avoir changé, mais cela deviendra évident qu'il s'agit d'un calque 3D lorsque vous ajouterez un arrière-plan. Vous allez maintenant le redimensionner.

3. Dans le panneau Outils, sélectionnez l'outil Mise à l'échelle 3D (). Dans la barre d'options, tapez **0,75** dans les champs X et Y, puis appuyez sur la touche Entrée ou Retour pour valider.

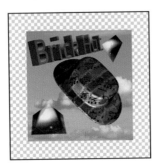

Ajouter un arrière-plan en dégradé

Vous allez ajouter un dégradé à l'arrière-plan afin de mettre en valeur la carte postale.

1. Cliquez sur le bouton Créer un calque au bas du panneau Calques.

2. Nommez ce nouveau calque **Dégradé**, puis faites-le glisser au-dessous du calque Arrière-plan.

3. Dans le panneau Outils, cliquez sur le bouton Couleurs de premier plan et d'arrière-plan par défaut pour que la couleur de premier plan soit le noir et la couleur d'arrière-plan le blanc.

4. Dans le panneau Outils, sélectionnez l'outil Dégradé ().

5. Faites glisser l'outil Dégradé depuis le haut et le centre vers le bas de l'image.

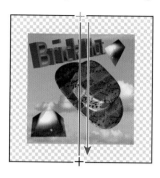 

Animer un calque 3D

Vous êtes maintenant prêt à animer votre carte postale 3D. Vous pouvez non seulement la faire pivoter dans l'espace 3D mais également enregistrer ses mouvements dans le temps et créer un film au format QuickTime. Pour visualiser l'animation terminée, lancez la lecture du fichier Lesson12_end.mov situé dans le dossier Lesson12. Vous devez disposer du programme QuickTime pour lire cette animation.

1. Renommez le calque Arrière-plan **Pochette CD**.

2. Cliquez sur Fenêtre > Animation pour ouvrir le panneau du même nom. Le panneau Animation contient les deux calques

3. Dans le panneau Animation, cliquez sur le triangle qui précède le nom du calque Pochette CD pour afficher ses images clés. Vous devrez peut-être agrandir la taille du panneau pour afficher les paramètres.

4. Cliquez sur l'icône en forme de chronomètre (⏱) devant le paramètre Position de l'objet 3D pour créer une image clé initiale. Cette première image clé marque la position de l'objet à 0 seconde.

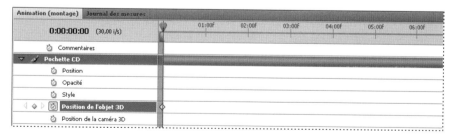

5. Faites glisser l'Indicateur de l'instant à 03:00f. Il s'agit du moment où vous allez définir la deuxième image clé, qui enregistrera la position de l'objet à cet instant.

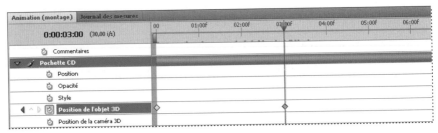

6. Dans le panneau Outils, sélectionnez l'outil Rotation 3D (🔧).

7. Maintenez la touche Maj enfoncée, cliquez sur le bord gauche de l'espace de travail et faites glisser le pointeur jusqu'au bord droit de l'espace de travail. La carte postale pivote alors et s'affiche de façon symétrique horizontalement, comme si elle était vue de derrière. Photoshop ajoute une image clé à 03:00f pour marquer cette nouvelle position.

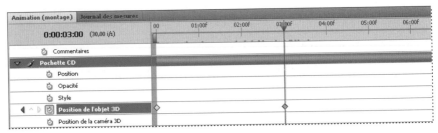

8. Déplacez l'Indicateur de l'instant au début de l'Échelle de temps, puis cliquez sur le bouton Lecture. Appuyez sur la barre d'espacement pour interrompre la lecture

L'animation est prête à être exportée.

9. Faites glisser l'Indicateur de fin de la zone de travail à 03:00f afin que la zone de travail aille de 00:00 à 00:03f. Photoshop effectuera le rendu des images comprises dans la zone de travail.

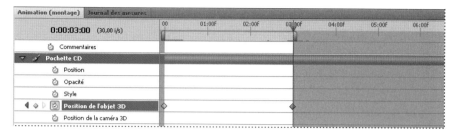

10. Cliquez sur Fichier > Exportation > Rendu vidéo.

11. Dans la boîte de dialogue Rendu vidéo, activez l'option Exportation QuickTime, puis choisissez Séquence QuickTime dans le menu déroulant. Cliquez ensuite sur le bouton Paramètres.

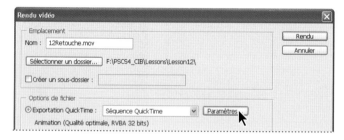

12. Cliquez sur le bouton Réglages de la boîte de dialogue Réglages de la séquence. Dans le menu Type de compression, choisissez H.264 et 15 dans le menu Fréquence d'images. Définissez la Qualité sur Moyenne et activez l'option Encodage plus rapide. Cliquez sur OK, puis sur OK de nouveau pour revenir à la boîte de dialogue Rendu vidéo.

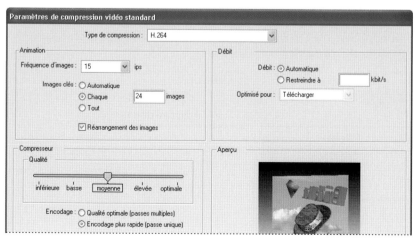

13. Assurez-vous que l'option Images sélectionnées est activée dans la section Plage de la boîte de dialogue Rendu vidéo. Donnez au paramètre Taille les valeurs **700 × 700**, puis cliquez sur Rendu.

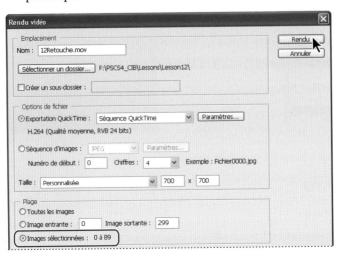

Photoshop réalise le rendu de l'animation dans le dossier Lesson12.

Info plus : Rendu d'une image 3D

Vous vous souvenez sans doute de ces films en trois dimensions qui nécessitent d'être vus avec des lunettes dont les verres sont bleu et rouge ? Photoshop CS4 Extended permet de créer facilement ce type d'images. Il n'est pas possible de créer les lunettes elles-mêmes dans Photoshop, mais peut-être en avez-vous une paire. Vous pouvez également vous en procurer sur le Web ou dans un magasin proche de chez vous.

Vous allez réaliser le rendu de la pochette du CD pour être vue en 3D.

1. Cliquez sur 3D > Paramètres de rendu.

2. Dans la boîte de dialogue Paramètres de rendu 3D, activez la dernière option. Dans le menu Type de stéréo, choisissez Rouge/Bleu. Entrez **50** dans le champ Plan focal et **50** dans le champ Parallaxe.

3. Cliquez sur OK, puis procédez de nouveau au rendu de l'animation, en utilisant les mêmes réglages que pour le premier film QuickTime.

Une fois l'animation créée, mettez des lunettes 3D. Les objets de la carte postale semblent sortir de l'écran !

Questions

1. Quelles sont les différences entre un calque 3D et les autres calques dans Photoshop ?

2. Quelle est la différence entre l'outil Rotation 3D et l'outil Orbite 3D ?

3. À quoi sert le panneau 3D ?

4. Pourquoi fusionner deux calques 3D ?

5. Comment ajouter une lumière directionnelle à un objet 3D ?

Réponses

1. Un calque 3D se comporte comme les autres calques et on peut lui appliquer des styles de calques, employer des masques, etc. En revanche, contrairement aux autres calques, il peut également contenir des filets qui définissent les objets 3D. On travaille alors avec les filets ou les matières, les textures plaquées et les textures qu'il contient, et on ajuste aussi son éclairage.

2. L'outil Rotation 3D modifie la position de l'objet 3D lui-même. L'outil Orbite 3D modifie l'angle de la caméra depuis lequel l'objet est vu.

3. Le panneau 3D permet de sélectionner les composants d'un calque 3D et de définir les options des filets, de l'éclairage, des textures et d'autres composants de la scène 3D.

4. La fusion de deux calques 3D permet de travailler sur des objets 3D dans le même espace 3D. Réunis sur un seul calque, les objets 3D peuvent partager les sources d'éclairage, par exemple, mais chaque filet peut également être manipulé de façon indépendante.

5. Pour ajouter une lumière directionnelle à un objet 3D, il faut sélectionner son calque dans le panneau Calques, cliquer ensuite sur le bouton Créer un éclairage au bas du panneau 3D et choisir Nouvel éclairage directionnel, puis utiliser les options du panneau 3D (Éclairages) pour modifier la couleur et l'intensité de cette lumière et, enfin, cliquer sur l'image et faire glisser l'éclairage pour le positionner.

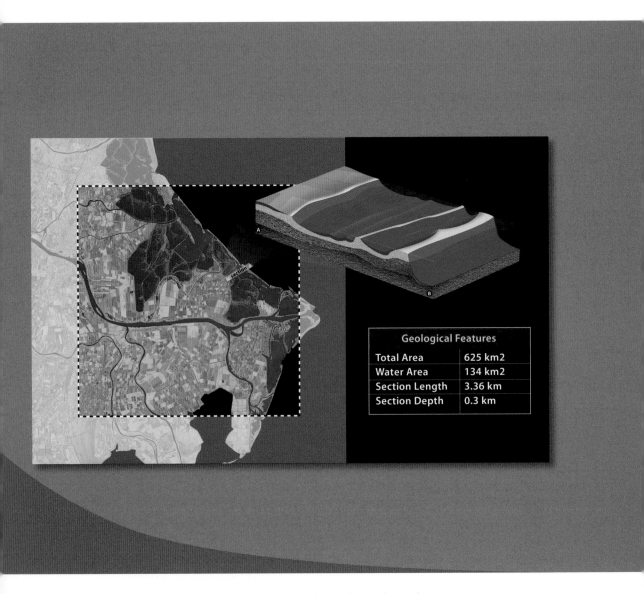

Créer des infographies épatantes devient très simple avec les outils
de Photoshop et de Bridge, même dans le cas d'images de très
grande taille. Bridge organise et classe les images, ce qui vous permet
d'afficher et de rechercher précisément celles dont vous avez besoin.
Les outils de mesure et d'analyse de Photoshop Extended donnent
à vos images une dimension supplémentaire.

L'imagerie technique

13

Au cours de cette leçon, vous apprendrez à :

- utiliser Adobe Bridge pour ajouter des métadonnées et des mots clés aux fichiers image ;

- réaliser des recherches dans un ensemble de fichiers avec Adobe Bridge ;

- étiqueter, hiérarchiser et trier des images dans Bridge ;

- améliorer les images pour les analyser et créer une présentation ;

- créer une bordure personnalisée en pointillés ;

- employer la fonctionnalité Mesure ;

- enregistrer les données mesurées dans le panneau Journal des mesures ;

- exporter les données du panneau Journal des mesures vers un tableur ;

- réaliser des mesures en perspective avec la fonctionnalité Point de fuite ;

- animer une présentation.

 Cette leçon durera environ une heure et demie. Copiez le dossier Lesson13 sur votre disque dur si vous ne l'avez pas encore fait. Au cours de cette leçon, vous conserverez les fichiers de départ. Si vous devez néanmoins les restaurer, copiez-les de nouveau depuis le CD-ROM *Adobe Photoshop CS4 Classroom in a Book*.

Préparatifs

De nombreux professionnels utilisent Photoshop pour réaliser des travaux techniques extrêmement précis. Dans cette leçon, vous créerez une infographie d'information sur le niveau des eaux et la proportion des terres à l'aide de graphiques fournis par le United States Geological Survey (organisme public américain qui se consacre aux sciences de la Terre). Vous découvrirez que Bridge dispose de nombreux outils pour organiser et identifier les images et pour créer des présentations.

1. Lancez Adobe Photoshop et appuyez aussitôt sur les touches Ctrl+Alt+Maj (Windows) ou Cmd+Option+Maj (Mac OS) pour restaurer les préférences par défaut du logiciel (pour en savoir plus, reportez-vous à la section "Rétablissement des préférences par défaut" de l'Introduction).

2. Dans la boîte de message qui apparaît, cliquez sur Oui pour confirmer que vous voulez supprimer le fichier de paramètres.

3. Cliquez sur Fichier > Parcourir dans Bridge pour ouvrir Adobe Bridge.

Vous allez travailler sur des fichiers de très grande taille. Vous sélectionnerez uniquement les parties de l'image dont vous avez besoin pour mesurer et comparer des données. Vous verrez que le travail sur des images de très grande taille dans Photoshop n'est guère différent de celui que vous réalisez sur des images plus petites.

Cette leçon présente également Photoshop Extended, la version de Photoshop CS4 qui dispose non seulement de toutes les fonctionnalités de la version standard de Photoshop mais également de plusieurs fonctions supplémentaires destinées à certains domaines spécialisés (l'analyse des images scientifiques, l'utilisation de la vidéo et la conception d'images en 3D). Certains exercices nécessitent d'employer les outils de mesure et d'analyse des données de Photoshop Extended. Si vous ne disposez pas de Photoshop Extended, vous pouvez toutefois réaliser les exercices jusqu'à la section "Mesure des objets et des données", puis simplement lire la fin de cette leçon ou passer directement aux questions de révision.

Affichage et modification des fichiers dans Adobe Bridge

Comme vous l'avez vu lors des précédentes leçons, Adobe Bridge permet de parcourir les dossiers et les images. Mais Bridge est beaucoup plus qu'un simple explorateur de fichiers. Il s'agit d'une application passerelle fournie avec les logiciels Adobe Creative Suite qui vous aide à organiser et à afficher les éléments dont vous avez besoin pour créer du contenu destiné à l'impression, au Web, mais également pour travailler sur des fichiers vidéo ou audio. Vous pouvez lancer Bridge depuis n'importe quel programme de la suite Creative Suite (hormis Adobe Acrobat) et l'utiliser pour accéder à des fichiers Adobe ou non.

Vous allez explorer et personnaliser son interface et découvrir ainsi certaines de ses capacités de gestion. Vous utiliserez également plusieurs cartes qui vous serviront ensuite dans votre projet d'infographie.

Personnaliser l'affichage et les espaces de travail d'Adobe Bridge

Les volets d'Adobe Bridge permettent de naviguer entre les images, de les prévisualiser, et de rechercher et de gérer des informations concernant les fichiers image et les dossiers. L'organisation globale et idéale des diverses zones dans Adobe Bridge dépend entièrement de votre style de travail et de vos préférences. En fonction des tâches que vous envisagez d'exécuter, vous préférerez peut-être voir les types d'images contenus dans un fichier tandis que, dans d'autres circonstances, l'affichage des informations du fichier sera prioritaire. Vous pouvez personnaliser Adobe Bridge en fonction de ces différentes circonstances d'utilisation.

Au cours du prochain exercice, vous allez tester plusieurs affichages personnalisés d'Adobe Bridge. La figure suivante illustre la configuration par défaut de Bridge, bien que vous ne voyiez pas ces vignettes en particulier pour le moment.

1. Cliquez sur l'onglet Dossiers dans le coin supérieur gauche de la fenêtre de Bridge, puis parcourez votre disque dur jusqu'au dossier Lessons/Lesson13/Maps, que vous avez copié depuis le CD-ROM *Adobe Photoshop CS4 Classroom in a Book*. Pour afficher le contenu des sous-dossiers de votre disque dur dans le volet Dossiers, cliquez sur les flèches ou double-cliquez sur les icônes en forme de dossier.

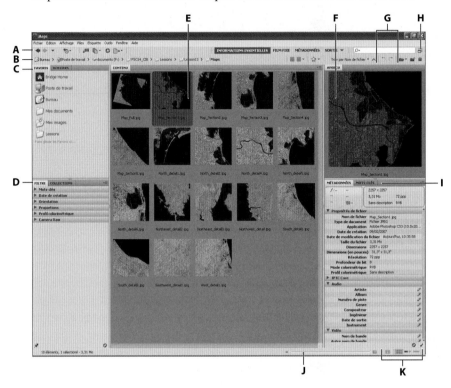

A. Barre de menus **B.** Barre de chemin **C.** Volets Dossiers et Favoris
D. Volets Filtre et Collections **E.** Volet Contenu **F.** Volet Aperçu des vignettes
G. Boutons de rotation **H.** Bouton Passer en mode réduit **I.** Volets Métadonnées et Mots-clés
J. Curseur pour modifier la taille des vignettes **K.** Boutons d'options d'affichage.

2. Cliquez sur la flèche située dans le coin supérieur droit de la fenêtre de Bridge pour afficher le menu contextuel des espaces de travail et choisissez Table lumineuse.

Bridge n'affiche plus alors que le volet Contenu et les vignettes des images du dossier Maps.

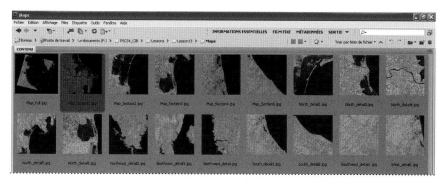

3. Cliquez sur Informations essentielles en haut de la fenêtre de Bridge pour revenir à l'espace de travail par défaut.

Le volet Aperçu se met à jour de façon interactive en fonction des vignettes sélectionnées. Adobe Bridge peut afficher l'aperçu des fichiers aux formats PSD, TIFF, JPEG ainsi que les fichiers vectoriels Adobe Illustrator, les fichiers PDF et les documents Microsoft Office.

4. Dans le volet Contenu, sélectionnez la vignette du fichier Map_Full.jpg.

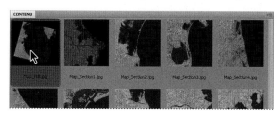

Cette image fait partie d'un ensemble de photographies aériennes de la côte nord-est de l'Italie, aux environs de Venise. D'autres images montrent en détail certaines parties de cette carte.

5. Étudiez les informations du volet Métadonnées, située à droite de la fenêtre de Bridge. Les données et la taille de l'image y sont notamment indiquées en haut.

6. La section Propriétés de fichier du volet Métadonnées contient des informations supplémentaires sur l'image, comme le type du document, les dates de création et de modification, ses dimensions, la profondeur de bit et son mode colorimétrique.

Le poids de cette image de 3 600 × 3 244 pixels est relativement faible (5,75 Mo) mais sa taille physique est, elle, très importante, puisqu'elle mesure 50 × 45,1 pouces (127 × 114 cm). Vous allez voir qu'il est très aisé de travailler sur des images de très grande taille en utilisant les outils de Photoshop.

 **Astuce :** Pour afficher un aperçu en plein écran d'une image, sélectionnez sa vignette et appuyez sur la barre d'espacement. Pour afficher toutes les images d'un dossier, appuyez sur les touches Ctrl+B (Windows) ou Cmd+B (Mac OS) pour passer en mode Vérification.

7. Faites glisser le curseur situé au bas de la fenêtre de Bridge vers la droite pour agrandir la taille des vignettes. Cela fonctionne comme une loupe pour vous permettre de visualiser les détails d'une image. Faites glisser le curseur vers la gauche pour réduire la taille des vignettes.

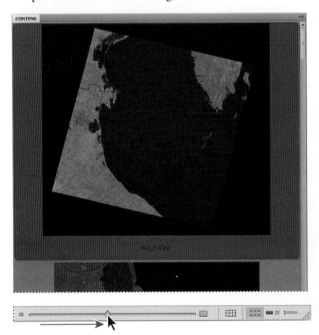

8. Sélectionnez différents espaces de travail à l'aide du menu situé en haut de la fenêtre de Bridge (Informations essentielles ou Film fixe, par exemple). Chaque espace de travail donne la priorité à des informations différentes, comme le volet Métadonnées ou le volet Aperçu, si bien que vous pouvez facilement accéder aux informations dont vous avez besoin pour une tâche en particulier.

9. Cliquez sur le bouton Informations essentielles en haut de la fenêtre de Bridge pour revenir à l'affichage par défaut.

Organiser et rechercher des éléments

Vous pouvez accéder rapidement aux informations des fichiers de plusieurs manières : par mots clés, par critères de recherche ou par métadonnées. Vous allez maintenant examiner les informations de métadonnées. Celles-ci désignent un ensemble d'informations standardisées concernant un fichier, telles que le nom de l'auteur, la résolution, l'espace colorimétrique, les informations de copyright et d'autres mots clés qui lui sont appliqués. Vous pouvez les utiliser pour gérer votre flux de production et pour organiser vos fichiers.

1. Assurez-vous que Bridge est dans l'espace de travail Informations essentielles.

2. Dans le volet Contenu, sélectionnez la vignette du fichier Map_Section1.jpg.

3. Faites glisser vers la gauche la barre verticale de droite pour agrandir les volets Aperçu et Métadonnées.

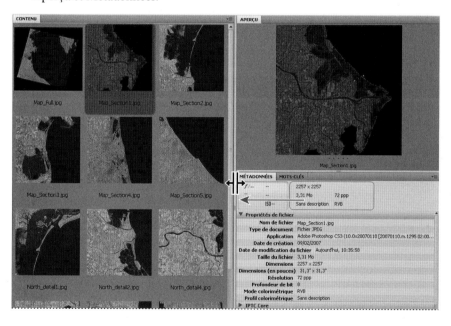

4. Dans le volet Métadonnées, cliquez sur le triangle (▶) qui précède l'en-tête IPTC Core pour afficher le contenu de cette section.

▶ **Astuce :** Bridge CS4 vous permet de trouver rapidement des fichiers en particulier sur votre disque dur. Pour cela, entrez un mot clé ou le nom d'un fichier dans le champ de recherche situé dans le coin supérieur droit de la fenêtre de Bridge.

▶ **Astuce :** Agrandissez la taille du volet Métadonnées afin de ne pas avoir à faire défiler son contenu et ainsi visualiser et modifier les différentes informations plus aisément.

Le volet Métadonnées se compose de trois en-têtes que vous pouvez développer ou réduire. Dans Bridge, vous ne pouvez modifier directement que les métadonnées de type IPTC.

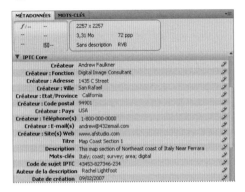

5. Observez les informations de la section IPTC Core. Des données ont été entrées : le nom et l'adresse du créateur du fichier, une description de l'image et des mots clés. Les icônes de crayon (✎) indiquent les éléments que vous pouvez modifier.

Vous allez maintenant ajouter des métadonnées à une autre image.

6. Dans le volet Contenu, sélectionnez la vignette du fichier Map_Section3.jpg. Vous aurez peut-être à faire défiler le volet pour l'afficher.

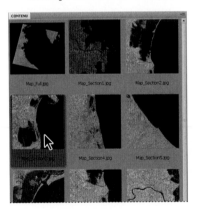

7. Dans la section IPTC Core du volet Métadonnées, cliquez sur l'icône de crayon (✎) à droite du champ Créateur. Un champ de texte blanc s'affiche, dans lequel vous pouvez saisir des informations.

8. Entrez votre nom dans le champ Créateur. Tapez ensuite ces informations (appuyez sur la touche Tab pour passer au champ suivant) :

- votre profession dans le champ Fonction ;

- votre adresse dans le champ Adresse ;

- **coast** (littoral) dans le champ Mots-clés.

9. Cliquez sur le bouton Appliquer (✔) situé au bas du volet Métadonnées, pour valider ces modifications.

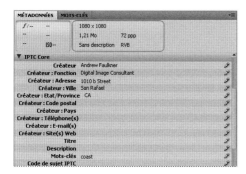

Recherchez à présent d'autres images qui contiennent les mêmes mots clés.

10. Faites glisser vers la droite la barre verticale de droite pour restaurer la taille des volets Aperçu et Métadonnées.

11. Pour chercher toutes les images qui ont pour mot clé "coast", cliquez sur Édition > Rechercher. Dans la boîte de dialogue Rechercher, sélectionnez le dossier Maps dans le champ Rechercher dans. Dans la zone Critères, choisissez Mots-clés et contient/contiennent pour les deux premiers menus déroulants, puis tapez **coast** dans le champ de texte de droite. Conservez les autres paramètres par défaut et cliquez sur le bouton Rechercher.

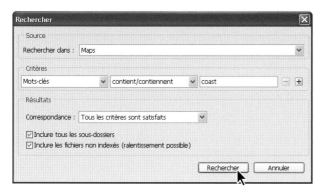

Deux images portant le mot clé "coast" s'affichent alors dans le volet Contenu.

12. Cliquez sur l'onglet Mots-clés à droite de la fenêtre de Bridge pour en afficher le contenu. Cliquez ensuite sur une image dans le volet Contenu pour afficher les mots clés qui lui sont assignés.

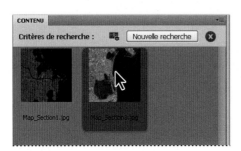
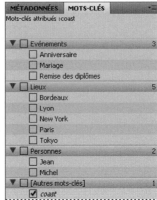

Noter et empiler les images

Vous pouvez trier les images dans Bridge en leur attribuant une étiquette (étoiles et couleurs) ou en empilant celles qui ont un lien entre elles.

1. Sélectionnez les deux images visibles dans le volet Contenu.

2. Choisissez Étiquette > Approuvé. Une barre verte s'affiche alors sous les images pour indiquer leurs notes. Vous pouvez également trier les images par ordre croissant ou décroissant en fonction du nombre d'étoiles qui leur sont attribuées (de une à cinq étoiles).

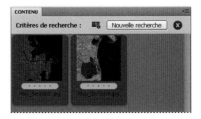

3. Cliquez sur le bouton Précédent (◀), dans le coin supérieur gauche de la fenêtre de Bridge, pour afficher de nouveau toutes les images du dossier Maps.

Vous allez à présent ajouter une étiquette aux meilleures images du groupe.

4. Cliquez en maintenant la touche Ctrl (Windows) ou Cmd (Mac OS) enfoncée sur les vignettes North-detail5.jpg, South-detail2.jpg et West-detail1.jpg. Souvenez-vous que vous pouvez modifier la taille d'affichage des vignettes dans le volet Contenu pour afficher un plus grand nombre d'images.

5. Choisissez Étiquette, puis cinq étoiles pour attribuer cinq étoiles à ces images.

Vous voyez que le volet Filtre à gauche de la fenêtre de Bridge indique que trois images ont cinq étoiles.

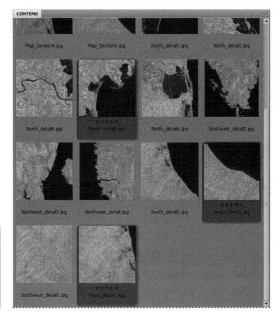

6. Cliquez sur les cinq étoiles dans le volet Filtre pour n'afficher que les trois images que vous avez notées dans le volet Contenu. Une fois que vous avez attribué une note à des images, il est très simple de filtrer l'affichage.

7. Cliquez sur le bouton Effacer le filtre (⊘) au bas du volet Filtre ou cliquez de nouveau sur les cinq étoiles pour afficher toutes les images du dossier Maps, y compris les trois images qui ont cinq étoiles.

Étiqueter et attribuer des notes aux images permet de trier rapidement celles qui sont intéressantes parmi un grand nombre d'éléments.

Vous allez maintenant grouper les images qui ont un lien entre elles dans des piles d'images, afin de pouvoir les retrouver et les afficher plus facilement. Les piles d'images permettent de façon très pratique de regrouper des fichiers visuellement.

8. Maintenez la touche Maj enfoncée et cliquez sur les vignettes des fichiers North-detail1.jpg à North-detail6.jpg (notez qu'iil n'existe pas de vignette nommée North-detail3.jpg). Allez ensuite dans Piles > Grouper comme pile. Cliquez dans une zone vierge du volet Contenu pour désélectionner le groupe que vous venez de créer.

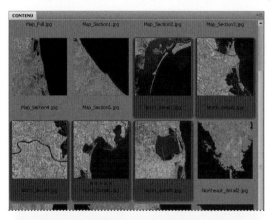

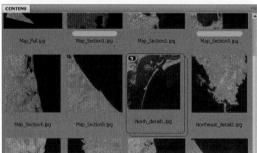

Le chiffre situé dans le coin supérieur gauche de la vignette indique le nombre de fichiers dans la pile d'images.

9. Répétez l'étape 8 pour regrouper les vignettes Northeast_detail2, Northeast_detail3 et Northwest_detail. Vous pouvez utiliser le raccourci clavier Ctrl+G (Windows) ou Cmd+G (Mac OS) pour créer plus rapidement les piles.

10. Créez une troisième pile qui regroupe les vignettes South_detail, South_detail2 et Southwest_detail.

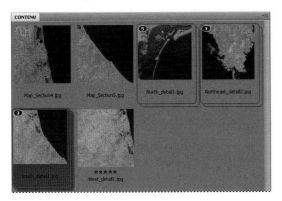

Vous pourrez dorénavant identifier facilement chaque zone géographique de la carte lorsque vous en aurez besoin. Cliquez sur le chiffre dans le coin supérieur gauche de la vignette pour afficher toutes les vignettes de la pile d'images ou réduire l'affichage du groupe à la première vignette.

Afficher les informations d'un fichier

Maintenant, vous allez ouvrir un fichier et en afficher les informations afin de découvrir sur quoi vous allez travailler.

1. Dans le volet Contenu, sélectionnez la vignette de l'image Map_Section1.jpg.

La section Propriétés de fichier du volet Métadonnées rassemble une myriade d'informations sur le fichier sélectionné.

2. Cliquez sur l'onglet Métadonnées et étudiez la section Propriétés de fichier (affichez et agrandissez la taille de cette section si nécessaire).

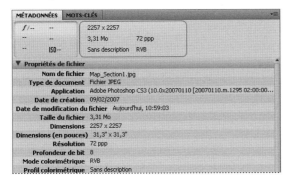

Il s'agit d'un fichier JPEG, de 79,6 cm^2 (ou 31,3 × 31,3 pouces) avec des valeurs de Résolution de 72 ppp et de Profondeur de couleur de 8 bits en mode RVB. Vous pouvez afficher ces mêmes informations dans Photoshop mais de manière moins concise que dans Bridge.

3. Double-cliquez sur la vignette Map_Section1.jpg dans le volet Contenu pour ouvrir l'image dans Photoshop. Cette image s'affiche à l'écran exactement de la même manière que les autres et seul le taux d'affichage de l'image, entre 25 % et 33 %, indique que ses dimensions sont très importantes (près de 80 cm^2).

Il est également possible d'utiliser la barre d'état de Photoshop pour afficher les informations du fichier.

4. Dans la barre d'état, au bas de la fenêtre de document, cliquez sur le triangle pour afficher le menu contextuel et choisissez Afficher > Dimensions du document.

Photoshop affiche les dimensions de l'image dans la barre d'état.

5. Sélectionnez d'autres options du menu Afficher de la barre d'état pour visualiser des informations supplémentaires, comme le Profil du document (RVB sans description), l'Échelle de mesure (actuellement définie par défaut à 1:1), les Fichiers de travail de document, lesquels représentent la mémoire vive utilisée par Photoshop pour afficher toutes les images et le total de mémoire vive disponible, ou encore l'Outil actif.

6. Cliquez sur Fichier > Enregistrer sous. Choisissez le format Photoshop, renommez le fichier **13Retouche.psd** et sauvegardez-le dans le dossier Lesson13.

Renforcement de la luminosité et des couleurs de l'image

Avant de commencer à mesurer votre projet, vous allez améliorer l'aspect de l'image sur laquelle vous travaillerez tout au long de cet exercice. Cette image est un peu sombre si bien que ses détails ne sont guère visibles. Vous devez donc corriger sa luminosité pour souligner les détails et renforcer ses couleurs afin qu'elle semble moins délavée.

1. Dans le panneau Réglages, cliquez sur le bouton Niveaux pour créer un calque de réglage.

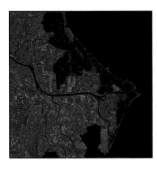 

L'histogramme montre que la plus grande partie des pixels de l'image se trouve dans les tons sombres et les tons moyens.

2. Faites glisser le curseur blanc des Niveaux d'entrée vers la gauche, à l'endroit où la courbe de l'histogramme rejoint la ligne horizontale (nous avons choisi les valeurs d'entrée suivantes : **0**, **1,00** et **142**).

 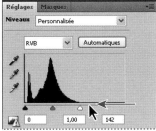

▶ **Astuce :** Plutôt que de déplacer les curseurs, sélectionnez les outils Pipette appropriés et faites-les glisser dans la fenêtre de document pour ajuster les tons foncés, les tons moyens et les tons clairs.

Les couleurs de l'image semblent encore légèrement délavées. Vous allez corriger cela.

3. Au bas du panneau Réglages, cliquez sur le bouton Revenir à la liste de réglages ().

4. Dans le panneau Réglages, cliquez sur le bouton Teinte/Saturation pour créer un nouveau calque de réglage.

5. Donnez au paramètre Saturation une valeur de **+20**, puis cliquez de nouveau sur le bouton Revenir à la liste de réglages.

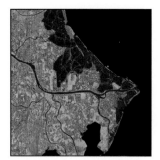

6. Sauvegardez vos modifications (Fichier > Enregistrer). Cliquez sur OK dans la boîte de dialogue Options de format Photoshop.

Sélection d'une partie de la carte et création d'un contour

Pour créer une infographie à partir de cette carte, vous sélectionnerez, à l'aide d'un rectangle de sélection de taille fixe, une zone de 25 km² autour de laquelle vous placerez une bordure.

À l'échelle de la carte sur laquelle vous travaillez, 1 605 pixels représentent 25 kilomètres. Vous devez donc commencer par définir l'unité de mesure adéquate afin de trouver le centre de l'image à l'aide des règles.

1. Cliquez sur Édition > Préférences > Unités et règles (Windows) ou Photoshop > Préférences > Unités et règles (Mac OS), puis sélectionnez Pixels dans le menu déroulant Règles de la section Unités. Cliquez ensuite sur OK.

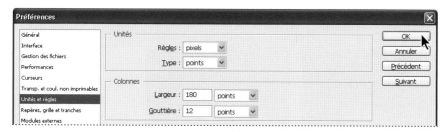

Vous allez ajouter des repères pour vous guider.

2. Cliquez sur Fenêtre > Informations pour ouvrir le panneau Informations.

3. Cliquez sur Affichage > Règles, puis faites glisser un repère depuis la règle située en haut de l'image jusqu'à ce que la valeur de l'axe Y du panneau Informations indique 326 pixels (zoomez sur l'image si vous avez des difficultés à positionner exactement le repère).

Note : Si vous placez le repère à de mauvaises coordonnées, appuyez sur la touche Ctrl (Windows) ou Cmd (Mac OS) et déplacez le repère hors de la fenêtre de document. Faites ensuite glisser un nouveau repère à l'emplacement voulu.

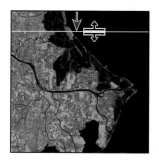

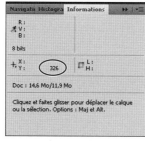

En plaçant le repère à 326 pixels pour créer un rectangle de 1 605 pixels de côté, vous êtes assuré que celui-ci sera placé au centre de l'image de 2 257 px². Vous pouvez vérifier ces mesures en sélectionnant l'image dans le volet Contenu de Bridge et en observant ses métadonnées.

4. Placez un repère depuis la règle de gauche à X = 326 pixels.

5. Sélectionnez l'outil Rectangle de sélection (⬚) dans le panneau Outils. Choisissez Taille Fixe dans le menu déroulant Style de la barre d'options. Tapez **1605 px** dans les champs Hauteur et Largeur. D'après l'échelle, cette valeur correspond à 25 kilomètres.

6. Cliquez à l'intersection des deux repères dans l'image à l'aide de l'outil Rectangle de sélection pour définir un cadre de sélection carré de 1 605 pixels de côté. Votre sélection est exactement centrée dans l'image.

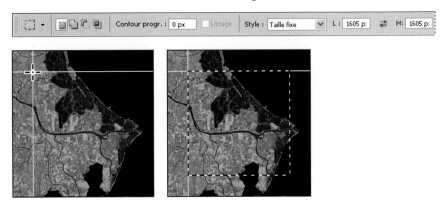

Vous allez augmenter la luminosité autour de cette sélection pour mettre en valeur la partie centrale de l'image. Pour cela, intervertissez tout d'abord la sélection afin que la zone de l'image autour de ce carré soit sélectionnée.

7. Cliquez sur Sélection > Intervertir.

8. Dans le panneau Calques, sélectionnez le calque Arrière-plan puis, dans le panneau Réglages, cliquez sur le bouton Teinte/Saturation pour créer un nouveau calque de réglage. Augmentez la valeur Luminosité à **+31**, puis cliquez sur le bouton Revenir à la liste de réglages (◄) au bas du panneau Réglages.

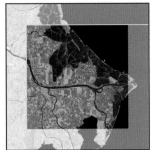

9. Enregistrez vos modifications.

Création d'une bordure personnalisée

Pour mettre encore plus en valeur la partie centrale de l'image, vous allez ajouter une bordure personnalisée autour du cadre de sélection.

1. Sélectionnez de nouveau le calque Arrière-plan et cliquez à l'angle de la bordure avec l'outil Rectangle de sélection pour la sélectionner de nouveau.

2. Dans le panneau Calques, sélectionnez le calque de réglage de Teinte/Saturation au sommet de la pile des calques, puis cliquez sur le bouton Créer un Calque (⊞) pour créer un nouveau calque vierge au sommet de la pile des calques. Sélectionnez-le et nommez-le **Bordure**.

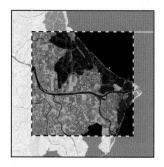

Pour commencer, vous allez modifier la bordure de la sélection pour pouvoir ensuite créer une ligne en pointillés.

3. Cliquez sur Édition > Contour. Tapez **10 px** dans le champ Épaisseur, puis cliquez sur l'échantillon de couleurs. Cliquez dans le coin supérieur gauche de la boîte de dialogue Couleur du contour pour sélectionner le blanc. Cliquez sur OK. Activez l'option Intérieur dans la boîte de dialogue Contour, puis validez.

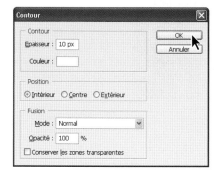

Vous allez maintenant terminer cette bordure en appliquant un motif en pointillés au contour blanc.

4. Cliquez sur Fichier > Ouvrir, puis ouvrez le fichier Dashed Line.psd situé dans le dossier Lesson13.

5. Cliquez sur Édition > Utiliser comme motif. Par défaut, le motif a pour nom Dashed Line.psd. Renommez-le **Ligne pointillée** dans la boîte de dialogue Nom du motif et cliquez sur OK. Fermez ensuite le fichier Dashed Line.psd.

6. Cliquez sur l'onglet de l'image 13Retouche.psd pour la sélectionner. La bordure de la sélection étant active, choisissez Options de fusion dans le menu du panneau Calques.

▶ **Astuce :** Cette même technique vous servira aussi à ajouter une ligne en pointillés d'une couleur différente. Pour cela, il suffit de varier la couleur du contour et celle du motif afin qu'elles soient bien contrastées. Avant de convertir l'image Dashed Line en motif, assurez-vous que l'illustration se trouve sur un arrière-plan transparent.

7. Sélectionnez Incrustation de motif dans la liste Options de fusion de la boîte de dialogue Style de calque pour afficher les options de ce style.

8. Cliquez sur la flèche à droite de la vignette du motif, au centre de la boîte de dialogue, pour afficher les motifs disponibles. Sélectionnez le motif Ligne pointillée que vous venez de créer, puis cliquez en dehors du sélecteur de motif pour le fermer. Définissez ensuite une Échelle de **220 %**.

9. Cliquez sur OK pour appliquer le motif au contour.

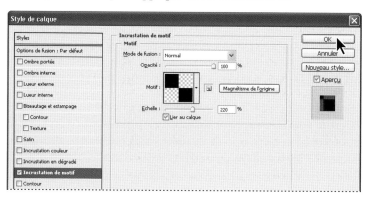

10. Zoomez sur la ligne pointillée dans la fenêtre de document pour l'examiner. Pour cela, appuyez sur les touches Ctrl+barre d'espacement (Windows) ou Cmd+barre d'espacement (Mac OS) et cliquez sur l'image.

11. Pour réduire la taille d'affichage de l'image, appuyez sur Alt+barre d'espacement (Windows) ou Option+barre d'espacement (Mac OS) et cliquez sur l'image.

12. Enregistrez vos modifications. Conservez la sélection active pour la suite de la leçon.

Mesure des objets et des données

Vous connaissez peut-être déjà l'outil Règle de Photoshop qui permet de calculer une distance entre deux points de la zone de travail. La fonctionnalité Mesure de Photoshop Extended est beaucoup plus complète : elle permet en effet de mesurer toute zone définie avec l'outil Règle ou à l'aide d'un outil de sélection, y compris des sélections de formes irrégulières créées avec le Lasso, l'outil Sélection rapide ou la Baguette magique. Vous pouvez également calculer la hauteur, la largeur, la surface et le périmètre, réaliser le suivi des mesures d'images. Les données des mesures sont enregistrées dans le panneau Journal des mesures.

L'outil Mesure n'est disponible que dans Photoshop Extended, la version de Photoshop dotée de fonctionnalités supplémentaires. Si vous ne disposez pas de cette version, rien ne vous empêche toutefois de lire les sections suivantes pour en savoir plus sur cet outil. Ou bien passez directement aux questions de révision si vous le souhaitez.

Utiliser la fonctionnalité Mesure

La première étape du travail consiste à définir une échelle de mesure. Autrement dit, vous indiquez qu'un nombre donné de pixels dans l'image équivaut à un nombre d'unités d'échelle, qu'il s'agisse de pouces, de millimètres, de microns, ou dans notre cas de kilomètres. Une fois l'échelle de mesure définie, vous pouvez mesurer des zones et utiliser les calculs et les résultats du journal dans l'unité de mesure sélectionnée.

1. Dans le panneau Calques, sélectionnez le calque Arrière-plan.

2. Allez dans Analyse > Définir l'échelle de mesure > Personnalisée.

Pour cette carte, 1 605 pixels représentent 25 kilomètres. Vous allez utiliser ces valeurs pour créer une échelle de mesure personnalisée.

▶ **Astuce :** Si vous ne savez pas exactement quelle mesure utiliser, faites glisser l'outil Règle sur la zone de l'image que vous voulez définir. Dans cette image, par exemple, vous le feriez glisser sur une zone dont vous savez qu'elle mesure 25 kilomètres pour définir l'échelle des pixels.

3. Dans la boîte de dialogue Échelle de mesure, tapez **1605** dans le champ Longueur de pixel, **25** dans le champ Longueur logique et **kilomètres** dans le champ Unités logiques.

4. Cliquez sur OK pour valider l'échelle.

Définissez l'échelle en utilisant soit les dimensions totales de l'image soit une partie de l'image. Vous pouvez ensuite saisir ces valeurs dans les champs de la boîte de dialogue Échelle de mesure ou employer une échelle prédéfinie dans le champ Paramètres prédéfinis.

Vous êtes à présent prêt à mesurer la carte. Pour commencer, utilisez vos mesures sur la sélection de 25 km^2, ce qui vous permettra de contrôler et de vérifier leur exactitude.

5. Assurez-vous que la sélection carrée de 1 605 pixels de côté est toujours active. Si vous l'avez accidentellement désactivée, cliquez à l'aide de l'outil Rectangle de sélection à l'intersection des deux repères en haut à gauche de l'image.

6. Cliquez sur Analyse > Enregistrer les mesures. Le panneau Journal des mesures s'ouvre alors au bas de la fenêtre de document.

7. Utilisez la barre de défilement horizontale au bas de ce panneau pour afficher les différentes colonnes de données du journal. Vous voyez que la colonne Zone indique 625,000000 et que la colonne Unités d'échelle indique des kilomètres, comme il se doit.

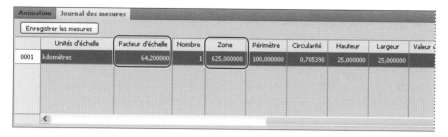

Vous pouvez personnaliser les colonnes du panneau Journal des mesures, y trier les données et les exporter dans un fichier de tableur.

8. Dans le panneau Journal des mesures, cliquez sur l'en-tête de la colonne Périmètre et faites-le glisser à droite de la colonne Largeur. Lorsqu'une ligne noire apparaît, relâchez pour insérer la colonne. Vous pouvez réorganiser toutes les colonnes en cliquant sur leur nom et en les déplaçant vers la gauche ou vers la droite.

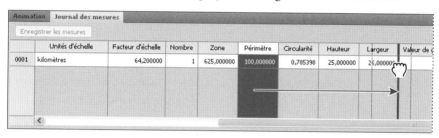

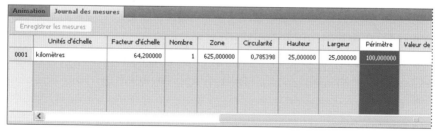

Vous affichez ainsi facilement les informations dans l'ordre qui vous convient le mieux. De la même façon, vous contrôlez quels paramètres ou points de données sont calculés et affichés.

9. Allez dans Analyse > Sélectionner des points de données > Personnalisés, faites défiler la liste jusqu'à la section Sélections, puis désactivez toutes les options Valeur de gris et l'option Densité intégrée. En effet, comme vous n'utiliserez pas ces options, vous n'avez pas besoin de les enregistrer. Cliquez sur OK.

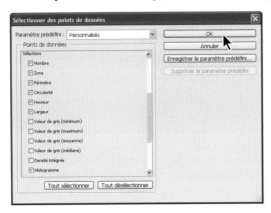

Il est possible d'enregistrer ces paramètres comme réglages prédéfinis pour d'autres projets. Vous pouvez même créer plusieurs réglages prédéfinis de mesures. En revanche, vous ne pouvez utiliser qu'une seule échelle à la fois dans un document.

10. Pour ne pas afficher ces données, vous pouvez également cliquer sur les en-têtes des colonnes Circularité, Densité intégrée et sur les en-têtes des quatre colonnes Valeur de gris tout en appuyant sur la touche Ctrl (Windows) ou Cmd (Mac OS). Une fois qu'elles sont sélectionnées, cliquez sur le bouton Supprimer les mesures sélectionnées dans le coin supérieur gauche du panneau Journal des mesures, puis sur Oui dans la boîte de message vous demandant de confirmer.

11. Enregistrez votre travail.

Mesurer des formes irrégulières

Vous allez maintenant calculer la surface d'une forme irrégulière. Il s'agit des zones maritimes situées à l'intérieur du carré de 25 km^2 mais en dehors des terres. Vous vous servirez du panneau Journal des mesures pour enregistrer ces données au fur et à mesure.

1. Cliquez sur Sélection > Désélectionner pour supprimer le cadre de sélection.

2. Dans le panneau Outils, activez l'outil Sélection rapide (✎), puis activez l'option Échantillonner tous les calques dans la barre d'options.

3. Sélectionnez une des trois zones noires indiquant la mer. L'option Ajouter à la sélection est automatiquement activée dans la barre d'options.

4. Cliquez sur chacune des deux autres zones noires de l'image pour les sélectionner.

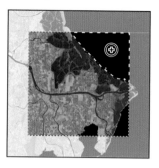 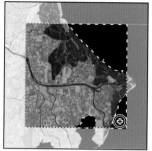

5. Cliquez sur le bouton Enregistrer les mesures du panneau Journal des mesures. Photoshop Extended enregistre la surface de chaque zone sélectionnée plus la surface totale formée par les trois.

▶ **Astuce :** Vous pouvez également cliquer sur Analyse > Enregistrer les mesures.

6. Observez les résultats dans le panneau Journal des mesures. Vous pouvez faire glisser la barre supérieure du panneau pour agrandir sa taille. Le détail des trois mesures s'affiche sur une ligne différente. La première ligne, numérotée 002, indique la surface totale des trois zones, soit 132,98 km^2.

	Document	Source	Echelle	Unités d'échelle	Facteur d'échelle	Nombre	Zone	Hauteur	Largeur
0001	13Retouche.psd	Sélection	Personnalisés (1605 pi…	kilomètres	64,200000	1	625,000000	25,000000	25,000000
0002	13Retouche.psd	Sélection	Personnalisés (1605 pi…	kilomètres	64,200000	3	131,639833	25,015576	14,454829
0003	13Retouche.psd	Sélection	Personnalisés (1605 pi…	kilomètres	64,200000		103,864966	11,838006	14,454829
0004	13Retouche.psd	Sélection	Personnalisés (1605 pi…	kilomètres	64,200000		18,471046	7,975078	4,143302
0005	13Retouche.psd	Sélection	Personnalisés (1605 pi…	kilomètres	64,200000		9,303821	3,084112	4,595016

À noter : vos mesures et celles que vous allez réaliser ensuite peuvent être différentes de celles que nous obtenons, en fonction de la précision de la sélection.

7. Cliquez sur Sélection > Désélectionner pour supprimer la sélection des trois zones de mer.

Mesurer des lignes

L'emploi de la fonctionnalité Mesure de Photoshop Extended pour mesurer des lignes est identique à celui de l'outil Règle du panneau Outils.

1. Cliquez sur Analyse > Outil Règle.

2. Placez le pointeur de l'outil à gauche de la carte, sur la partie du fleuve la plus en amont à l'intérieur du cadre entouré de pointillés, puis tracez une ligne vers l'aval, sur la bordure droite de la zone.

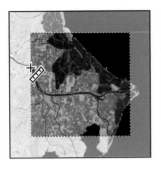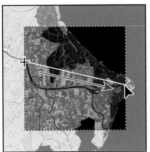

3. Cliquez sur le bouton Enregistrer les mesures du panneau Journal des mesures. La distance entre les deux points s'affiche dans la colonne Longueur (environ 25 km) tandis que la colonne Angle indique un angle de −13°. Il s'agit de la longueur de cette portion du fleuve "à vol d'oiseau".

Exportation des mesures

Il est possible d'exporter les mesures sélectionnées dans un fichier (valeurs séparées par des tabulations) pour les ouvrir ensuite dans un tableur comme Microsoft Excel de façon à pouvoir réaliser des calculs avec ces données. Vous utiliserez les données que vous avez enregistrées, plus loin dans cette leçon.

1. Maintenez la touche Maj enfoncée et cliquez sur les mesures dans le panneau Journal des mesures pour sélectionner tous les éléments de la liste. Vous pouvez également n'en sélectionner que quelques-uns.

2. Cliquez sur le bouton Exporter les mesures sélectionnées (✎) ou choisissez Exporter la sélection dans le menu du panneau Journal des mesures.

3. Dans la boîte de dialogue Enregistrer, nommez le fichier **13_mers_intérieures**, par exemple, et sauvegardez-le dans le dossier Lesson13.

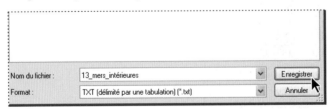

Mesure d'une section transversale

Vous allez maintenant ajouter de la couleur et une nouvelle dimension à l'infographie. Vous importerez un graphique en trois dimensions qui représente une vue en coupe du littoral, que vous mesurerez ensuite en deux dimensions et en trois dimensions.

1. Passez à Bridge. Ouvrez le dossier Lesson13 et double-cliquez sur la vignette du fichier Cross-Section.psd pour l'ouvrir dans Photoshop.

2. Cliquez sur l'onglet de l'image 13Retouche.psd pour l'activer. Vous allez augmenter la taille de l'espace de travail pour ajouter une zone de couleur noire sur la droite.

3. Cliquez sur Image > Taille de la zone de travail. Définissez une largeur de **3700 pixels**. Dans la section Position, cliquez sur la flèche dans le coin inférieur gauche pour que l'espace supplémentaire soit ajouté sur la droite de l'image. Sélectionnez Noir dans le champ déroulant Couleur d'arrière-plan de la zone de travail, puis cliquez sur OK.

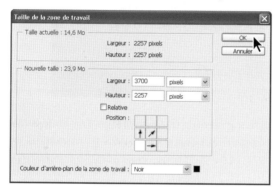

Une zone noire dont la largeur est égale à environ un tiers de la fenêtre de document apparaît à droite de l'image.

4. Masquez les repères (Affichage > Afficher > Repères). Sélectionnez ensuite le calque Bordure dans le panneau Calques.

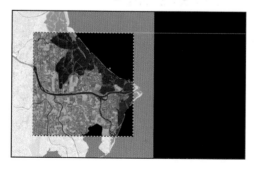

5. Cliquez sur le bouton Réorganiser les documents (▦) dans la barre d'application et choisissez une disposition 2 vignettes afin que les images Cross-Section.psd et 13Retouche.psd soient visibles. Cliquez sur l'onglet de l'image Cross-Section.psd pour l'activer.

Vous allez positionner la coupe transversale dans le quart supérieur de l'image 13Retouche.psd, en alignant ses lettres avec les lettres correspondantes sur la carte.

6. Activez l'outil Déplacement (▸⊕) dans le panneau Outils, puis faites glisser l'illustration de l'image Cross-Section.psd sur l'image 13Retouche.psd. Placez l'illustration comme à la figure suivante, de manière que l'étiquette dorée Section recouvre les lettres A et B dans le quart supérieur droit de la carte.

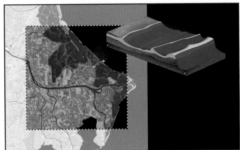

Pour des raisons esthétiques, la coupe transversale rectangulaire en trois dimensions a subi une rotation relative à la position de l'étiquette dorée de la représentation en deux dimensions.

Si vous deviez adapter la coupe transversale en 3D à l'étiquette en 2D de la carte comme s'il s'agissait d'une pièce de puzzle, vous devriez faire pivoter la coupe transversale vers le coin supérieur gauche de la carte de 90° environ, afin que la lettre A de la section transversale corresponde à la lettre A de la carte (la partie semi-transparente de couleur dorée représente la rotation à effectuer).

7. Fermez le fichier Cross-Section.psd sans enregistrer les modifications.

8. Cliquez sur Analyse > Outil Règle.

9. Cliquez sur le coin inférieur gauche de l'étiquette dorée Section et faites glisser le pointeur jusqu'au coin inférieur droit de l'étiquette pour mesurer sa longueur.

10. Cliquez sur le bouton Enregistrer les mesures du panneau Journal des mesures. Notez la longueur indiquée, elle devrait être d'environ 3,36 km.

Vous utiliserez cette valeur dans le prochain exercice.

Mesures en perspective avec l'outil Point de fuite

Vous allez maintenant réaliser certaines mesures sur la coupe transversale elle-même. La capacité à mesurer en trois dimensions est particulièrement utile pour les informations topographiques, comme dans ce cas, mais aussi pour le dessin d'architecte CAD ou pour tout objet dont vous devez déterminer les dimensions dans l'espace.

1. Assurez-vous que le calque Section est sélectionné dans le panneau Calques.

2. Cliquez sur Filtre > Point de fuite pour ouvrir la boîte de dialogue du même nom dans laquelle l'outil Création de plan est sélectionné.

Vous allez tracer un plan sur la partie avant de la coupe transversale.

3. Cliquez avec l'outil Création de plan (⊞) sur le coin inférieur gauche de la coupe transversale pour placer le premier point d'ancrage. Cliquez ensuite sur le coin inférieur droit, puis sur le coin supérieur droit et enfin sur le coin supérieur gauche pour dessiner un plan sur cette partie de l'image.

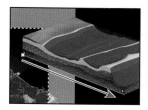 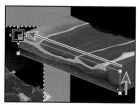 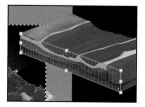

4. Sélectionnez l'outil Mesure de la boîte de dialogue Point de fuite.

5. Placez le pointeur sur le coin inférieur gauche du plan. Assurez-vous qu'il se trouve au-dessus de la grille (le pointeur prend l'apparence d'une croix accompagnée d'une règle). Cliquez et faites glisser le pointeur vers le coin inférieur droit de la grille.

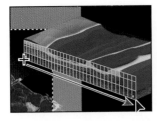 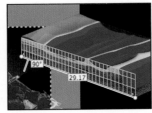

6. Dans le champ Longueur, en haut de la boîte de dialogue Point de fuite, entrez **3,36**, ou la valeur que vous avez obtenue à la procédure précédente, lorsque vous avez mesuré la coupe transversale avec l'outil Règle. Il s'agit de la valeur en kilomètres de la coupe transversale.

Vous allez maintenant mesurer la profondeur de la coupe transversale en mesurant le bord vertical gauche de la grille.

7. Faites glisser de nouveau l'outil Mesure du coin inférieur gauche de la grille vers son coin inférieur droit. Les étiquettes qui s'affichent le long du trait indiquent la longueur (3,36) et l'angle (90 °) de la coupe transversale.

 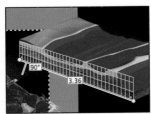

8. Cliquez sur le coin supérieur gauche de la grille et faites glisser l'outil Mesure vers son coin inférieur gauche. La longueur et l'angle s'affichent dans la fenêtre. Ces valeurs se fondent sur la longueur que vous avez définie à l'étape 6. Cette ligne indique la hauteur de la coupe transversale (0,3 km ici).

9. Notez cette valeur, car vous la réutiliserez plus tard.

10. Cliquez sur OK dans la boîte de dialogue Point de fuite pour la fermer.

Maintenant que vous avez réalisé vos mesures, vous pouvez ajouter les données à l'infographie.

Ajout d'une légende

Pour compléter l'infographie, vous allez ajouter une légende en utilisant les mesures que vous avez prises.

1. Passez à Bridge. Parcourez votre disque dur jusqu'au dossier Lesson13, puis double-cliquez sur le fichier Legend.psd pour l'ouvrir.

2. Cliquez sur le bouton Réorganiser les documents dans la barre d'application et choisissez une disposition 2 vignettes. Après vous être assuré que l'image Legend.psd est active, faites glisser le groupe de calques Legend Group sur l'image 13Retouche. psd. Fermez ensuite l'image Legend.psd sans l'enregistrer.

3. Zoomez en arrière afin d'afficher toute l'image 13Retouche.psd à l'écran.

4. Avec l'outil Déplacement (⤢), placez l'illustration de la légende dans le tiers inférieur de l'arrière-plan noir, à la droite de l'image.

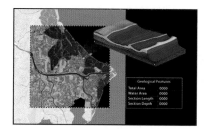

5. Si vous disposez d'un tableur comme Excel, ouvrez ce programme. Ouvrez ensuite le fichier 13_mers_intérieures.txt situé dans le dossier Lesson13.

6. Activez l'outil Texte horizontal (T) dans le panneau Outils de Photoshop.

7. Référez-vous aux mesures que contient le fichier texte que vous venez d'ouvrir ou aux valeurs que vous avez notées précédemment. Beaucoup de ces valeurs se trouvent également dans le panneau Journal des mesures. Sélectionnez les nombres "0000" de chaque ligne et remplacez-les par les informations correctes. Vous pouvez entrer vos propres mesures et également modifier les libellés pour les franciser.

   - Pour Total Area (surface totale), tapez **625 km²**.

   - Pour Water Area (surface maritime), tapez **134 km²**.

   - Pour Section Length (Longueur de la coupe), tapez **3,36 km**.

   - Pour Section Depth (Hauteur de la coupe), tapez **0,3 km**.

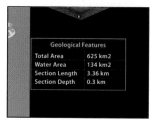

8. Enregistrez ensuite votre travail.

Création d'un diaporama

Votre infographie est à présent terminée. Après tous ces relevés et ce travail de conception précis, il est temps de créer un diaporama afin de montrer votre réalisation à vos collègues.

1. Passez à Bridge. Parcourez votre disque dur jusqu'au dossier Lesson13 et déplacez le fichier 13Retouche.psd dans le dossier Maps.

2. Double-cliquez sur le dossier Maps pour afficher son contenu. Appuyez ensuite sur la touche Maj et cliquez sur les fichiers Map_Section1.jpg à Map_Section5.jpg pour les sélectionner. Cliquez ensuite en maintenant la touche Ctrl (Windows) ou Cmd (Mac OS) enfoncée sur le fichier 13Retouche.psd pour l'ajouter au diaporama.

3. Cliquez sur Affichage > Options de diaporama. Vous allez définir les transitions entre chaque image afin qu'elles se succèdent en fondu enchaîné, en commençant par l'infographie que vous avez créée.

4. Dans la boîte de dialogue Options de diaporama, activez l'option Ajustée dans la section Lors de la présentation, afficher les diapositives. Choisissez Fondu dans le menu Transition et conservez les autres options par défaut.

5. Cliquez sur le bouton Lecture pour lancer le diaporama. Pour l'arrêter, appuyez sur la touche Echap.

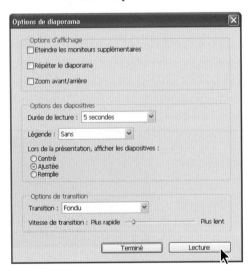

Pour relancer le diaporama, cliquez sur Affichage > Diaporama. Pour passer à l'image suivante, appuyez sur la touche directionnelle Droite du clavier. Pour afficher l'image précédente, appuyez sur la touche directionnelle Gauche.

Vous avez créé une infographie contenant des mesures exactes. Vous êtes maintenant prêt à tester vos compétences en mesurant d'autres images de votre portfolio.

Questions

1. Que sont les métadonnées ? Comment les ajouter à un fichier Photoshop ?
2. Comment mesurer un objet avec la fonctionnalité Mesure de Photoshop Extended ?
3. Quelle est la différence entre l'outil Règle et la fonctionnalité Mesure ?
4. Comment mesurer en trois dimensions ?
5. Comment lire un diaporama de son travail ?

Réponses

1. Les métadonnées sont des informations standard d'un fichier. Elles regroupent le nom de l'auteur, la résolution du fichier, l'espace colorimétrique, les droits d'auteur ou copyright ainsi que les mots clés appliqués à un fichier. On peut ajouter des métadonnées dans le volet Métadonnées d'Adobe Bridge.

2. Pour mesurer un fichier dans Photoshop Extended, on commence par définir une échelle de mesure (Analyse > Définir une échelle de mesure), puis on trace une sélection ou on utilise l'outil Règle pour mesurer la distance entre deux points et, enfin, on clique sur Enregistrer les mesures dans le panneau Journal des mesures ou on choisit Analyse > Enregistrer les mesures.

3. L'outil Règle de Photoshop permet de calculer la distance entre deux points dans l'espace de travail. La fonctionnalité Mesure de Photoshop Extended mesure toute surface définie à l'aide de l'outil Règle ou d'un outil de sélection, y compris les zones de forme irrégulière créées avec les outils Lasso, Sélection rapide ou Baguette magique. On peut également calculer la hauteur, la largeur, la surface ou le périmètre d'une zone et faire le suivi des mesures sur une ou plusieurs images. Les données mesurées sont enregistrées dans le panneau Journal des mesures où elles peuvent être triées, puis exportées et employées ensuite dans un tableur.

4. On réalise des mesures en trois dimensions avec le filtre Point de fuite, en créant une grille, puis en utilisant l'outil Mesure de la boîte de dialogue Point de fuite pour mesurer les distances sur cette grille.

5. On utilise Adobe Bridge pour lire un diaporama. Il faut sélectionner les vignettes des images à incorporer, puis cliquer sur Affichage > Options du diaporama pour paramétrer les options de présentation et lancer la lecture du diaporama. Une fois ces options définies, il suffit de cliquer sur Affichage > Diaporama pour lire de nouveau l'animation.

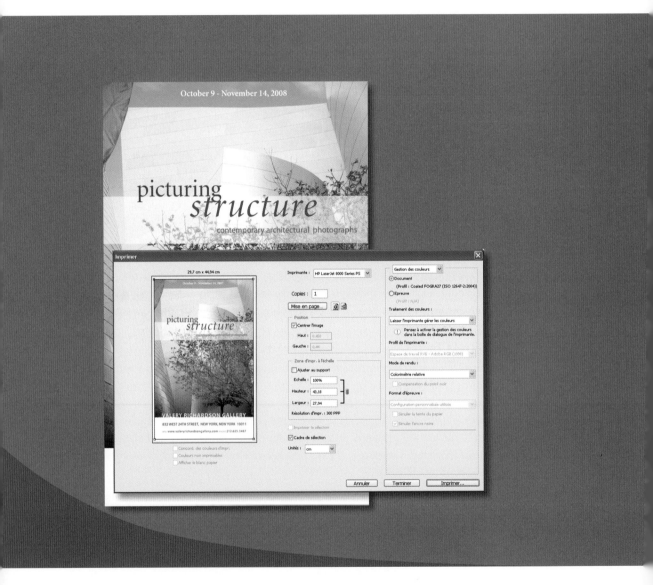

Pour reproduire les couleurs avec fidélité, il faut définir l'espace colorimétrique dans lequel on modifie et affiche les images RVB et dans lequel on modifie, affiche et imprime les images CMJN. Cette opération garantit une correspondance aussi étroite que possible entre les couleurs à l'écran et celles sur le papier.

L'impression couleur

14

Au cours de cette leçon, vous apprendrez à :

- définir des espaces colorimétriques RVB, CMJN et niveaux de gris pour l'affichage, la retouche et l'impression d'images ;

- préparer une image pour une impression en quadrichromie sur une photocomposeuse PostScript ;

- créer une épreuve-écran ;

- enregistrer une image CMJN au format EPS ;

- créer une séparation des couleurs, c'est-à-dire le processus par lequel les couleurs d'une image RVB sont redistribuées entre les quatre couleurs employées pour l'impression (le cyan, le magenta, le jaune et le noir) ;

- comprendre les principes de préparation des images pour une impression sur presse.

 Cette leçon vous prendra environ une heure. Copiez le dossier Lesson14 sur votre disque dur si vous ne l'avez pas encore fait. Au cours de cette leçon, vous conserverez les fichiers de départ. Si vous devez néanmoins les restaurer, copiez-les de nouveau depuis le CD-ROM *Adobe Photoshop CS4 Classroom in a Book*.

● **Note :** Un exercice de cette leçon nécessite que votre ordinateur soit connecté à une imprimante couleur PostScript. Si tel n'est pas le cas, vous ne pourrez pas réaliser tous les exercices.

Gestion des couleurs

À l'écran, les couleurs sont affichées au moyen de combinaisons de lumières rouge, verte et bleue (RVB) ; sur le papier, elles sont imprimées par le biais de quatre encres : cyan, magenta, jaune et noir (d'où l'appellation CMJN). On appelle ces dernières *couleurs de traitement* parce que ce sont les encres standard de l'impression en quadrichromie.

Image RVB avec les couches Rouge, Vert et Bleu

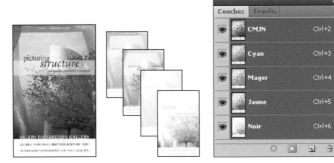

Image CMJN avec les couches Cyan, Magenta, Jaune et Noir

Les modèles RVB et CMJN utilisent des méthodes très différentes pour l'affichage des couleurs. Il n'est donc pas étonnant que leurs *gammes chromatiques*, c'est-à-dire la plage des couleurs employées, ne soient pas tout à fait les mêmes. À titre d'exemple, la gamme RVB comprend des couleurs *néon* (comparables à celles d'une enseigne au néon), parce que le modèle RVB produit les couleurs à partir d'une combinaison de lumières. Au contraire, les encres de traitement sont parfaites pour reproduire certaines couleurs, dont les couleurs pastel et le noir pur, qui ne font pas partie de la gamme chromatique RVB.

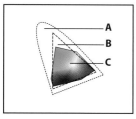
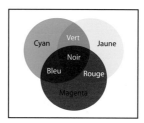

A. Gamme de couleurs
naturelles
B. Gamme de couleurs RVB
C. Gamme de couleurs CMJN

Modèle de couleurs RVB

Modèle de couleurs CMJN

Par ailleurs, toutes les gammes RVB et CMJN ne sont pas identiques. Chaque modèle d'écran et d'imprimante est unique et affiche donc une gamme quelque peu différente des autres. Il se peut, par exemple, qu'une marque de moniteurs produise des bleus plus clairs qu'une autre marque. L'*espace colorimétrique* d'un périphérique (moniteur ou imprimante) est défini par la gamme chromatique qu'il peut reproduire.

Le modèle RVB

Un fort pourcentage du spectre visible peut être représenté en mélangeant les lumières rouge, verte et bleue (RVB) dans diverses proportions et intensités. Là où les couleurs se chevauchent, elles créent du cyan, du magenta, du jaune et du blanc.

Comme les couleurs RVB s'associent pour créer du blanc, on les appelle également *couleurs additives*. En les associant toutes, on crée du blanc (c'est-à-dire que toute la lumière est retransmise à l'œil). Elles sont employées pour l'éclairage, la vidéo et les moniteurs. Votre moniteur, par exemple, crée de la couleur en émettant de la lumière à travers les luminophores rouges, verts et bleus.

Le modèle CMJN

Le modèle CMJN repose sur la qualité d'absorption de la lumière de l'encre imprimée sur du papier. Quand de la lumière blanche atteint des encres translucides, une partie du spectre est absorbée et une autre est renvoyée vers vos yeux.

En théorie, il est possible d'associer des pigments de cyan (C), de magenta (M) et de jaune (J) de manière à absorber toute la couleur et à produire du noir. C'est pour cette raison que ces couleurs sont appelées *couleurs soustractives*. Étant donné que toutes les encres d'impression contiennent des impuretés, ces trois encres produisent en réalité un marron terne, et elles doivent être associées à de l'encre noire (N) pour produire un noir véritable. La reproduction de la couleur à partir de l'association de ces encres s'appelle *impression en quadrichromie*.

Pour la gestion des couleurs de Photoshop, utilisez les profils colorimétriques ICC (*International Color Consortium*) afin de convertir les couleurs d'un espace colorimétrique en un autre. Un profil colorimétrique est une description d'un espace colorimétrique particulier, généralement celui d'un périphérique, tel l'espace colorimétrique CMJN d'une imprimante donnée. Vous définissez quels profils doivent être employés pour vérifier et imprimer vos images. Quand vous les avez spécifiés, Photoshop les intègre directement aux fichiers graphiques. Photoshop (et toute autre application compatible avec les profils ICC) peut ensuite gérer précisément les couleurs de l'image.

Pour plus d'informations sur l'intégration des profils colorimétriques ICC, reportez-vous à l'Aide de Photoshop.

Avant de procéder à une gestion des couleurs, vous devez calibrer votre moniteur. Si celui-ci n'affiche pas correctement les couleurs, les réglages colorimétriques que vous effectuez en fonction de ce que vous voyez à l'écran peuvent ne pas être exacts. Pour en savoir plus sur le calibrage de votre moniteur, reportez-vous à l'Aide de Photoshop.

Préparatifs

Pour commencer, vous allez lancer Photoshop et restaurer les préférences du programme par défaut.

1. Lancez Photoshop et appuyez aussitôt sur les touches Ctrl+Alt+Maj (Windows) ou Cmd+Option+Maj (Mac OS) pour restaurer les préférences par défaut (pour en savoir plus, reportez-vous à la section "Rétablissement des préférences par défaut" de l'Introduction).

2. Lorsque vous y êtes invité, cliquez sur Oui pour confirmer la suppression du fichier des paramètres Photoshop.

Définition des paramètres de gestion des couleurs

Vous allez commencer par apprendre à définir un profil de gestion des couleurs. La boîte de dialogue Couleurs de Photoshop contient la majorité des contrôles dont vous avez besoin pour cela.

Photoshop utilise par défaut le modèle RVB standard adapté à un travail destiné à un affichage sur un écran. Si vous travaillez sur une image en vue d'une impression, vous pouvez modifier ces réglages pour des paramètres mieux appropriés aux images destinées à une sortie papier et non pas uniquement affichées sur un écran.

Commencez en créant un profil personnalisé de gestion des couleurs.

1. Cliquez sur Édition > Couleurs pour afficher la boîte de dialogue Couleurs.

Chaque option est décrite de façon interactive au bas de la boîte de dialogue.

2. Survolez avec le pointeur chacune des parties de la boîte de dialogue, y compris les noms des sections (comme Espaces de travail), des menus déroulants et les options proposées. À chaque déplacement du pointeur, Photoshop affiche des informations sur chaque élément. N'oubliez pas de rétablir les options par défaut lorsque vous avez fini.

Vous allez maintenant choisir un ensemble d'options prédéfinies pour l'impression et non pour un travail destiné à être affiché à l'écran.

3. Sélectionnez Pré-presse pour l'Europe 2 dans le menu Paramètres. Les options des sections Espaces de travail et Gestion des couleurs changent. Cliquez ensuite sur OK.

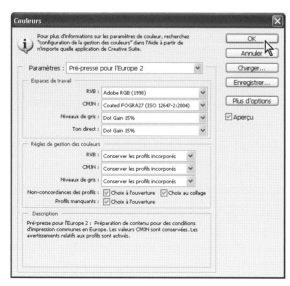

Création d'une épreuve-écran

Vous allez sélectionner un profil colorimétrique de manière à obtenir à l'écran une représentation aussi proche que possible de ce que sera la version imprimée. Cette *épreuve-écran* vous donnera une idée du résultat de l'impression.

1. Cliquez sur le bouton Lancer Bridge () dans la barre d'application. Dans Bridge, parcourez votre disque dur jusqu'au dossier Lessons/Lesson14 et double-cliquez sur le fichier 14Start.tif. Cliquez sur OK si un message d'avertissement concernant le profil colorimétrique s'affiche.

Une affiche scannée dans le mode RVB s'ouvre alors.

2. Cliquez sur Fichier > Enregistrer sous, renommez le fichier **14Retouche**. Conservez le format TIFF et cliquez sur Enregistrer. Cliquez sur OK dans la boîte de dialogue Options TIFF.

Avant de réaliser une épreuve-écran d'un document ou d'imprimer l'image, il convient de définir un profil d'épreuve (ou format d'épreuve) afin de définir le procédé d'impression et d'ajuster l'apparence de la version écran selon ces critères. Photoshop propose de nombreux paramètres susceptibles de vous aider à réaliser des épreuves-écrans pour les travaux les plus variés, que ce soit en vue d'une impression ou d'un affichage sur le Web. Ces paramètres peuvent être enregistrés et appliqués à d'autres images destinées au même mode d'édition.

3. Cliquez sur Affichage > Format d'épreuve > Personnalisé. Assurez-vous que l'option Aperçu est activée dans la boîte de dialogue Personnaliser les conditions d'épreuvage.

4. Dans le menu déroulant Périphérique de simulation, choisissez un profil correspondant au périphérique de sortie, par exemple votre imprimante. Si vous n'en possédez pas, le profil Espace de travail Euroscale Coated v2 est recommandé.

5. Vérifiez que l'option Conserver numéros n'est pas sélectionnée.

● **Note :** Cette option n'est pas disponible lorsque le profil Euroscale Coated v2 est sélectionné.

L'option Conserver numéros permet de simuler la manière dont les couleurs apparaîtront sans être converties dans l'espace colorimétrique du périphérique de sortie.

6. Dans le menu Mode de rendu, choisissez Colorimétrie relative.

Le mode de rendu définit la manière dont les couleurs sont converties en passant d'un espace colorimétrique à l'autre. L'option Colorimétrie relative, qui permet de préserver les relations entre les couleurs sans les dénaturer, est le mode de rendu standard pour l'impression en Europe et en Amérique du Nord.

7. Si cette option est disponible dans le profil choisi, activez l'option Simuler l'encre noire. Désactivez-la ensuite et activez l'option Simuler la teinte du papier. Comme vous pouvez le constater, lorsque cette option est sélectionnée, l'option Simuler l'encre noire est automatiquement activée. Cliquez ensuite sur OK.

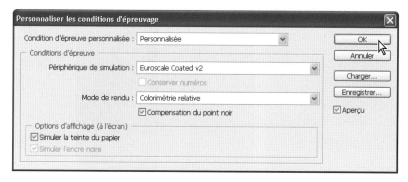

L'image apparaît moins contrastée. L'option Simuler la teinte du papier simule la nuance de blanc terne du papier, en fonction du profil d'épreuve sélectionné. L'option Simuler l'encre noire simule le gris clair que reproduisent la plupart des imprimantes à la place d'un "vrai" noir. Tous les profils ne prennent pas en charge cette option.

> **Astuce :** Pour activer et désactiver ces paramètres, cliquez sur Affichage > Couleurs d'épreuve.

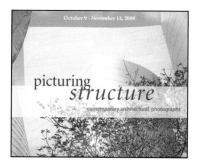

L'image originale

La même image avec les options Simuler la teinte du papier et Simuler l'encre noire activées

Identification des couleurs non imprimables

La plupart des photographies numérisées contiennent des couleurs RVB qui font également partie de la gamme CMJN : la conversion de ces images en mode CMJN n'implique qu'un petit nombre de substitutions. En revanche, les images créées ou modifiées dans un logiciel de retouche numérique contiennent souvent des couleurs RVB absentes de la gamme CMJN ; c'est notamment le cas des logos réalisés avec des lumières néon.

Avant de convertir une image RVB en mode CMJN, vous pouvez avoir un aperçu des valeurs CMJN tout en restant en mode RVB.

1. Cliquez sur Affichage > Couleurs non imprimables. Photoshop crée une table de conversion des couleurs et affiche un gris neutre à la place des couleurs non imprimables.

Comme les zones grisées ne sont pas toujours faciles à localiser dans l'image, vous allez changer cette couleur.

2. Cliquez sur Édition > Préférences > Transparence et couleurs non imprimables (Windows) ou Photoshop > Préférences > Transparence et couleurs non imprimables (Mac OS).

3. Cliquez sur l'échantillon de couleur Mise en évidence au bas de la boîte de dialogue, choisissez une couleur plus vive, un violet ou un vert très clair par exemple, et cliquez sur OK.

4. Cliquez de nouveau sur OK pour fermer la boîte de dialogue Transparence et couleurs non imprimables. Le gris signalant les zones de couleurs non imprimables est maintenant remplacé par la couleur choisie.

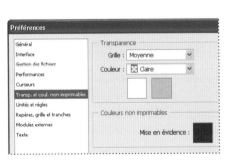 

5. Cliquez sur Affichage > Couleurs non imprimables pour ne plus afficher ces couleurs.

Ces couleurs non imprimables seront automatiquement corrigées lorsque, plus tard, vous enregistrerez le fichier au format EPS. Ce format convertit les images RVB en mode CMJN en remplaçant, si besoin est, les couleurs RVB par leur équivalent CMJN.

Préparation et impression d'une épreuve

L'étape suivante dans la préparation de l'image pour l'impression consiste à réaliser tous les réglages des couleurs et des tons, ce que vous allez maintenant faire sur le scan sursaturé de l'affiche.

Afin de pouvoir comparer le résultat de ces réglages avec l'original, vous commencerez par en faire une copie.

1. Cliquez sur Image > Dupliquer et cliquez sur OK.

2. Cliquez sur le bouton Réorganiser les documents dans la barre d'application et sélectionnez une disposition 2 vignettes afin de pouvoir comparer les images au fur et à mesure de vos modifications.

Vous allez ajuster la teinte et la saturation de l'image afin que toutes les couleurs soient imprimables.

3. Sélectionnez le document original (14Retouche.tif).

4. Cliquez sur le bouton Teinte/Saturation dans le panneau Réglages pour créer un calque de réglage de Teinte/Saturation, puis définissez les paramètres suivants :

   - Faites glisser le curseur Teinte jusqu'à ce que les couleurs, en particulier le haut des immeubles, semblent plus neutres (nous avons choisi une valeur de **15**).

   - Faites glisser le curseur Saturation pour réduire l'intensité des couleurs et les rendre plus réalistes (nous l'avons réglé à **−65**).

   - Conservez le paramètre de Luminosité par défaut (**0**).

 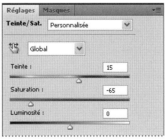

5. Cliquez sur Affichage > Couleurs non imprimables. Vous pouvez constater que la plupart des couleurs non imprimables ont été supprimées de l'image. Cliquez de nouveau sur Affichage > Couleurs non imprimables pour désactiver cette option.

6. L'image 14Retouche.tif toujours active, cliquez sur Fichier > Imprimer.

7. Dans la boîte de dialogue Imprimer, choisissez les options suivantes :

- Sélectionnez votre imprimante dans le menu Imprimante.

- Choisissez Gestion des couleurs dans le menu déroulant en haut de la liste des options de la colonne de droite.

- Activez l'option Épreuve pour choisir votre profil d'épreuve.

- Choisissez Laisser l'imprimante gérer les couleurs dans le menu Traitement des couleurs.

- Sélectionnez Espace de travail CMJN dans le menu Format d'épreuve.

- Si vous disposez d'une imprimante couleur PostScript, cliquez sur Imprimer et comparez les couleurs de la sortie papier à celles de la version affichée sur votre écran. Dans le cas contraire, cliquez sur Annuler.

Enregistrement d'une image au format EPS CMJN

Vous allez enregistrer l'image dans un fichier EPS au format CMJN.

1. Le document 14Retouche.tif toujours sélectionné, cliquez sur Fichier > Enregistrer sous.

2. Dans la boîte de dialogue Enregistrer sous, définissez les options suivantes :

- Choisissez Photoshop EPS dans le menu déroulant Format.

- Dans la section Couleur, activez l'option Format d'épreuve : Euroscale Coated v2. Ne vous préoccupez pas de l'icône d'avertissement qui apparaît, vous allez enregistrer une copie de l'image.

● **Note :**
L'enregistrement d'une image RVB au format Photoshop EPS (*Photoshop Encapsulate de PostScript*) provoque sa conversion automatique en mode CMJN.

- Acceptez le nom de fichier 14Retouche.eps et cliquez sur Enregistrer.

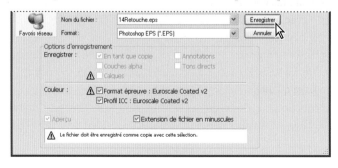

3. Dans la boîte de dialogue Options EPS, cliquez sur OK.

4. Enregistrez et fermez les fichiers 14Retouche.tif et 14Retouche copie.tif.

5. Cliquez sur Fichier > Ouvrir et ouvrez le fichier 14Retouche.eps situé dans le dossier Lessons/Lesson14 sur votre disque dur.

Vous pouvez constater dans la barre de titre de l'image que 14Retouche.eps est un fichier CMJN.

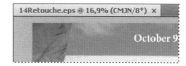

Impression

Voici les étapes à suivre pour obtenir le meilleur résultat possible :

1. Imprimez une épreuve couleur, c'est-à-dire une image composite qui regroupe les couches Rouge, Vert et Bleu d'une image RVB (ou les couches Cyan, Magenta, Jaune et Noir d'une image CMJN). Cette opération vous donnera un bon aperçu du résultat final.

2. Définissez les paramètres des trames de demi-teintes.

3. Imprimez les séparations pour les vérifier une dernière fois.

4. Imprimez sur film.

Définir les trames de demi-teintes

Pour spécifier les caractéristiques des trames de demi-teintes pour l'impression d'une image, utilisez l'option Trames de la boîte de dialogue Imprimer. Le résultat n'apparaît qu'une fois l'image imprimée ; les trames de demi-teintes ne sont pas visibles à l'écran.

Lorsque vous imprimez avec séparation des couleurs, Photoshop imprime une feuille séparée, ou une *plaque*, pour chaque encre. Pour une image CMJN, quatre plaques sont imprimées (une pour chaque couleur). Chaque trame contient des informations de demi-teintes pour chaque couche, y compris la linéature, l'angle de trame et la forme des points.

La *linéature* détermine la densité des points de la trame. Puisque les points sont disposés en lignes, l'unité la plus courante pour la linéature est la ligne par pouce (lpp). Plus la linéature est élevée, plus l'image obtenue sera fine (selon les possibilités du périphérique de sortie). Ainsi, les magazines emploient une linéature de 133 lpp au minimum, parce qu'ils sont en général imprimés sur du papier couché au moyen de presses de haute qualité. La linéature est d'environ 85 lpp pour les journaux imprimés sur un papier de moindre qualité.

L'*angle de trame* utilisé pour la création des demi-teintes d'images en niveaux de gris est généralement de 45°. Pour un résultat optimal avec des séparations de couleurs, sélectionnez l'option Auto dans la boîte de dialogue Trames de demi-teintes (sélectionnez Sortie dans la boîte de dialogue Imprimer, puis cliquez sur le bouton Trames). Vous pouvez aussi spécifier un angle différent pour chacune des trames de couleur, cela améliore le mélange des couleurs de façon à produire une couleur continue et empêche l'apparition de moirures dans l'image imprimée.

On recourt le plus souvent à des points en forme de losange dans les trames de demi-teintes. Cependant, Photoshop permet de choisir des points de forme ronde, ovale, carrée, etc.

Dans cet exercice, vous allez régler les paramètres des trames de demi-teintes pour l'image, puis imprimer cette dernière avec séparation des couleurs.

● **Note :** Par défaut, une image est imprimée conformément aux paramètres des trames de demi-teintes du périphérique de sortie ou du logiciel d'édition de l'image – une application de mise en pages par exemple. Il est habituellement inutile de spécifier ces paramètres, à moins que vous ne vouliez modifier les réglages par défaut. Consultez toujours votre partenaire de préimpression avant de spécifier des options de trames de demi-teintes.

1. L'image 14Retouche.eps étant ouverte, cliquez sur Fichier > Imprimer.

2. Choisissez Sortie dans le menu déroulant en haut de la liste des options de la colonne de droite.

3. Cliquez sur le bouton Trames au bas de la boîte de dialogue (cette option est uniquement disponible pour les imprimantes PostScript).

4. Dans la boîte de dialogue Trames de demi-teintes, entrez les options suivantes :

   • Désactivez l'option Trames par défaut de l'imprimante.

   • Sélectionnez chaque option du menu déroulant Encre afin de voir les informations de Linéature, d'Angle et de Forme pour chaque couche de couleur.

   • Choisissez l'encre Cyan, puis choisissez Ellipse dans le menu Forme.

   • Sélectionnez chacune des encres Magenta, Jaune et Noir dans le menu Encre. Vous pouvez constater que l'option Ellipse est sélectionnée pour chacune d'elles.

   • Cliquez sur OK pour fermer la boîte de dialogue Trames de demi-teintes.

Par défaut, Photoshop imprime tous les documents en tant qu'image composite. Pour imprimer les quatre séparations d'un fichier, vous devez sélectionner l'option Séparations dans la boîte de dialogue Imprimer.

5. De retour dans la boîte de dialogue Imprimer, définissez les options suivantes :

- Choisissez Gestion des couleurs dans le menu déroulant en haut de la liste des options de la colonne de droite.

- Activez l'option Document.

- Choisissez Séparations dans le menu Traitement de couleurs.

- Cliquez sur Imprimer.

6. Cliquez sur Fichier > Fermer sans enregistrer les modifications.

Cela termine votre introduction à la reproduction correcte des couleurs lors d'une impression dans Photoshop. Pour en savoir plus sur la gestion des couleurs, sur les options d'impression et sur la séparation des couleurs, consultez l'Aide de Photoshop.

Questions

1. Quelles étapes faut-il suivre pour reproduire les couleurs avec la plus grande fidélité ?

2. Qu'appelle-t-on gamme chromatique ?

3. Qu'est-ce qu'un profil colorimétrique ?

4. Qu'est-ce que la séparation de couleurs ? Quelles sont les différences entre une image RVB et une image CMJN ?

Réponses

1. Il faut étalonner le moniteur, puis sélectionner, dans la boîte de dialogue Couleurs, les espaces colorimétriques RVB et CMJN à employer pour l'édition numérique ou l'impression. On doit ensuite réaliser une épreuve-écran, identifier les couleurs non imprimables, appliquer les réglages chromatiques nécessaires et, pour une impression en quadrichromie, préparer la séparation des couleurs.

2. Une gamme chromatique représente la plage des couleurs qui peuvent être reproduites par un modèle colorimétrique ou par un périphérique. Les modèles colorimétriques RVB et CMJN ont une gamme différente, mais c'est aussi le cas de deux scanners RVB.

3. Un profil colorimétrique est une description de l'espace colorimétrique d'un périphérique, l'espace CMJN d'une imprimante, par exemple. Les logiciels comme Photoshop peuvent interpréter les profils colorimétriques d'une image de manière à garantir l'uniformité des couleurs entre plusieurs logiciels, plates-formes ou périphériques.

4. La séparation des couleurs désigne l'impression de chaque encre d'un document sur une page ou une plaque différente. Généralement, les couleurs de l'image sont séparées en quatre encres : Cyan, Magenta, Jaune et Noir (CMJN).

Index

ADOBE®
CREATIVE SUITE 4

**La nouvelle suite
Adobe CS4 arrive !
Des logiciels revus
et améliorés pour
produire du contenu
encore plus attrayant
et laisser libre cours à
votre créativité !**

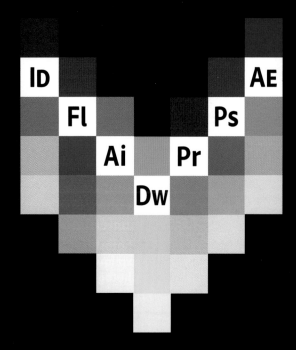

CLASSROOM IN A BOOK™

Le support de cours officiel conçu par l'équipe d'Adobe

Classroom in a Book : Les guides
officiels Adobe !
Des supports de travaux pratiques
développés par les experts en
formation logicielle d'Adobe Systems.
Des ouvrages organisés en leçons,
consultables librement selon vos
besoins. Une multitude d'astuces et de
techniques pour maîtriser rapidement
les logiciels Adobe.

Adobe

PEARSON

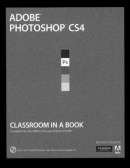

Adobe Photoshop CS4

Classroom in a Book

978-2-7440-2322-4
Mars 2009 - 35 €

Apprenez à retoucher et améliorer des photographies numériques, à créer des images composites, à transformer des images en perspective et à préparer vos fichiers pour l'impression et la diffusion sur le Web avec Photoshop CS4.

Les nouveautés CS4 :
- Optimisation de la souplesse des panoramiques et des zooms.
- Possibilité de faire pivoter l'espace de travail.
- Gestion simplifiée des calques et des masques.
- Amélioration de la fusion automatique des images.
- Mise à l'échelle adaptée au contenu.
- Fonctions révolutionnaires de peinture et de compositing 3D.

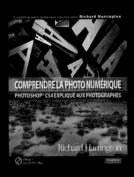

Comprendre la photo numérique

Photoshop CS4 expliqué aux photographes

Richard Harrington

978-2-7440-9257-2
Mars 2009 - 32 €

Ce livre présente de façon claire les différents concepts propres à l'image numérique : résolution, échantillonnage, mode *Image*, calques, masques de fusion, etc., et les techniques qui leur correspondent. Tout le livre est construit sur ce schéma : pour utiliser un outil et être vraiment créatif, il faut maîtriser certains concepts fondamentaux.

Photoshop CS4

Pour les photographes du numérique

Scott Kelby
978-2-7440-9261-9
Mai 2009 - 39 €

L'art du compositing avec Photoshop CS4

Pour les photographes du numérique

Dan Moughamian & Scott Valentine
978-2-7440-9262-6
Mai 2009 - 35 €

Adobe Illustrator CS4

Classroom in a Book

978-2-7440-2324-8
Mars 2009 - 35 €

Apprenez à créer des illustrations, des logos, des papiers à en-tête, des modèles de pages et des affiches, et incluez des animations Adobe Flash, des mises en page Adobe InDesign, et plus encore !

Les nouveautés CS4 :
- Gestion des plans de travail.
- Exploitation des repères commentés améliorée.
- Nouvelles possibilités de dégradés.
- Intégration de la transparence dans l'outil *Dégradé*.
- L'outil *Forme de tache* convertit les contours en objet unique avec fond.
- Le panneau *Aspect* pour modifier les caractéristiques d'un objet directement.

Adobe InDesign CS4

Classroom in a Book

978-2-7440-2321-7
Février 2009 - 35 €

Apprenez à mettre en page des magazines, des bulletins d'information et des brochures ! Créez des fichiers Adobe PDF et préparez des documents pour une impression haute résolution.

Les nouveautés CS4 :
- Le contrôle en amont dynamique.
- Des repères dynamiques.
- La création de documents interactifs.
- L'exportation vers Adobe Flash CS4 Professional.
- La redistribution dynamique du texte.

Adobe Flash CS4

Classroom in a Book

978-2-7440-2320-0
Février 2009 - 35 €

Créez des projets captivants, animez des objets, importez des fichiers audio et vidéo, intégrez des boutons interactifs et publiez des contenus riches et interactifs.

Les nouveautés CS4 :
- La gestion des effets 3D.
- La création de filtres et effets personnalisés.
- La prise en charge du codec open source Speex.
- De nouvelles options de typographie.
- Une diffusion en direct et en continu améliorée.

Pratique d'ActionScript 3

Référence

978-2-7440-2303-3
Avril 2009 - 56 €

Pratique d'ActionScript 3 s'adresse à tous les développeurs Flash. Il dresse un panorama complet de l'utilisation d'ActionScript 3 et de ses nouveautés, ainsi que du nouveau lecteur Flash 10 (CS4). L'auteur explique au travers de nombreux exemples et cas concrets comment traiter désormais les objets, le texte, le son et la vidéo, le chargement et l'envoi de données externes (variables, XML, etc.), les sockets ou encore la 3D.

Adobe Dreamweaver CS4

Classroom in a Book

978-2-7440-2323-1
Mars 2009 - 30 €

Apprenez à créer et gérer des sites web, à créer des interfaces interactives riches, incorporer des images, du texte et de la vidéo, et utiliser des objets dynamiques Photoshop.

Les nouveautés CS4 :
- Mode *Affichage en direct* pour la conception de pages web dans les conditions réelles de navigation, avec un accès direct au code.
- Nouvelle interface utilisateur.
- Possibilité de modifier la source des objets dynamiques Adobe Photoshop® dans Dreamweaver sans ouvrir Photoshop.
- Méthodes CSS conseillées.
- Ensembles de données HTML : nul besoin de maîtriser les bases de données ou le codage XML pour intégrer des données dynamiques dans des pages web.

Adobe Premiere Pro CS4

Classroom in a Book

978-2-7440-2326-2
Avril 2009 - 38 €

Apprenez à travailler le son, à créer des transitions, à appliquer des effets et produire des génériques. Rendez vos montages plus efficaces en vous aidant d'outils tels que Dynamic Link, OnLocation CS4 et Encore CS4.

Les nouveautés CS4 :

- Exploitation d'Adobe OnLocation CS4.
- Importation de contenus de média sans bande.
- Modifications temporelles (travail sur la durée et la vitesse).
- Transcription audio : conversion de la parole en texte.
- Édition de Blu-ray avec Encore CS4.
- Ajout de métadonnées exportables à des fins de publication web.
- Production rapide et sur mesure de contenu SWF.
- Processus dynamique avec les autres outils Adobe.

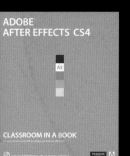

Adobe After Effects CS4

Classroom in a Book

978-2-7440-2325-5
Avril 2009 - 35 €

Créez, manipulez et optimisez des images animées pour vos films, vos vidéos, vos DVD, le Web et les terminaux mobiles avec After Effects CS4. Animez des images et du texte, créez des calques 3D, produisez des animations et des effets époustouflants.

Les nouveautés CS4 :

- Importation de calques 3D depuis Photoshop.
- Montages et projets indexés, avec une navigation simplifiée.
- Compositing dans un espace 3D plus facile.
- Effet Dessin animé.
- Flux de production intégré pour la création de contenu pour terminaux mobiles.
- Nombreux remaniements de l'interface et des flux de production.
- Lien dynamique entre Adobe Premiere Pro, After Effects et Soundbooth.